GUANGMING DAILY PRESS:
A SOCIAL SCIENCE SERIES

·历史与文化书系·

中西博爱思想论纲

马克思主义理论指导下的科学认识

来永红　谢露露　刘　俊 | 编著

光明日报出版社

图书在版编目（CIP）数据

中西博爱思想论纲：马克思主义理论指导下的科学
认识／来永红，谢露露，刘俊编著．－－北京：光明日
报出版社，2023.3

ISBN 978－7－5194－7144－6

Ⅰ.①中… Ⅱ.①来… ②谢… ③刘… Ⅲ.①博爱—
研究 Ⅳ.①D081

中国国家版本馆 CIP 数据核字（2023）第 064472 号

中西博爱思想论纲：马克思主义理论指导下的科学认识

ZHONGXI BOAI SIXIANG LUNGANG：MAKESI ZHUYI LILUN ZHIDAOXIA DE
KEXUE RENSHI

编 著：来永红 谢露露 刘 俊			
责任编辑：王 娟		责任校对：张慧芳	
封面设计：中联华文		责任印制：曹 净	

出版发行：光明日报出版社

地 址：北京市西城区永安路 106 号，100050

电 话：010－63169890（咨询），010－63131930（邮购）

传 真：010－63131930

网 址：http：//book. gmw. cn

E－mail：gmrbcbs@ gmw. cn

法律顾问：北京市兰台律师事务所龚柳方律师

印 刷：三河市华东印刷有限公司

装 订：三河市华东印刷有限公司

本书如有破损、缺页、装订错误，请与本社联系调换，电话：010-63131930

开 本：170mm×240mm

字 数：209 千字　　　　　印 张：13.25

版 次：2023 年 3 月第 1 版　　　印 次：2023 年 3 月第 1 次印刷

书 号：ISBN 978－7－5194－7144－6

定 价：85.00 元

序 言

　　如果说，爱，是一切问题的答案。那么，心，就是宇宙的答案。当前，在新冠肺炎疫情持续肆虐之际，在人类生死存亡的危急关头，在人类有史以来最危急的时刻，请允许我用曾经创作的一首小诗《千山雪》作为拙著的开篇：

千山雪

雪的故事。如蝶落满千山
是谁曲终后抱月而眠

母亲曾说：雪融化的时候
宝贝，记得要叫醒我

深谷穿行，再次仰望星空
琴声。是一切的答案

向着大海出发吧！千山雪
来年花开，定会重逢

日月星辰，一切皆会黯淡
唯有爱——终将光芒

　　青青子衿，悠悠我心。诗言志，歌咏言。因此，这首诗歌可以作为我编撰此著的初心和使命。世界大势，浩浩汤汤；顺之者昌，逆之者亡。世界永在前进，新问题层出不穷。每个人到人间一趟，都有自己特殊的历史使命。当前，人类在所面临的时代问题之中，以人类的生存危机最为严峻。作为马克思主义学院的一名思政课教师，深感任重道远。今天，我们面临着坚持与发展马克思主义的双重任务。坚持马克思主义，不是要求我们照抄照搬，而是要坚持马克思主义的基本立场、观点和方法；发展马克思主义，不是要求我们闭门造车，而是要在建设中国特色社会主义伟大实践的基础上，对时代问题做出科学的回答。

对帝国主义认识最深刻的当属无产阶级的革命导师马克思和列宁。早在100多年前，马克思和列宁就已经预判了资本主义和帝国主义的死刑——虽然是死缓，现在的帝国主义也只不过是在苟延残喘。西方一些有识之士与马克思和列宁对于资本主义的洞察，可以说英雄所见略同：在西方，先是尼采宣称"上帝死了"，之后福柯又宣称"人死了"。这意味着，失去宗教信仰的西方，理想和人文关怀也随之沦丧。这样，西方世界和西方社会科学事实上已经走进了无法自救的死胡同。能拯救世界和西方的只有马克思列宁主义，只有发展了的与时俱进的马克思列宁主义。面对人类当代的生存危机，爱，是唯一的答案。

然而，西方资产阶级的博爱只不过是为了西方资产阶级继续剥削压迫工人阶级、蒙骗工人阶级的遮羞裤。所以，能够拯救西方和人类的思想武器，只有马克思列宁主义，只有经过马克思列宁主义所批判和扬弃的博爱思想。面对未来，爱是一切的答案，只有共产主义的博爱才能使人类最终获得自救。

本论题体现了著者对人类前途和人类命运具有深切的人文关怀，很敏锐地把握住了时代主题。作者认为当下人类正处于千年未有之大危局，处于人类有史以来最危急的时刻。本论题是对人类社会何去何从的正面呼应和积极回答，是契合时代主题的重要论题。其中，有些论述和观点对于人类客观公正地认识资本主义博爱和社会主义博爱的本质以及它们之间的区别，对于在新时代如何更好地坚持和发展马克思主义，更好地把中华优秀传统文化与马克思主义结合起来，更好地应对和克服人类生存危机，摆脱困境，具有重要的理论意义和现实意义。

来永红

2022 年 8 月 10 日于湖北恩施

目　录
CONTENTS

上篇：中西方语境下的博爱及其相关观念

导　言

爱，可以说既是一个湮没在历史烟云中悠久的老问题，又是一个散发着青春气息的新问题。之所以说它是个人类历史上的老问题，是因为在此之前已有众多中外学者对此问题做过相关研究和探讨；之所以说它仍是个新问题，是因为时至今日乃至在不远的将来，必将有更多对此问题感兴趣的学者会投入精力，并结合时代主题和特征，与时俱进地对其进行进一步的探讨和研究。而且，时代也赋予了其更丰富的内涵。

同时，之所以选择《中西博爱思想论纲——马克思主义理论指导下的科学认识》作为论述课题，是因为这既是一个"真问题"，又是一个"好问题"。说它是一个"真问题"，是因为人类自有史以来，爱，就成为照亮人类前行的灯塔和星辰。但人类社会发展到现在，由于人们物欲的过度膨胀和人性的极度贪婪却导致爱正在不断地迷失。同时，在这个过程中，人不再是社会发展的目的，而是严重地被异化，沦为资本和物的工具。各民族和各国家之间的矛盾和冲突也越来越尖锐，人类正面临着各种各样的严重危机（极端气候、粮食短缺、人口过剩、流行瘟疫、海洋酸化、生化武器和核战争等），正处于千年未有之大危局，当前的危机和形势应该引起全人类的警惕和自觉。因此，为了应对这些全球性危机和问题，社会科学中有关爱的理论和实践迫切需要做出新的回答和新的贡献。说它是一个"好问题"，因为爱既是一种情感，也是一种文化观念，同时也是一种人文关怀和现实关怀。它对人类未来的影响也必将会越来越大，某种程度上甚至能决定人类未来的前途和命运，这些都需要我们对其进行科学理性的思考和认识。博爱思想在应对当前人类生存危机中的作用会越来越大，这也是我极为关心和最感兴趣的一个问题。

时代是问题之母，立场和方法则是开启问题之门的钥匙。尽管中西博爱思想研究是一个博大精深的问题，但是它也是一个契合时代主题而且急需我们回应的重要问题。只要我们站在人民立场上，坚持以马克思主义科学理论作指导，坚持以批判的精神，科学运用马克思主义的实践认识论和唯物辩证法，具体问题具体分析，客观公正地对此问题展开研究，相信再难的问题也会迎刃而解。因此，以马克思主义科学理论（实践论和认识论）为基础和指导原则，对此问题展开研究，既具有深切而温馨的现实关怀，又具有重大的理论意义。

第一节　选题意义与研究现状

一、选题意义

（一）实践意义

"只要人人都献出一点爱，世界将变成美好的人间。"正如这首歌中的歌词所唱的那样：爱，可以让人间变得更加美好，更加温暖。基于相互理解基础上的共产主义博爱，对世界上的万事万物而言，体现出的不仅是一种关怀，更是一种对人的存在和境遇的现实关怀和终极关怀的双重关怀。

根据马克思主义理论的科学论断，人是社会的动物，人的本质是一切社会关系的总和。而博爱思想所体现的正是人们之间和谐友好的关系，因此，共产主义博爱思想理所当然必须是也应当是人的本质之中的本质，精华之中的精华。然而社会的发展却使得人们之间的关系日益疏离。当前，人类正面临着各种生存危机。人类正处在生死存亡的紧要关头，正处于千年未有之大危局，处于人类有史以来最危急的时刻，这绝不是危言耸听。一方面，人们之间乃至国家与国家、民族与民族之间却相互敌视，相互伤害，相互残杀；另一方面，我们赖以生存的地球家园也面临着越来越严峻的生态问题，例如，资源的过度开采和枯竭，生态环境的日益恶化等。所有这一切归结到一点都是人的异化。

因此，我们迫切需要理性思考，需要返本开源，需要回归本我。而要想回归本我，就需要重启人们之间和谐友好的关系，要让共产主义博爱思想汇聚成人间爱的海洋。唯有让共产主义博爱的思想之光照耀我们的心灵，博爱思想才会成为人类心目中的星辰大海。唯有这样，人类才能战胜和克服当前的危机，人类在现实中才能找回已经迷失了的自我，才能重回本我，才能让爱照亮通向人类前途和命运的未来之路。理论来源于实践，实践需要科学理论作指导。这正是本课题研究的实践意义。

（二）理论意义

人是有爱的动物，我们无时无刻不生活在爱之中，爱与被爱已成为每个人的基本需要。随着社会的发展，人们对爱的重要性的认识也越来越深刻。但是长期以来，学界对爱的认识仅仅停留在感性认识的情感层面。

很少有学者把爱看作一种思想观念进行研究，更遑论把爱看成一种文化哲学展开研究。另外，一个在理论上非常重要的问题长期以来之所以无人进行系统而深入的研究，可能是由于在大多数人看来，这是一个无从下手、颇具理论难度的问题。基于此，我们更需要不畏艰险、迎难而上，尤其要以马克思主义科学理论作指导，对中西文化中的博爱思想进行深入研究，从而更深刻地认识和把握中西文化中博爱思想的起源、流变、本质以及它们之间的相通之处和基本差异。

理论来源于实践，尽管中西博爱思想研究是一个博大精深的问题，但是只要我们坚持以马克思主义科学理论作指导，坚持以批判的精神科学运用马克思主义的实践认识论和唯物辩证法，具体问题具体分析，客观公正地对此问题展开研究，相信再难的问题也会迎刃而解。因此，对中西博爱思想进行深入研究同时具有重要的理论意义。

二、研究现状

（一）国内研究现状

在中国，"博爱"一词，最先见之于《孝经》。据《孝经·三才章》记载："先王见教之可以化民也，是故先之以博爱，而民莫遗其亲，陈之于德义，而民兴行。"明末清初顾炎武《日知录》解释说："左右就养无方，谓之博爱。"中国文献中所指的博爱，大致都是人对人的一种情感态度，主要指广泛地爱一切人，特别是对朋友或同胞的爱。现代所说的"博爱"，一般可分成古今中外四种"博爱"诠释观。中国的"博爱"思想，内涵丰富，发端于春秋，丰富于战国，是一种道德情感。西方的"博爱"思想既是一种精神境界，也是一种宗教情怀。古代的"博爱"，与传统文化和宗教密切相关。当代的"博爱"，主要是资产阶级的博爱与社会主义的博爱。

对于中国古代的"博爱"思想，学界有两种看法，一种是狭义的看法，认为"博爱"指的就是仁爱，或仁爱之一种。著名学者向世陵等人认为，博爱观念是为了适应社会管理的需求，调节人与人之间的关系而出现的，其标志是"爱人先于爱己的先人后己说"的提出，博爱就是人与人之间普遍性的爱或互惠。还有一种广义的看法，主要是把"博爱"当成了一种宽泛的"爱"观念，沈晓阳认为，博爱思想是一个古老的概念，在中国历史上存在着"有差等的爱"与"无差等的爱"这样两种博爱观念。这种博爱包含了孔子的仁爱思想，韩愈的"一视而同仁，笃近而举远"，以及张载的"民胞物与"思想。"博爱"存于"仁爱"之中，儒家的"仁爱"含义博大，是一种有差别的爱，偏重于私德，主张重义轻利，是心理的、性情的，是靠道德的自我良知表现出来的关怀。

对于西方的"博爱"思想，有人把博爱理解为一种人生修养。例如，张楚廷认为，博爱源于1789年法国大革命的口号，博爱对于个人是一种修养，一种人生境界；对于社会，应当有一种制度安排来促成，自由、平等是博爱的前提，自由、平等、博爱表现了一个完备的人类理念，这种理念的出现是文艺复兴最伟大的一项成果。也有人认为博爱是一种基督教精神，张路等人认为，基督教的博爱起源于古罗马城邦奴隶之间的"友爱"，在古罗马文化和犹太教信仰文化中发展起来，最后随着耶稣的救世思想而广为传播。杨宝安认为，基督教的博爱是一个逐渐深入的过程，从《旧约》到《新约》，博爱教义是基督教思想发展到最高阶段的代表。《圣经》的博爱思想主要内容是神爱、爱上帝、爱邻人、爱仇敌。杨华祥认为，基督教的博爱突出了宣扬上帝作为慈爱的、宽恕的、广施恩惠的父亲形象，博爱是维系人与上帝、人与人之间的纽带，是报以发自内心的热爱。唐军、吴舒娟运用跨文化交际的相关原理来阐释基督教义与儒学在伦理道德之"爱"层面上的和合与冲突以及所研究的学术意义和社会意义，他们认为博爱作为基督教义的核心，是西方文化的核心和精髓。佛教上也属于一种利他主义的泛爱，伊斯兰教所讲的爱则是一种受真主影响下的爱他人。张改娥等学者还对西方的博爱思想和中国的仁爱思想进行了初步的比较研究。

（二）国外研究现状

历史上，西方博爱思想的来源主要有两个：一是基督教的宗教理论来源，二是法国资产阶级大革命的革命实践的政治来源。与此相对应，西方学者对博爱思想的研究也主要集中于这两个领域。

1. 对西方博爱思想和基督教博爱思想的研究比较重要的有：卡尔·白舍客的《基督宗教伦理学》（第一、二卷），詹姆士·里德的《基督的人生观》，安德斯·尼格林的《Agape 与 Eros——基督教爱的思想研究》，晋·奥特卡的《神爱——伦理解析》，佛尼史的《新约中爱的命令》，还有马克斯·舍勒的《爱的秩序》，弗洛姆的《爱的艺术》，阿尔文·施密特的《基督教对世界文明的影响》。詹姆斯·斯蒂芬的《自由·平等·博爱》，吕克·费里的《论爱》，哈里·G. 法兰克福的《爱之理由》，C.S. 刘易斯的《四种爱》，瓦西列夫的《爱的哲学》，大卫·洛耶的《达尔文：爱的理论》，欧文·辛格的《超越的爱》等。

西方学者对博爱思想的研究多数汇聚于宗教思想的博爱，他们尽管在博爱的具体主张上会有所差异，但也已取得一些基本共识，那就是作为基督教思想的博爱，其主要思想内涵是：其一，上帝爱人；其二，人也应该爱上帝；其三，人与人也应互相关爱。其主张一致声称，基督教最核心的内容：它是爱的宗教。

西方学者对博爱思想的法国资产阶级革命的革命来源也进行了一些研究。他们认为法国资产阶级革命波澜壮阔，与其充分彻底的思想动员和理论准备有很大关系。法国哲学家和思想家们以自由、平等、博爱为口号，批判了旧有的神权、王权、封建特权、等级秩序和人身依附等封建观念，批判了宗教、社会和国家制度，在欧洲历史上掀起了一场巨大的思想解放运动，其历史积极意义不容忽视。法国大革命时，在巴黎的墙上即出现了"自由、平等、博爱"等标语。在法兰西第二共和国时期，这口号正式被确定为"自由、平等、博爱"。自由、平等、博爱作为曾经的一个时代精神的精华，其历史地位及作用自不待言。今天的资产阶级和资本主义也常以此为标榜和理论武器，宣扬其文化和价值观，对其他不同的价值观念进行批判。

总之，中外学者结合自身的文化和背景对中西语境下的博爱思想进行了一些研究和探索，在此领域也取得了许多研究成果。但是，当前对博爱思想的研究仍存在着一些局限和不足。主要局限和不足之处有：一是没有对博爱思想从文化哲学的视角进行研究，因此所取得的研究成果多数是一些感性认识，还没有达到对博爱思想本质的理性认识。二是没有在马克思主义科学理论指导下进行研究，导致有些研究成果出现了把资产阶级人性进行夸大和美化的情况；也没有以马克思主义的实践论和认识论作为思想武器，导致对博爱思想的认识和研究仅仅是从理论到理论，缺少历史实践的基础。三是缺少历史思维，多数学者所取得的研究成果仅仅把博爱看成静止的抽象的人性，没有对其从社会历史的实践角度考察，没有认识到共产主义博爱思想对于人类战胜和克服当前危机的重要价值和意义。

上述这些研究不足和局限之处的存在，使得博爱思想领域的研究任务依然很艰巨，研究空间依然很大。因此，本课题的研究，就是想以马克思主义科学理论（马克思主义认识论和实践论以及辩证唯物主义）作为理论基石和指导原则，通过理论和实践的结合，站在巨人的肩上，对中西博爱思想进行深入探索，以期在人类生死存亡的危急关头，能给人类克服当前的危机和摆脱困境提供殷鉴。

第二节　指导理论和基本观点

一、指导理论

本课题（中西博爱思想论纲）的开展坚持以"以实践为基础的马克思主义认识论"为理论基石和指导理论。马克思主义哲学由于把科学的实践观引入认识论，因此建立了真正科学的认识论，即以实践为基础的能动的革命的唯物主义反映论。因此，马克思主义实践论和认识论就成为本课题研究的理论基础和基本原则。

（一）马克思主义实践论

实践的观点是马克思主义哲学全部理论的最本质基础，也是马克思和恩格斯实现认识论以至整个哲学史上伟大革命变革的最关键、最根本之点。在马克思和恩格斯看来，社会生活在本质上是实践的，因此，必须始终站在现实历史的基础上，不是从观念出发来解释实践，而是从物质实践出发来解释观念的形成。①

实践是世界物质运动的最高形式和自觉形式，是同自然物质运动过程既相联系又有本质区别的自觉的辩证的社会历史过程。实践具有普遍性和直接现实性的双重品格，是人的本质力量的对象性表现，也是人与世界关系的活化状态。它为人们研究人与人的世界和人与世界关系既提供了对象性基础，也创造着中介性条件，还培养着主体性根据。因此，只有从实践出发，才能真正理解世界和人与世界的关系。

在马克思看来，人的本质，在其现实性上是一切社会关系的总和，而社会生活在本质上是实践的。只有从实践的角度，才能真正理解人。因此，对博爱思想的研究也只有通过对人们在历史实践中的考察和反思，才会得出理性认识，才会真正理解中西博爱思想的本质。马克思和恩格斯把实践确立为自己哲学的核心概念，把实践论提升到哲学高度，实践论思维方式相应地成为马克思主义哲学的基本思维方式。就其理论指向和方法论构架而言，马克思主义哲学的实践论思维方式具有如下基本要点。

第一，以唯物主义的能动性方式科学地理解和解释实践，这是实践论思维方式的首要前提。首先，在马克思看来，人的社会生活在本质上是实践的。作为一种感性的现实的人类活动，实践是人与外部世界进行物质、能量和信息交换的最基本方式，是人的生命和生产活动的直接存在形式。其次，实践又是有意识、有目的地进行的，是人的理智、情感、意志等内在本质力量的对象性展示，也是人的自觉性和自由精神运动的最现实表现，是人的自由自觉的活动。再次，实践是借助于一定的工具而展开的中介性活动。借助于各种形式的工具和中介，主体通过实践集中地体现着人类理性的机巧，实现着由客体自发运动形式向人的自觉活动形式的转换，实现人的内在尺度和外在事物的尺度的统一。最后，实践是一种革命的批判的活动，是人以一种主体性方式来批判性地处理自己同外部世界的关系，参加自然界的辩证运动过程，能动地创造自己的社会历史存在和社会生活，建构自己所追求的理想世界的最根本、最现实的途径，

---

① 马克思恩格斯选集：第 1 卷［M］. 北京：人民出版社，1995：92.

因而是人作为主体创造性本质的具体表现形式、实现形式和确证形式。因此，实践集中表现实现人的本质力量和人道主义追求，是人与世界关系得以不断展开、进化和发展的最革命和最积极的力量。

第二，从实践的高度来理解人与人的世界和人与世界的关系及其时代特点，这是实践论思维方式的基本要求。首先，马克思主义哲学要求从实践的角度来理解人，把人看作实践的社会性存在。人的本质在于从事自由自觉的活动，正是通过人的创造性实践，人才能不断地实现自己的本质。其次，马克思主义哲学也要求从实践的高度来看待人与世界的关系及其演变发展。人正是通过自己的批判性和创造性实践，参与并影响着现存感性世界及其发展方向，促成了它向着人的世界的生成运动。最后，在人与社会关系方面，马克思主义哲学既承认社会对于人的生存、活动与发展的积极的促进作用，也承认社会同时具有消极和制约的方面，主张通过实践达成人与社会的良性健康互动。

第三，自觉地在理论上和实践上从事双重批判与双重建构，这是实践论思维方式的双重指向。所谓双重批判，即不仅要强调对现实的理论批判，也要强调对现实的实践批判。既要批判理论，也要批判实践；既要从事理论批判，也要从事实践批判。所谓双重建构，即不仅要重视对观念的理论建构，也要重视对于实际的实践建构。批判是重要的，但批判本身不是目的。批判的目的在于建设。一方面要立足于合理的实践来建构科学的理论，加速其科学化进程；另一方面，要立足于科学的理论来促进实践的发展，加速其合理化进程，自觉促进科学的理论与合理的实践的良性健康互动与持续协调发展。

第四，从实践的高度来理解哲学的性质、特点和功能，这是实践论思维方式的哲学依托。将实践提升到哲学世界观的核心地位，使其不仅具有认识论、历史观、价值论的意义，而且成为一种普遍的哲学思维方式，这也是对于哲学的一种全新理解，表明了一种新的哲学观。实践论思维方式正是对于这种哲学观的一种自觉运用。"哲学家们只是用不同的方式解释世界，而问题在于改变世界"。马克思主义哲学实践论的引入，让哲学不仅具有认知和解释功能，更有实践和改造功能，这就从根本上使哲学和哲学家的社会功能和地位得以提升和跃迁，从而必然引起整个哲学观念和哲学思维方式的变革。这个变革，就是当代哲学与社会科学的实践论转向。

因此，在马克思主义哲学实践论的基础上，我们对中西博爱思想的研究就不能仅仅局限于理论层面，而是要通过对中西博爱发展变迁的历史实践的考察和批判，科学建构当代的博爱思想理论，然后再以此更科学的博爱思想理论，引导人类开辟出新的更加合理的实践新境界。唯有如此，人类才能克服当前的危机，才能走出愈陷愈深的泥潭，重新走进充满阳光和歌声的美好世界。

（二）马克思主义认识论

所谓认识，就是人在意识中观念的反映、理解和再现客观对象的活动过程及其结果，是人以思想观念的方式对世界的一种基本的把握方式。认识论就是关于认识的哲学理论。认识论按其性质来说，是一门反思的科学。反思是对认识的认识，对思想的思考。在认识论中最根本的问题是主观与客观、认识与实践的关系问题。马克思主义认识论是革命的能动的反映论。

首先，马克思主义把人类社会实践作为认识论的基础，认为"生活、实践的观点，应该是认识论的首要的和基本的观点"，① 进而立足于科学的实践观来说明认识的形成、认识的本质及其发展规律，从而找到了被唯心主义抽象化了的认识能动性的物质根源，也克服了旧唯物主义把人的认识生物化、自然化的根本缺陷，找到了发展认识论的正确方向。

其次，马克思主义认识论把反映论的原则贯彻于社会历史领域，对社会的意识现象做了唯物主义的科学解释，克服了旧唯物主义反映论的不彻底性，也为人类认识的更新与演进找到了坚实可靠的社会文化背景。任何人类社会都是一定的社会人为了一定的社会目的，在一定的社会环境中，借助于特定的社会工具和语言符号系统，对于社会发生一定关系的客体的认识。因此，社会性是人类认识的一种普遍性本质和特征。"社会"不是一个抽象空洞、内容贫乏的僵死概念，而是极为具体丰富生动活泼的有机生命体。就其层次而言，它包含着日常的、理论的、规划的、操作的各个层次；就其向度而言，它不仅有沸腾的现实，还有消逝中的过去和急速奔来的未来等各个向度。社会认识作为人类社会的自我认识，当然也有社会性，而且更强烈、更集中，我们也正是在对种种社会实践活动的全面把握中获得自己的坚实基础和丰富内容。

最后，马克思主义把辩证法贯穿于反映论，将认识的实践性、社会性与辩证性内在地结合起来，科学地阐明了人类认识的辩证过程，为人们正确地认识

---

① 列宁全集：第 18 卷 [M]．北京：人民出版社，1988：144.

世界和改造世界提供了强大的思想武器。马克思主义认识论是建立在科学的实践观的基础之上的。马克思主义认识论的形成过程，就是马克思和恩格斯科学实践观的探索和建构过程，也是他们自觉地从实践的角度来理解和解说认识及其过程。为此，马克思主义哲学不仅来源于实践，而且要回到实践，指导实践，在实践中掌握群众，动员群众，并在实践中检验和发展自身。

马克思主义认识论和实践论已经是被实践反复检验和证明了的科学真理。事实雄辩地向我们证明，它不仅是我们认识和批判世界的强大思想武器，也是我们批判和改造世界的强大思想武器。博爱思想这个课题尽管博大精深、困难很多，但只要我们坚持以马克思主义科学理论（实践论和认识论）作为研究的理论基础和指导原则，相信关于博爱思想的许多问题都会迎刃而解。

二、基本观点

（一）中国人关于爱的观点综述

在中国，对这个问题的回答，可谓仁者见仁，智者见智。先秦时期以来，涉及爱的问题的主要观点有四家：一是老庄道家，二是孔孟儒家，三是墨子墨家，四是近代的资产阶级，例如康有为、孙中山等。

老庄道家一派毕生所宣扬和钟爱的就是"道"和"自由"。老庄认为世界的本源和依据就是"道"，并且认为"道生一，一生二，二生三，三生万物"，万事万物皆产生于"道"。庄子特别钟爱自由，他尤其赞扬人要像大鸟一样拥有自由而高远的精神。老庄所爱是一种本体论之爱，一种哲学之爱，中国人一开始就从爱的源头向世人展示了东方特有的智慧。

孔孟儒家以仁爱为核心思想。孔子提出"仁者爱人"，孟子提出"仁者人也"，他们所倡导的"仁爱"学说，是中国儒家哲学的核心思想。"仁爱"作为一种感情观念，内涵极其丰富。但简单来说就是指关心他人、帮助他人，是一项具体的人类思想活动。儒家思想是 2000 多年中国文化的思想核心，其仁爱思想具有很强的代表性，尤其是儒家仁爱在历史社会发展中孕育、发展、丰富、时代化，集中反映了中国传统文化的演进过程。

墨家学派的墨子主张"兼爱"。"兼爱"要求人们应相互平等、普遍地爱。这种相互的爱要求自己和他人都有"爱"和"被爱"的权利，"爱人者，人亦从而爱之"。平等地爱，就是反对"爱有差等"的儒家观点，实行"爱人若爱其身""为彼若为己也"，特别是君、父要以平等的态度爱臣、爱子。兼爱思想是对儒家的"亲亲"和"尊尊"原则的批判，墨子认为儒家的仁爱将导致利己主义的泛滥，这是天下人不相爱的原因所在，必须以"兼相爱"的原则来替代"等差之爱"的宗法伦理。

近代以来，对孙中山的博爱思想，我们应该给予高度评价。他提出的博爱，将中国儒家的仁爱，韩愈提出的"博爱之谓仁"，与西方国家在启蒙运动与法国大革命中的"博爱"结合了起来，不仅符合中国传统哲学思想，也充分吸收了西方近代进步思想。应该说，这是带有世界性的。

（二）西方人关于爱的观点综述

西方哲学的发展，从柏拉图到今天，已经有 2300 多年的历史，并不是每个西方哲学家对于人类爱的问题都有阐述。但是毕竟有许多杰出的哲学家，提出了十分重要的关于爱的学说或理念，产生了深远影响。

柏拉图提出，爱是有创造性的。柏拉图这个观点本身就具有天才般的创造性。不得不说，西方人对爱的理解起点很高，而且从另一种视角而言，它从本体论出发，含蓄地向世人揭示了世界的本源。

中世纪的奥古斯丁与阿奎那都是西方"神爱"（也称"圣爱"）的积极阐述者。他们提出，与信仰和希望相比，上帝更大的恩施是爱，爱高于信和望。他们还提出，永生是上帝给予人类的爱的恩施。上帝的一切诫命都围绕着对人类的爱。他们关于"神爱"的思想的影响极大，有人甚至将其作为人生信念的指导思想。

17—18 世纪，西方哲学界的主要流派是英国的经验论和法国、荷兰等国的唯理论。不论是经验论还是唯理论，都以阐述人的认识问题为主体，近代西方哲学由此而进入认识论的时代。

启蒙运动后，西方哲学家对于自由民主人权等观点大为关注。康德提出"人是目的"的著名观点，这样的思想背景又为人类之爱的实现提供了良好条件。到 19 世纪时，德国的费尔巴哈提出"爱是人的本质"的重要思想。他的思想虽然遭到马克思主义唯物论者的批评，认为他所说的爱是脱离阶级关系和不切实际的空想。19 世纪后期，弗洛伊德提出以性爱为中心的精神分析学说，引起了人们的重视。弗洛伊德学说的继承者形成了弗洛伊德学派，如马尔库塞、弗洛姆等 20 世纪的哲学家，将弗洛伊德学说的性爱扩大到了人类广泛的爱。

到了当代，在西方人文哲学中，爱的重要性又得到许多哲学家的认同，美国已经有专门的"爱与性的哲学学会"。西方学者近几年也出版了许多爱的哲学专著。关于人类的爱，又成为西方哲学研究的一个重要课题。

（三）本课题关于爱的基本观点

1. 关于自我救赎

如果任何事物都有一个原始的起点的话，那么，爱就是生成宇宙间万事万物的起点（逻辑起点），也是人类社会发展进步的第一动因。当尼采和福柯分别宣称"上帝死了"和"人死了"的看法时，人类确实会感到很无助、很悲观，因为西方社会的信仰和道德已经沦丧。但爱能创造奇迹，只要有爱，人类就还可以得到自我救赎。

2. 关于爱的本质

从理论上看，爱的本质是一种良性的社会实践，但是，它的内涵不是抽象的，也不是一成不变的，而是随着社会历史实践的发展而不断丰富和发展。西方资产阶级的博爱依然是蒙骗工人阶级进行剥削的工具。只有社会主义和共产主义的博爱才具有人民性和真实性，才能真正体现出博爱的本质。在社会历史的实践中，也只有社会主义和共产主义的博爱才能体现出爱的本质是人和人之间和谐友好的互动关系，是一种良性的美好的社会性实践。

3. 关于情感理性

爱是情感、理性、文化、哲学的统一体。爱虽然是一种情感，但我们对其要有理性认识。要想对爱有更深刻的理性认识，就必须坚持以马克思主义实践论和认识论为理论基础和指导原则，去认识爱的真谛。从实践论出发，去认识爱的真谛，从而可以把对爱的认识由感性认识上升到理性认识。

4. 关于宇宙法则

每个系统都有其第一性原理。第一性原理是基本的命题和假设，它不能被省略，不能被删除，也不能被违反。第一性原理是支撑系统存在和运行的根基，是一个自确定的元起点，是逻辑推理的基石。因为爱能创造生命，能创造奇迹，能创造世间的一切，所以，爱就是宇宙的第一性原理，它是人类不能删除的基因，是宇宙的法则。

5. 关于爱的能量

爱是宇宙间一切能量的来源。大到宇宙间组成星河的星云和天体，小到微生物细菌和细胞；不论是宇宙间有生命的物质，还是宇宙间无生命的物质，他们运存的能量都源于爱。总之，宇宙间最强大的能量源于爱，最深厚的能量也源于爱。爱是宇宙间一切能量的来源。月亮是，地球是，太阳也是；植物是，动物是，万物皆是；过去是，现在是，未来也是。

上 篇

01

中西方语境下的博爱及其相关观念

第一章

博　爱

在人类最深厚的情感和最基本的主题面前，中西文化不约而同地都提出了博爱思想。但中西文化的背景、发展历程和社会性质的不同，导致博爱思想的内涵虽有一定的共性（普遍性），但也有各自的特殊性。中国语境下的博爱与儒家的仁爱和墨家的兼爱密切相关，许多内容都汲取了儒家仁爱思想和墨家兼爱思想。本章在著者广泛吸收和借鉴前贤以及今人研究成果的基础上，主要考察和探索了中国语境下博爱思想在中国所特有的内涵，博爱思想在中国的发展变迁以及博爱思想对中国的当代意义和实践价值。

第一节　中国语境下博爱思想的内涵

在日常生活中，人们经常会谈到爱，中外文学领域更是有一半以上的作品以爱为主题。然而，何谓"爱"？《尔雅》曰，"爱，惠也"。在中国思想文化史里，爱的本义就是一种给予，一种奉献。小篆里的爱从旡从夂，是加惠于人之义。因此，爱是一种助人的情感，是一种高尚的情怀。当然，爱不是抽象的情感，爱中凝结着历史与文化的传承。

那么，何谓"博爱"？对于中国语境下的博爱，当前主要有如下三种理解：

第一种理解，就是把博爱看成人类普遍而广泛的无差别的爱。由于中国儒家的仁爱主张"爱有差等"，所以持这种看法的人认为博爱是独立于儒家仁爱和墨家兼爱的另外一种思想，是对儒家仁爱思想和墨家兼爱思想的超越，并且在实践价值上要优于儒家仁爱思想和墨家兼爱思想。

第二种理解，就是认为博爱脱胎于儒家仁爱，是儒家仁爱思想达到的最高境界，是儒家仁爱思想的一种形式。儒家仁爱思想虽然主张"爱有差等"，但是由于儒家仁爱思想的爱层层扩展，最后不仅要爱整个人类，还要关爱整个世界和万事万物。历史上很多儒家人物都在大力倡导博爱。因此，博爱只是儒家仁爱思想的一种形态，是儒家仁爱思想的最高境界。

第三种理解，就是把博爱看成墨家兼爱的本质。由于墨家主张平等的、无差别的爱，所以很多人认为博爱就是兼爱的本质。两者在内容和本质上基本相同，并无差别。他们在实践方式上虽有不同，但其内涵是基本一致的。

因此，在中国文化和中国社会的特殊语境下，中国的博爱思想和西方的博爱思想有所不同，中国文化里的博爱具有其特定、丰富而深刻的内涵。

一、德行之爱：忠孝仁义的博爱思想

爱在中国特定语境下不仅是一种情感，还是一种伦理道德。而道德原则和道德品质是分不开的，社会道德原则的实现需要主体一系列具体的德性与之相适应。中国传统文化讲三不朽（立德立功立言），其中立德处于首要地位。所以，道德品行一开始就得到了中国博爱思想的青睐，博爱思想在中国也与传统文化和哲学密不可分。因此，博爱在中国首先是作为衡量人品的一种道德而凸显其意义。

中国的博爱思想从发端开始，就广泛地吸收了儒家的仁爱思想和墨家的兼爱思想。注重整体，重视品德，珍重家国情怀成为一个中国人毕生的精神追求，成为中国语境下博爱思想最重要的内容。其中，中国传统文化将"公忠"解释为爱人民、爱国家，重视群体利益多于自身利益，舍己为群，必要时亦能够为国牺牲生命。传统文化倡导的"公忠"体现了中国博爱思想的道德情怀。以公共利益为最高利益称为公，一心爱国谓之忠。因此，博爱在中国的第一层含义就是应当具有美好的良性的社会公德和良知良行，具体地说就是内在地包含着"忠孝仁义"等传统文化价值观。

中华民族在传统上是家本位的社会结构，非常重视礼教文化，由此培育出重视整体主义的爱国精神，并以此孕育出克己奉公、舍己为人的美德，不仅提

倡"公义胜私欲",传统文化还将"廓然大公""天下为公"视为价值理想。《礼记·礼运》篇中所言的"大道之行也,天下为公。选贤与能,讲信修睦。人不独亲其亲,不独子其子,使老有所终,壮有所用,幼有所长,鳏寡孤独废疾者皆有所养",由此中国传统文化从"公"的精神培育出注重整体的博爱思想。

中国博爱思想所提倡的忠德,其基本含义就是指踏踏实实地做人做事。从文字表面意义上看,"忠"的意义和现代意义上的"衷心"是相同的,都是指一种由内而外的、由衷的、从内心发出的真实情感。在儒家的思想体系中,"忠"亦有多层含义。孔子在回答子张问政时说:"居之无倦,行之以忠。"(《论语·颜渊》)当学生樊迟问孔子时,孔子又说:"居处恭,执事敬,与人忠。"(《论语·子路》)在这些对答中,"忠"的基本含义是指人们之间相处时诚心诚意的伦理准则。众所周知,"仁"作为儒家道德精神的核心是"爱人",它以孝悌为根本。《论语》中说:"孝悌也者,其为人之本欤。"因此,"忠恕"乃由"仁爱"思想派生而出,是"仁爱"从仁者自爱的圆心,扩展到亲亲之爱再走向泛爱的中介环节。由此可以看出,"公忠"观念与博爱思想有着内在的联系。

什么是"忠"?孔子说:"臣事君以忠。"(《论语·八佾》)在儒家思想体系中,忠不仅仅是君臣之间的道德准则,同时也指人与人之间相处的基本要求。理学家朱熹将忠解释为"尽己之谓忠"。那么如何理解"尽己"呢?由此传统文化提出"任恤"的标准,"任""恤"出自儒家典籍《周礼》。此处"任"可解释为任劳任怨,负责尽职。后期墨家十分看中"任"这一德行,将"任"看作为整体利益牺牲自己的行为要求。《墨子·经上》说:"任,士损己以益所为也。"又说:"任,为身之所恶以成人之急。"这种"尚义任侠"的观念构成了墨家的主要精神气质。因此,如果说儒家重视"仁",那么墨家更重视"义",将义视作一切事中最可贵的思想。而墨子之所以珍视义,也是由于义能利天下之民。而仁的实质、义的内容,便是墨家提倡的兼爱。什么是兼爱?简单来说,兼爱就是对一切人不分远近、不分等级地无所不爱。那么,什么是"恤"?《说文》将"恤"解释为:"忧也,收也。""忧"指担心忧虑,"收"意为救助救济。因此可以将"恤"解释为舍己助人、扶危济困。一方面,"恤"蕴含着传统文化兼济天下的基本精神。因为在儒家看来,自我的存在不仅是以个体的方式存在,更主要的是以群体成员的形式存在。另一方面,中国传统文化认为助人亦是自助。人的生存脱离不开爱和互助，现实生活中遇到困难时，都需要他人的帮助。因此，只有互爱互助，"爱人"才可以顺利推广并延续下去。

中国传统文化非常重视关于规范家庭生活和日常行为的活动准则。其中，"孝亲"与"慈幼"是密切相关的。"孝亲"乃是敬养父母之德，这是作为子女应尽的义务；"慈幼"是作为父母应对子女尽教养之责。二者都是博爱的外在表现。博爱是中华民族道德精神的最高境界。它一方面起源于人类的良性本质；另一方面和仁爱一样，发端自人类共同生活过程中所形成的"恻隐之心"，即"同情心"，这是基于家族生活中的亲情所形成的。博爱的核心是爱一切人，根本在于孝悌。孝之德的基本内容就是父慈子孝。孝在社会道德生活之中拥有崇高的地位，它是中国语境下博爱所具有的重要内容。

博爱思想在中国的这一层含义不仅要立德，而且非常注重人伦和群体利益。中国古代哲学里很早就有先贤为群体融洽而善与人同、舍己从人、重视整体利益的相关记载。许多先秦典籍记载：尧舜禹莫不是为了维护群体利益而牺牲自己。《孟子》中载有禹闻百姓善言对其拜谢、舜对其治内百姓心怀大爱而从不偏私的例子。儒家孔子说："己欲立而立人，己欲达而达人。"（《论语·雍也》）将"立己"与"立人""达己"与"达人"相联系，实际上也就是把自我同群体相联系。

因此，从传统文化来看，博爱与仁爱密切相关。孟子说："守约而施博者，善道也。"（《孟子·尽心下》）如果借用孔子"修己以安人"的观点来理解，"修己"即是"守约"；"安人""安百姓"，乃至"安天下"，就是"施博"，是一种爱的行为和外化。明末清初顾炎武《日知录》解释说"左右就养无方，谓之博爱。""天下""百姓"都是群体的表现形式。所以说博爱既是爱"天下"，爱"百姓"。由此，中国传统文化将"与群为一"表述为群即我，我即群，整体的利益即是我的利益。因此，这种价值观为中国人实现自我价值和社会价值的统一，为群体至上的博爱思想打下了坚实的基础。

近代资产阶级民主革命的先驱孙中山把"博爱""天下为公""世界大同"视为实现理想的最高境界和目标。他旨在通过"博爱"来宣示中华民族对世界各国和各民族、全人类的友好、和平和合作、发展的愿望。由此看来，作为人类生活基本美德的"博爱"思想，深刻地根植于中国文化中。孙中山所说的"天下""世界"无不揭示了博爱将人类作为一个整体而普遍的关爱，并且作为

"仁"的最高境界存在于中国传统文化价值体系中。

对于个体利益和群体利益的关系问题，中国传统文化认为整体利益虽然存在着用"以我之大私为天下之大公"来维护当时统治秩序的作用，但同时也存在一些诸如抵御外来侵略、发展开发自然资源、为维护民族生存而不屈斗争的共同利益。儒家所推崇的也正是这类整体利益。历史上那些热爱祖国的仁人志士，无不是为了国家民族大义而自我牺牲、慷慨就义。他们所追求的就是社会群体的利益，这种自我精神价值的实现，是对同胞一种普遍整体的爱，同时也是一种爱山河、爱众生的"博爱"之体现。

二、生命之爱：关爱生命的博爱思想

"贵生"这一概念充分地体现了中国传统文化价值观尊重生命的思想。儒家认为，"贵一切生"，倡导"幼吾幼以及人之幼"，即不仅关注"己生"，还关爱照护"他生"，同时认为世间生生不息之生命都值得敬仰。

儒家生命价值观涵盖两层意义：一是乐生，二是精神层面的生命价值追求。如荀子主张人的生命最值得尊重，最值得珍惜。孔子主张平等对待一切生命体，反对奴隶殉葬制度，但同时也不要苟且偷生，而应以生载义。孟子倡议人要死得其所，也就是说生前要对社会有贡献，要实现生命的意义。道家主张："今吾生之为我有，而利我亦大矣，论其贵贱，爵为天子，不足以比焉；论其轻重，富有天下，不可以易之；论其安危，一曙失之，终身不复得。"（《吕氏春秋·孟春纪》）也就是说，道家认为，自己的生命价值高于自己生命价值以外的其他事物的生命价值，自己的生命最为宝贵，自己的生命价值最值得爱护。

总的来说，中国传统文化中的生命价值观有三个层次的内涵：首先，人的生命最值得尊崇和敬仰，世人不能苟且偷生，要有尊严地活着。其次，宣扬生命权力至上，人的生命权利应该得到保护、尊敬和实现。孔子关于君子与小人的"和同"观，就是在宣扬人的言论自由的权利；孟子关于君臣关系的论述，就是在强调人人人格平等，无高低贵贱之分。最后，不能视生命为草芥，随意剥夺他人之生命，这是对生命权利最基本的保护，也是生命价值实现的基础。

当然，在中国文化思想史上，论及对生命的重视当首推道家和道教。在吸收和借鉴前贤以及今人学者研究成果的基础上，以下就是著者关于道家和道教

对生命认识和敬畏的阐述。

（一）道家生命伦理思想的价值基点：生命神圣

道教生命伦理思想对生命价值的体认是通过建立与"道"本体的联系实现的。道教以"道"为宇宙生命的本源和终极性的价值根源，是万物相生、相续、转化、发展的实质性原理。

一切众生特别是人禀赋于"道"，是"道"的一个环节或部分，人在本体论的意义上与"道"有了关联。"故道大，天大，地大，人亦大。域中有四大，而人居其一焉。"借由"道"的存在，道教生命伦理思想对人的生命赋予了符合人类伦理精神的价值预设，每一个生命都具有存在的价值，每一个生命都是神圣的。因此，道教始终将"人"放在一个很高的位置上，生命是最大的善，善就是保持生命。"生命神圣""重人贵生"是道教的重要命题，重视生命是其基本特征。此外，作为"道"的产物，人与"道"并非完全隔绝，而是天然的结构相似、精神相通、相互感应。

一方面，遵循"道法自然"的运动法则，生命从"道"出发，复归于"道"，即"夫物芸芸，各复归其根"。在复归的历程中，人与万物的区别在于人有得自"道"本体的"道"性，即自我意识和自我意志，能够通过心性修炼而体"道"、悟"道"、证"道"，通过认识并运用"道"的法则，照自己的目的去创造、去行动，获得意志和行动的自由。另一方面，"道"不是纯粹、抽象的理性法则，而是被赋予了意志力的神灵性存在，它能因应人的修炼活动，使人与"道"合一。据此，"道"的神圣在具体的生命存在中得以体现，人则在对"道"的信仰和接近中不断更新和神圣化，以一种更理想的生活方式去生活、去创造，成为另一个更好的自己，生命的价值因此得到确证。

（二）神圣生命的价值应然：生命的自我超越

作为现实存在物，人是自身历史和现状的产物，受各种条件的制约和影响，常常有许多不完善的地方。但是，人是有着自由意志的超越性存在，他不会满足于现存状态与现有价值，总是会不断地冲破现有规定，追求更高的目标。因此，每个人都有"实然"和"应然"两个方面的问题。

人的"实然"状态即"是什么"，由历史和现状决定；"应然"是按照人的价值理想、基于自身可能的条件应该达到的状态。"应然"指出了前进的方向和目标，指引人们不断地自我发展和完善，实现自我超越。道家思想中，生命的自我超越指向了对生命实存状态的超越和终极性超越两个维度。

（三）神圣生命的实现路径：生命的自我主宰

道家生命伦理思想强调人的主体性，强调生命历程的自我掌控。"我命在我不在天"（《抱朴子·黄白》），"寿命在我者也，而莫知其修短之能至焉"（《抱朴子·论仙》）。道教认为生命的决定权并不是超验的上界权威所掌握的，人自身就是自我生命的主宰者。道教徒毕生坚持奉道修道，"道"之所以能修，就是因为他们坚信人能够体验、领悟和把握"道"，"与道合真"。

通过修炼，人不再是被动地接受奖励或惩罚，被动地按照自然的规律生老病死，人的生命历程可以通过人的实践活动而改变。个人祸福由自己的行为决定，"夫福非足恭所请也，祸非禋祀所攘也"（《抱朴子·道意》）。福分并不是殷勤的恭敬所能请来的，灾难也不是虔诚的祭祀就可以赶走的，只要有修"道"的决心和行为，则福自来，祸自去。"人能淡漠恬愉，不染不移，养其心以无欲，颐其神以粹素，扫涤诱慕，收之以正，除难求之思，遣害真之累，薄喜怒之邪，灭爱恶之端，则不请福而福来，不攘祸而祸去矣。何者？命在其中，不系于外；道存乎此，无俟于彼也。"（《抱朴子·道意》）个人生命长短也可以由自己的行为决定。"夫求长生，修至道，诀在于志，不在于富贵也。"（《抱朴子·论仙》）

三、智慧之爱：知行合一的博爱思想

中国传统所认可的"知"不仅指书本上的知识，还包括学习与实践的能力，能够辨别外界的新鲜事物和知识，也有能力改变外界，并且可以做到能知亦能行。因此，中国传统文化所说的博爱不仅是一种情感和思想，也是一种实践。这里涉及一个致知方法的问题。因此，博爱在中国的第二层特殊含义就是，爱不仅是人类的一种认知和情感，更是一种智慧和实践行动。

中国传统文化和哲学中关于"为学之方"的记载，其讨论的范围颇广，包含修养方法与研究方法两方面，并不仅仅是知识层面的研究。而致知方法与德行涵养相依不离，也是中国哲学的特点之一。《易传》云："穷神知化，德之盛也。"认为想要认识大化之道的秘密，需要从事德行修养。《大学》认为平天下

治国齐家之本始于修身，修身之本始于正心诚意，诚意之始则在致知。

中国传统重视致知与道德修养的关系，认为知道之道在于崇德，德胜自然能够穷神知化。从这种观点出发，张载将知分为德性所知与见闻之知。见闻之知由感官经验得来，德性所知则是由心的直觉而有的知识，这种心的直觉以尽性工夫或道德修养为基础。在此基础上，张载提出了"民胞物与"。意思是说，人民都是我的同胞，万物都是我的朋友，也就是广泛地爱一切人和一切物。

《正蒙·大心》中说："大其心则能体天下之物，物有未体，则心为有外。世人之心，止于闻见之狭。圣人尽性，不以见闻梏其心，其视天下无一物非我，孟子谓'尽心知性知天'以此。"那么圣人"尽性"或"大其心"之后那种"能体天下之物"的境界是什么样的？

张载论说道："性者万物之一源，非有我之得私也。唯大人为能尽其道。是故立必俱立，知必周知，爱必兼爱，成不独成。"能够"尽性"的"大人"立则立己立人，成则成己成物，知则知人知己又知物，爱则爱人爱己且爱物，体现了一种博爱万物的思想取向。

此后，明朝心学大师王阳明正式提出了知行合一的思想。因此，认识了爱的意义，就要积极地去践行。王阳明的心学，其实也蕴藏着对万事万物的博爱思想：心外无物，心外无理。既然认识到万事万物都发端于心，那么对万事万物的关爱更应从心出发，积极践行。

四、自然之爱：天人合一的博爱思想

在中国古代，"自然"一词第一次出现在《老子》书中。在《老子》第二十五章中写道："故道大，天大，地大，人亦大，域中有四大，而人居其一焉。人法地，地法天，天法道，道法自然。"这里的"自然"意指事物的本质属性，是"自然而然"之意，这是"自然"一词的本初含义。此后，"自然"的含义得到了扩展，在其现代意义上成为与"社会"相对立的词语。

在哲学上，作为中国第一哲学家老子，主张万物的本原即"道"，"道生一，一生二，二生三，三生万物"。同时主张"大地以自然为运，圣人以自然为用，自然者道也"，他认为"道法自然"的意思就是道即是自然。归根到底，人要以自然为师，要师法自然，人们应当遵守自然规律的发展，这就是老子一直推崇的"自然无为"。在老子看来,"道"即是自然、无为,"道常无为而无不为"。"万物莫不遵循","遵循"就是从根本上效法和遵循"道"的自然无为状态,人们不应该违背或破坏自然规律,才可以达到一种绝对自由的美的境界,在他的思想中,美与"自然""无为"是不可分的,只有符合自然,美才会产生。

老子从自然之道开发出社会和个人的理想境界和精神境界,他以自然无为状态为理想的状态,认为智巧人为是社会的危害,自然无为是理想社会。刘笑敢先生提出了道家关于自然的理解具有"自发性""原初性"和"延续性"三种基本含义。"自然的本意可以包括自己如此、本来如此、势当如此的意思。'自己如此'是针对外力或外因而言的,自然是不需要外界作用而存在发展的。自然的这一意义就是没有外力的作用的自发状态,或者是外力作用小到可以忽略不计的状态。'本来如此'是针对变化来说的,自然是原有状态的平静的持续,而不是变化的结果。就是说,自然不仅排除外力的干扰,而且排除任何原因的突然变化。因此,自然的状态和常态是相通的。'势当如此'是针对发展而言的,自然的状态包含着事物自身内在的发展趋势,如果没有强力的干扰破坏,它就会大致沿着原有的趋势演化。这种趋势是可以预测的,而不是变幻莫测的。自然的这一意义是原有的自发状态保持延续的惯性和趋势"。①

庄子是老子的后继者之一,他发展了老子"道"即自然的无为思想。庄子认为世间的一切都是遵循一定的发展规律自然而然、无意识地发展的,即"道"是以无为而无不为的。庄子对于美有多方面的探讨,在他看来自然界本身就是最美的,"天地有大美而不言""美在天地间",大自然之所以美,并不在于它的形式,而恰恰是这种"无为而无不为"的"道"被大自然最充分、最完全地体现出来,它本身并无意识去追求什么,但它却在无形中造就了一切,"无为而无不为"就是天地有大美的原因。

春秋末年时期,孔子作为儒家学派的创始人,继承和发展中国传统哲学思想,在晚年整理和学习《周易》时而"知天命"的,这里的"天命"的意思可理解为自然规律,他从伦理道德和社会政治两个角度去分析天与人的关系,认为人应该顺应自然、适应自然。之后孔子所建立的以伦理道德为标准的儒家思

---

① 李远国,李黎鹤.天人合一 道法自然:人类与天地万物共荣共存的最高原则.腾讯网,2018-02-02.

想在中国传统哲学思想中长期占据着正统的地位。孟子继承了孔子的思想，他认为人应把握和认识自身，与自然之天统一起来，融为一体，主张人应该顺应自然的发展规律，提出"尽其心者，知其性也，知其性，则知天矣"（《孟子·尽心上》），并继续发展了"天人合一"思想。另一个后继人荀子则与孟子相反，他认为"天行有常，不为尧存，不为桀亡"（《荀子·灭论》），提出"制天命而用之"的著名论断。他是从"天人相分"的角度阐述"天"是客观存在的，不以人的意志为转移的，但他的理论并没有和孟子产生对立关系，他同样认为"天"所代表的包含万物的自然界有其自己的变化规律，人不应该违背自然之道，应正确处理天人关系。荀子的思想吸取了部分道家的自然观思想。

　　中国传统文化尊敬和崇尚自然，充满着对自然的关注、关爱和护佑。追溯到战国时期，《易传》就认为，自然是宇宙普遍生命大化流行的境域。大自然涵养了人类和万物，是"德"和"善"的化身。大自然具有无穷无尽的"仁"，而"仁"集中表现在大自然永恒的创造力之中。"天地感而万物化生"（《易传·彖传·咸》），"天地之大德曰生"（《运命论》），"生"是重点、是核心，"生"是自然的大化行为过程，是社会和自然生生不息、循环往复的根本法则。"生"体现了宇宙的生机与活力，体现了生命的绵延不绝、坚忍不拔。不难看出，古人是倡导人应该尊敬自然、敬仰生命的。"伐一木，杀一兽，不以其时，非孝也"（《礼记·祭义》），这是孔子所提出的善待万物、与人为善的观点。"君子之于禽兽也，见其生，不忍见其死；闻其声，不忍食其肉，是以君子远庖厨也"（《齐桓晋文之事》），这是孟子对仁爱思想的继承和宣扬。汉代"天人感应"的思想体系认为天、地、人三者是"合而为一"的，对大自然万物充满了挚爱和尊崇。唐宋以后，佛教认为众生平等和万物平等的文化观融入中华文化的主流，崇尚自然、珍爱生命的价值观获得了我国历史上最高的地位和认同。现今，严峻的生态环境问题促使地球人共同去思考和面对，人们认识到"征服自然"是错误的观点，人类应敬畏自然、爱护自然，人与自然应和谐共生。

　　"人化自然"思想主要体现在儒家的"比德"思想中，"君子比德"思想反映了人们对自然的崇尚向往之情。儒家思想在中国哲学发展史中一直处于中国古代文化的正统地位，是在汉武帝颁布"罢黜百家，独尊儒术"的政令后。它吸取了道家思想的"道法自然""天人合一"，并结合伦理学，主张"天人合一"思想，强调人与自然的和谐共生，虽然儒家与道家都主张"天人合一"思想，但其内在的精神实质是不同的，儒家主张对自然适度取用，这种态度对于当今乃至未来都有其可行性；道家则主张对自然是毫无破损的保护，人在对待自然时应处于"无为"的状态中。正是因为有这些思想，人与自然才会和谐统一，并且从中可以分析出，儒家主张实用主义的入世哲学，是关于"修身、齐家、治国、平天下"的理论学说，所以孔子是从社会生活中的伦理道德观点去看待自然的，具有功利色彩。

"天地生于自然，万物生于天地。自然者无外，故天地名焉。天地者有内，故万物生焉。当其无外，谁谓异乎？当其有内，谁谓殊乎？"这是汉代阮籍在《达庄论》中曾说过的，他认为自然是至大无外的整体，天地万物皆生在自然之中。给"自然"赋予了新的含义。张岱年先生在《中国古典哲学概念范畴要论》中写道："'自然'表示广大的客观世界的含义是从阮籍开始的。"道家"自然"思想的发展，以"自然"表示自己的老子开始，到认为天地万物的总体就是"自然"的阮籍，尽管其中包含的内容不完全相同，但他们在论述"自然"这个观点时，都在阐述"天""地""天地""万物"等内容。其中"天"有多种含义，《庄子·齐物论》中："天地与我并生，而万物与我为一。"庄子所说的"天"，指的是自然之天。冯友兰先生则对"天"的含义做了五种概括："主宰之天（至上神物质之天空）；物质之天（天空）；命运之天（运气）；自然之天（自然）；义理之天、道德之天（道德法则）。"

自古以来，人类便对整个天体宇宙世界充满神秘而崇拜的心态和积极探索的欲望，而人类最早的一些关于天体宇宙演化的知识，便是以朴素自然观的形式出现的，人类发展的每一个历史时期均有相应类型的自然观产生，如古代的机体论、神创论，近代的机械论，现代的辩证论、系统论。道家自然观的产生、形成与演变体现了人类对宇宙运动、天人关系、生命现象、行为特征等内在本然本性及其运动规律方面的认识水平，体现了道家在认识天人关系和本质属性方面所具有的特殊视野及主观能动性。这种对于宇宙本质属性及天人关系的认识尽管受到主观自身认识能力的局限，但是在一定程度上反映了道家在调整和处理天人关系的能力和主观善意的愿望，是具有积极意义的能动性实践行为活动。道教对于"修道""生活""治政"等行为本质属性方面的认识体现了其作为宗教观所具有的积极意义，"人生的最高价值就是得道成仙。当然，长生不死、即身成仙，仅仅是道教的一种信仰，实际上是难以实现的。但道教从这样一种信仰出发，在个人生活准则上，则强调要尊道贵德，唯道是求"。道教认为人们可以通过调整自己的行为实现"尊道贵德"，达到天人关系的和谐统一，而归"真"之目的体现了道教自然观作为民族宗教所具有的实践性。

道教自然观是在继承道家自然观思想基础上而形成的宗教化的宇宙观、天人观、生命观，以及具有自然与社会双重属性人之行为观的综合观念。道教自然观强调了自然所具有的"本然""本性""本质""规律"之内涵。"天地之性，独贵自然，各顺其事，毋敢逆焉。"使道教自然观具有以"自然为顺，事不逆天之义"。"本性与自然是同一个词，可以互换。""纵观自然哲学史，'自然'的含义经历了一个由'生长'到'自然物之本性'自然物的根据、'自然物之集合'，再到'人化自然'、'形态自然'的演变过程""依靠自己的力量，自然而然地生长、涌现、出现"。《汉语大词典》认为"自然"天然，非人为的。不勉强、不拘束、不呆板。不经人力干预而自由发展。犹当然。郭象的"自然"至少有五点相互联系的含义：第一，天人之所为皆"自然"；第二，"自为"是"自然"；第三，"任性"即"自然"；第四，"必然"，即"自然"；第五，"偶然"即"自然"。郭象的自然观虽然不能完全表达道家对于自然的理解，但在一定程度上反映了道家对"自然"内涵的基本认识。这是道家"自然"的最基本最重要的含义。道家把"自然"规定为万物的本质、本性，是说万物的本性是不假人为，自然而然，本来如此的。也就是说"自然"是万物内在的真实的存在，是万物和人的本性的存在。

道教自然观作为认识人类社会与宇宙天体运动演化系统的思想和方法论，则将"自然"所表达的本质本性与内在规律与道进行了完美的融合与化一，使具有"本然"意义的自然与具有神秘色彩的"道"共同构成道教自然观的主题内涵，使道教自然观建立在道之"本体"基础之上。同时，"《老子想尔注》把《老子》书中作为最高真理的'道'，改造成凌驾于人间之上的主宰之神。"使道教之道成为最高的精神本体，或称之为"道"本体，并构成了道教哲学的神学思想体系。

道教对于自然的理解是围绕并密切联系"道"之本质本然属性而展开的，即道教认为自然为产生道的根本自然，为宇宙万物之本性，万物以道为法，以自然为法。自然是道的本性，本身即在道中，无须效法。道教关于"自然"与"道"本质属性及运动演化的思想成为我们认识宇宙天体演化与天人运动关系的基础，是道教自然观构建的理论基石。《老子想尔注》认为"自然、道也"。道教自然观对于"自然"与"道""一元论"的理解主要体现在两个基本方面：一是自然作为宇宙"本然"存在的本质本性及客观规律本身就存在于宇宙运动演化之中，并作为产生道的基本规律，是道本质本性之体现。二是道所具有的本质本性可以用"自然"来表示，即道之运动演化本质属性及运动规律体现在自然所表达的本然本性及规律特征方面，是道自身具有的客观内在运动演化之必然性。葛洪《抱朴子·畅玄》曰："玄者，自然之始祖，而万殊之大宗也。"吴筠在《玄纲论》曰："自然者，道德之常，天地之纲。"

道教的自然所体现的是一切事物的存在和演化的原则和规律，是事物自身的本质本性以及内在根据和本真状态，是宇宙运动演化必然和客观的最高法则，是宇宙本体以及天地万物都遵循的原则。道教在吸收道家自然观的基础上提出了"道不违自然，乃得其性，法自然也。"使道教在对于天地万物运动内在本性及运动规律认识的基础上，形成了道教具有本宗教特点的自然观。唐代徐灵府，号默希子，在《通玄真经·自然》曰："自然，盖道之绝称，不知而然，亦非不然。万物皆然，不得不然。然而自然，非有能然，无所因寄，故曰自然也。"

综上所述，道家最根本的哲学思想就是人与自然要和谐共处，不得违背、破坏自然规律。对中华民族古代艺术特色的形成起极为重要作用的是道家的自然观，其思想精神表现为崇尚自然、顺应自然、淡泊自由、逍遥虚静、朴质贵清。

上述内容就是中国博爱思想在中国语境下的基本内涵，它和我国传统文化的许多内容息息相关，其本身也是中华优秀传统文化的重要组成部分。随着历史的发展，博爱思想的内涵也不断得到丰富和发展。当前，习近平新时代中国特色社会主义思想赋予了博爱思想更积极的历史使命，我们应当努力做好继承和弘扬博爱思想的工作，在新时代中国特色社会主义建设中，发挥其更积极、更重要的作用。

第二节 博爱思想在中国的发展变迁

博爱思想在中国的发展变迁经历了萌芽时期、发展时期、进步时期和成熟时期四个阶段。从一开始，博爱思想就和中国传统文化的主流仁爱思想密切相关。许多学者甚至认为，博爱从萌芽和起源上看就是脱胎于仁爱，或者说其本身就是仁爱发展到一定程度之上的高级形态。因此，探究博爱思想的发展，离不开对仁爱思想的历史分析。

一、博爱思想萌芽于先秦时期

在中国，博爱思想萌芽和起源的时间大致和儒家起源的时间相同，都可以追溯到春秋时期。"博爱"一词连用，最早见于先秦时期的儒家经典《孝经·三才》："先王见教之可以化民也，是故先之以博爱，而民莫遗其亲；陈之德义，而民兴行；先之以敬让，而民不争；导之以礼乐，而民和睦；示之以好恶，而民知禁。"因此，"博爱"在此处和儒家的教化手段紧密相关。

在博爱的萌芽和起源时期，对于博爱的思想内涵，主要有两种解释：第一种认为"博爱"是一种含义宽泛的概念。这种观点将博爱视为从有等差之爱走向无等差之爱的道德践履，是从人类之爱走向超人类之爱的实践。第二种认为"博爱"脱胎于仁爱，是儒家仁爱的最高境界。《论语》说"泛爱众"和"博施于民"；《孟子》说得则更明确，不仅要亲亲、仁民，还要爱物。

中华文化自身在源流上就包含着博爱思想的基因。在中国传统文化的价值领域中，作为普遍情感的爱与德性层面的仁有直接的联系。仁作为爱，是一种对普遍的喜爱之情的伦理提炼，它源于这种感情又超乎其上，是源于家庭情感但又不限于家庭情感的普遍义务。

孔子说："泛爱众而亲仁。"儒家对于广施于人的博爱是十分肯定的。仁与爱相互为用，包含着关切、责任感、了解和尊重等方面的内容，并表现在乐群、敬长、恤孤的多重情感交流中。在中国古代，最能体现仁爱思想内容由近及远层次性的儒家人物是孟子。孟子说："亲亲而仁民，仁民而爱物。"将对人之爱推及对自然万物的爱。这些都曾对博爱思想有过深刻影响。

可见，中国的博爱思想萌芽于春秋战国时期，和儒家思想的起源时间大致相同。在中国，从一开始，博爱思想就打上了儒家仁爱思想的印记，带有浓厚的儒家伦理道德色彩。这也是探索博爱思想必须探究儒家仁爱思想的原因所在。

二、博爱思想在汉唐宋明时期的发展

汉唐和宋明时期，博爱思想得到了进一步发展。这一时期对博爱思想的发展做出贡献的人物主要有董仲舒、韩愈和张载。他们都是儒学大师，主张以"博爱"释"仁"，从而深化了博爱思想，同时把"仁"推向了一个更高的境界。

最先将"博爱"作为仁论的重要内容而加以讨论的（就今天所见的材料）是西汉中叶董仲舒之《春秋繁露》，其书卷十云："忠信而博爱，敦厚而好礼，乃可谓善，此圣人之善也。"同书卷六又提到圣人"泛爱群生，不以喜怒赏罚，所以为仁也"，这里的"泛爱"意近"博爱"；卷十一又云："圣人之道，不能独以威势成政，必有教化，故曰：'先之以博爱，教以仁也。'"后者脱化于《孝经·三才》"先王见教之可以化民也，是故先之以博爱，而民莫遗其亲"。但《孝经》虽云"博爱"，但还没有像董仲舒这样将之与"仁"教相提并论。

降及汉晋之际，以"博爱"论"仁"，乃至直接以"博爱"释"仁"的看法大量出现，如东汉末年徐干所著之《中论》，其文云："夫君子仁以博爱，义以除恶，信以立情，礼以自节。"（卷上）汉末大儒郑玄之经注虽没有直接出现博爱为仁的字眼，但有关的注释已经流露出类似的意思，如《周礼·地官·司徒》"以乡三物教万民，而宾兴之，一曰六德：知、仁、圣、义、忠、和"，郑玄注云："仁，爱人及物。"这里以"爱人"与"及物"联言，已经接近"博爱"之义，故宋人王与之《周礼订义》于此郑注下注云："自博爱而兼爱者仁也。"三国时期的韦昭在为《国语·周语》做注时明确提出"博爱于人谓仁"；晋袁宏《后汉纪》卷三直接出现"博爱之谓仁"的说法，其文云："夫名者，心志之标榜也。故行著一家，一家称焉；德播一乡，一乡举焉。故博爱之谓仁，辨惑之谓智，犯难之谓勇。因实立名，未有殊其本也。"这些意见相当集中地出现在汉晋之际，是值得注意的现象。此后，以"博爱"与"仁"并举之论，渐次流行。唐文献中，类似记载，所在多有，如朱正则《五等论》"盖明王之理天下也，先之以博爱，本之以仁义"（《旧唐书》列传卷四十）；张九龄称赞东汉徐稚"博爱以体仁"（《曲江集·后汉征君徐君碣铭并序》）；常衮称赞杨灵嗣"德行孝悌，温良博爱，故宗族称其仁"（《滑州匡城县令杨君墓志铭》，《全唐

文》卷四百二十）；柳宗元亦称扬其叔父"用柔和博爱之道以视遇孤，仁著于内焉"（《柳宗元集》卷十二《故叔父殿中侍御史府君墓版文》）。《唐律疏议》卷一有"心则主于博爱之仁"之语。可见，"博爱"与"仁"相连的说法在唐代已经相当流行。

韩愈以"博爱"释"仁"继承了汉唐儒学仁为外治、崇尚礼教的精神，其渊源于荀学的痕迹，极可注意。以荀学观之博爱之基础实在于礼，故虽博爱而不废亲亲尊贤，仁民爱物之次第，这一精神乃不言而喻，故韩愈在《读墨子》中直接以孔墨并论而不担心有淆乱之危险，所谓"孔子泛爱亲仁，以博施济众为圣，不兼爱哉"，如此坦然之论，正反映出荀学在汉唐儒学中的广泛影响。由此可见，韩愈作为中唐儒学复兴的代表。他虽然开启了不少儒学革新的新方向，但另一方面，他的思想与汉唐儒学保持着密切而复杂的联系。对"仁"的理解，无疑是其儒学思考的核心。而其以"博爱"论"仁"，并非是对汉唐儒学之成说的简单因袭，而是包含了对汉唐儒学之理论旨趣的深入继承，这一点可以从《原道》一文，从他整体的思想倾向中得到清晰的印证。《原道》篇对"仁"之内涵的阐释，清晰地表现出崇尚礼教、追求外治的精神，这与孟子心性哲学的关注点不无异趣。韩愈一生都在为儒家精神的当世之效奋斗不已，其精神中鲜明的实践品格，极为引人注目。对有道之士不得其位的不平与焦虑，是韩愈诗文的重要主题，其理论基础正是"博爱为仁"。只有予仁者以高位，才能使其"博爱远施"，而只有"博爱远施"，才能充分地实践"仁"。独特的仁学思想，使韩愈的政治理想与态度也呈现出高亢的姿态。渊源于汉唐儒学的"博爱为仁"，以崇尚礼教为其核心，因此韩愈所渴望的不是一时一政的裨补，而是在现实中重新建立以儒家伦常为核心的一整套"先王之教"。他对于王权的推崇，打击藩镇与宦官势力的思想，都不是满足一时的政治需要，而是着眼于"先王之教"在社会中的全面重建。

张载发挥传统儒家"爱人及物"的博爱精神，提出了"民胞物与"思想，把人看成大自然的儿女，人人皆为我之同胞，万物皆为我之朋友。"民胞物与"思想表达了对人的本性和人类未来的美好信念，它与那种把人看作豺狼，把人间看作地狱，视自然万物的生命如粪土的观点是截然对立的。

"民，吾同胞"是说在自我与他人之间应当具有一种同胞般的关系，表达了对人的本性，同时也是历代中国人所向往的一种和谐、融洽的人与人之间关系的美好信念与追求。孔子主张"泛爱众""四海之内皆兄弟"的"人不独亲其亲，不独子其子，使老有所终，壮有所用，幼有所长……故圣人耐以天下为一家，以中国为一人者，非意之也"。而张载就是在继承"泛爱众"（《论语·学而》）、"仁民而爱物"（《孟子·尽心上》）、"大同"（《礼记·礼运》）理想的基础上，对儒家"天人合一"境界做了进一步发挥和创造性阐释，提出了《西铭》理想。

张载在这一理想中将传统的宗法观念、孝道意识、普遍平等思想三者结合起来，突破了尊卑等级观念。他没有追求功利境界，而是从自然境界、宗族观念升华至道德境界，把宗族血缘关系融化在自然天道观中，生发出朴素的博爱与平等观念，从而论证了人类普遍伦理的天然合理性。他不但把普通老百姓视为亲兄弟，尤其视社会中的弱势群体为自己的亲兄弟，向他们伸出援助之手，帮他们解决困难，期望给他们以保护和安全，使他们脱离忧伤而得到快乐与幸福。

他在《西铭》中写道："尊高年，所以长其长；慈孤弱，所以幼其幼。"意思是说，尊敬我年高之长辈，以此达到对年长者之普遍尊重；慈爱我孤独弱小之子女，以此达到对年幼者之普遍抚育。这里还要指出的是，张载并不把国君当成"天子"，仍然以平等观念把国君视为与普通百姓一样的父母所生之子。在《西铭》中还有这么一句："大君者，吾父母宗子；其大臣，宗子之家相也。"意思是说，天地是我们的父母，君主是父母的宗子（嫡长子），大臣则是辅助宗子的管家。张载指出，就是在政治领域中，自我与他人也都首先是一样的"人"，人与人之间也都可以仍然像在大家庭生活一样，建立并保持一种亲切和睦、彼此信赖的关系。我们从《西铭》的字里行间，可以清楚地了解张载的精神境界与历史观念，在他的心目中只有"尊高年""慈孤弱""纯乎孝者"，而没有以统治地位区分尊卑等级的陋习。

他不但承认人与人都是亲兄弟，还延展到人与万物都是相亲相爱的朋友。这种平等意识、博爱精神就是《西铭》理想的核心内容，也是他"天人合一"思想的进一步伦理化、生活化，更成为他后来提出"为万世开太平"境界的思想前提。"物，吾与也"是指人类与自然之间的朋友关系，意即把万物看作自己的同类的伙伴，它所表达的是一种视天地万物为一体的可贵思想。孟子提出"亲亲而仁民，仁民而爱物"（《孟子·尽心上》）的原则，《易传》则进而升华为"与天地合其德"的思想，《中庸》经二十二章则说："唯天下至诚，为能尽其性。能尽其性，则能尽人之性。能尽人之性，则能尽物之性。能尽物之性，则可以赞天地之化育。可以赞天地之化育，则可以与天地参矣。"这些先哲的论述，都为张载的"物与"之说准备了条件。

张载提出"物与"意识视天地万物为一体，从本质上说，是一种生态意识和宇宙意识。在理学传统的话语中，"物"是一个含义非常广泛的词，宇宙间的一切存在，不管是有生命的还是无生命的，都可称为"物"。作为理学家的张载所说的"物"自然兼有此义，并且自然体现了"爱万物"的"博爱"精神。张载认为万物都来自"太虚"，而且最终也是要散归到"太虚"的，因此万物都是一体同源的，故而每个人应当视同类为手足，泛爱万物，与天地同体，以实现和谐统一的社会秩序，营造温情脉脉的伦理亲情。张载用"乾称父，坤称母"表达乾坤就是天地，天地就是人类万物的父母，人类万物都是天地所产生的，人是自然界所生的，是自然界的一部分，在自然界中许多动物、植物都是跟我同时存在的，应该爱护它们。

张载在《西铭》中一直强调，从个人的角度来看，天地就是我的父母，民众即是我的同胞，万物皆是我的朋友，君主也可以被看作这个"大家庭"的嫡长子等等。张载的这些说法，意图并不在于用一种血缘宗法的网络编织起宇宙的关系网，而在以这样一个观点为出发点，人就可以对自己的道德义务有更深的了解，进而对一切个人的利害达成了一种超越的态度。

从张载"吾体""吾性""吾同胞""吾与"的立场来看，尊敬高年长者、抚育孤弱幼小都是个人对这个"宇宙大家庭"在执行着亲属般的神圣义务。换言之，宇宙的一切都与自己有直接的联系，一切道德活动都是个体应当履行的直接义务。这也就是"其视天下无一物非我"（《正蒙·大心》）的具体内容，这个境界也就是"天人合一"的境界。在这样一种"与万物为一体"（语出自《二程遗书》卷二）的境界中，个体的道德自觉性得到了大大的提高，他的行为也就获得了更高的价值。正如张载的"横渠四句"所提倡的那样，人应当把有限的生命投入"为天地立心，为生民立命，为往圣继绝学，为万世开太平"的无限大事业中。

三、博爱思想在晚清和民国的进步

近世以来，资产阶级改良派的康有为和革命派的孙中山先后倡导博爱，并将博爱思想推进到了一个新阶段。康有为的博爱思想与前人相比有了明显进步，孙中山先生的博爱思想则是中国博爱思想近代升华进步的标志。

康有为在其《大同书》中宣扬人道的博爱的哲学，他将人类彼此互助相爱视作未来社会的远景和理想境界。康有为是中国近代史上推行维新变法运动的资产阶级维新派的领袖人物，同时也是中国近代哲学史上最早向西方学习的思想家之一。他能够面对近代史的严肃课题进行哲学思考，并糅合中西，形成一套新的理论体系——"重仁而爱人"的博爱哲学。所以他的哲学具有很大的过渡性。

首先，他提出"仁之美者在于天"作为博爱思想的道德基础。古今中外，任何一位哲学家在表述自己的理论内容时，都不能不遵循一定的思想原则。康有为的博爱哲学所遵循的思想原则就是"仁之美者在于天"。"仁"作为博爱哲学的核心和基础，首先表现为人与人之间的伦常关系，即"仁者，人也。二人相偶，心中恻恺，兼爱无私也"。（《论语注》）就是说，"仁"是人与人之间关系的哲学升华。

怎样才能达于仁、实施博爱呢？康有为以为途径有二：一是要从最贴近于己的事情做起，即"以孝弟发其行仁之始，以泛爱众极其行仁之终"；二是要注重培养自身达于仁的条件，即"以智辅仁，所以养成人之德也"。（《论语注》）在他看来，无论是天子还是庶人，自身若要达于仁，都应是"皆以修身为本，修身以道，修道以仁"（《中庸注》），即只有做到"明爱人治人礼人一切当反身求己"时，才能取得"命虽自天，而人当自修以配之"（《孟子微》）的结果。这里，康有为的思想显然是继承了中国哲学中心学重视人的主观性的特点，强调的是人自身在实施博爱、达于仁的主体作用。

其次，何为人道？康有为指出"人道者因天道而行之者也"（《大同书》）。如果仅知人道为"仁圣之道"，而不知人道是天道的具体体现，那就没有理解孔子之道的微言大义。所谓"以仁为本"的人道主义，康有为认为人道是"因天道而行之者"，必然同天道一样具有客观实在性，并不受时势的变化而随意发生改变，同时具有"人所共行"的特点。所以人道即人之道，"远人不可以为道"（《春秋董氏学》）。"非人所共山不谓之道"（《中庸注》）。"道不远人"是人道很重要的特性，其原因就在于康有为认为凡为人皆"同为人类不相远也"。根据"类群意识"的理论，同类同情。所以人道不只是人之道，而且是人类之道。康有为认为能够实施这种"令人人可行"的人道，其根据就是"人人平等"。依此，他认为从人类整体而言，实施人近的途径应是"始于忠信，亦终于忠信"，通过忠信而"归本于仁"。他说："凡身行之道，心存之德，皆以仁为归。其量无尽，其时无止，永永依之而已。盖孔子之道德皆以仁为主，故归本于仁也。"（《论语注》）

最后，何为人性？康有为说："性者，人受天之神明，即知气灵魂也。"（《论语注》）"性者，天赋之知气神明合于人身而不系于死。生者以天之精气附人之心体，以魂合魄合成人灵，故能尽其心。感觉运动存记构造抽绎辨之才，则能知人性神明精爽魂灵之妙，而可推知乾道变化之神矣。"（《孟子微》）可见，康有为所讲的人性即人的体认外界之能力。

作为"知气灵魂"的人性，其本质是受天而生，是天性在人身上的具体表现。所以他又说，由于"人类化于天，人性生于天。故人道即法天道，天人分气本原贯通"（《春秋董氏学》）。这种天人二者本原为一的"天人合一"理论，是中国传统哲学在新形势下的继续。那么是否宇宙间所有生物均为同一属性呢？康有为认为，因"性者，受天命之自然"，所以凡受命于天的生物均有天之自然属性，即"不独人有之，禽兽有之，草木亦有之"（《康有为政论集》）。但是，由于"物之不齐，物之情也"，即物物之间因各自的差异而导致其性并不完全一样，如"附子性热，大黄性凉是也"。他指出正是物物之间的差别性决定了"人性其灵明而贵于万物"（《孟子微》），而其根本原因就在于"人者，知识尤灵而天性尤厚也"（《大同书》）。这样就将人性同其他生物的特性从质上区别开来，而认为人乃万物之灵是也。

简言之，从前面的论述中不难看出，康有为的博爱哲学思想核心是"以仁为本""重仁而爱人"。而贯穿博爱哲学理论的是主张自由、平等、博爱的基本原则。在他的博爱哲学思想中，把人的问题上升到主导地位，表现出浓郁的近代资产阶级哲学思想中重视人自身、重视主体作用的积极思想倾向，这就同中国古代哲学的传统思想有了质的区别。同时，由于康有为的博爱哲学是以中国古代传统的思想文化为其理论来源，对外来的西方文化还来不及消化、理解和反思，就直接拿来和传统文化杂糅在一起，这样就不可避免地导致了他的思想体系有不够协调的特点。

这里，一方面是康有为理论本身的矛盾造成的，另一方面是他所生活的历史条件及阶级局限的必然结果。中国古代哲学正是在这种条件下向近代哲学过渡的。因而正是在这个意义上，我们说康有为的博爱哲学的提出，既标志着中国古代哲学的终结，又表现为中国近代资产阶级哲学的开始，成为中国古代哲学向近代哲学转化和发展的重要环节，在中国哲学史上占有不可低估的地位和作用。

孙中山是近代中国一位伟大的思想家、政治家和精神领袖。他的思想的光辉照耀了 20 世纪的中国，许多其珍贵的理论遗产对现实仍有重要的指导价值。在他的思想体系中包含着新的价值观和伦理观，其出现的历史背景和中国资本主义生产关系的缓慢发展和民族资产阶级的壮大以及空前深重的民族灾难、腐朽的政治状况、救亡运动的高涨紧密联系。尤其是两次鸦片战争及五四运动时期的中国社会各种思潮的产生和发展，对孙中山伦理思想产生了直接的影响。唯物主义的自然观、认识论、二元论的社会历史观以及西方资产阶级的伦理思想是孙中山伦理思想的基础。他把对中国传统道德思想的继承、创新和对西方伦理思想的吸收、改造融为一体，创立了自己独特的以"博爱"为核心的道德思想体系。

首先，孙中山先生对中国传统文化进行了改造与继承。中国文化源远流长，孙中山给予很高评价。孙中山幼读儒书，12 岁毕业，18 岁时一度停习英文，复治中国经史之学。他很赞赏儒家的"格物、致知、诚意、正心、修身、齐家、治国、平天下"的人生目标。他说这可以"把一个人从内发扬到外，由一个人的内部做起，推到平天下止"。[①] 他十分称赞孔子的"仁爱"思想，但他同时指出，革命者的"仁"，不仅包含孔子人与人之间互爱互敬的人道主义，还要为拯救斯民于水火之中而努力。

其次，孙中山先生对西方伦理有所吸收和改造。东西方文化是截然不同的两个体系。以伦理思想而论，中国的伦理重群体，西方伦理重个人。孙中山青

---

① 孙中山全集：第 9 卷 ［M］. 北京：中华书局，1982：241-253.

少年时期开始接触西方政治学说与自然科学，在校期间热衷于读《圣经》及参与宗教活动，17岁成为基督教徒。在长期的接触中，接受西方文化熏陶的孙中山，深感向西方学习的重要性和迫切性。他说"我们对欧洲文明采取开放的态度，取西人的文明而用之"。他指出，对西方文化不应照搬照抄，而是要加以中国化、本土化。"博爱"是西方资产阶级的重要伦理思想，即提倡爱一切人，是一种超越时代、阶级、阶层的广泛之爱。这种博爱思想具有深刻的基督教文化内涵。"自由、平等、博爱"是资产阶级民主革命时提出的政治口号和道德原则，是抨击封建专制思想的有力武器。孙中山则给这个口号和原则赋予了新的含义，并融合进自己的政治思想和伦理思想之中，他明确宣布，"自由、平等、博爱""乃公众之幸福，人心之所向"。① 孙中山想把西方资产阶级的"博爱"思想与中国儒家学说中的"仁爱"统一起来，他试图用"博爱"解释"仁爱"，认为能"博爱"即可谓"仁"。同时他也看到了两者的区别，认为"博爱"与"仁爱"的区别在于"博爱"是公爱而非私爱，"我国古代若尧舜之博施济众，孔丘尚仁，墨翟兼爱，有近似博爱也者，然则狭义之博爱，其爱不能普及人人"。② 在这里，他完全取消了儒家仁爱的远近亲疏之别，把爱推及一切人，从而使儒家、墨家以及基督教关于爱的精神最终统一，真正体现了"博爱"的本义。

最后，孙中山还把"博爱"与人道主义、社会主义等同起来。孙中山认为，广义的博爱就是人道主义，是为人类谋幸福，为公爱而非私爱，普及人人。他说"社会主义者，人道主义也。人道主义主张博爱、平等、自由，社会主义之真髓也不外此三者，实为人类之福音"，③ 从而道出了孙中山先生所理解的社会主义的实质。博爱在孙中山那里，不仅仅是一个抽象空洞的名词，而被赋予爱国、救国、救民的具体内容，他认为有救世、救人、救国三者，其性质皆为博爱。

孙中山的另一个最大的特点是他不仅注重理论的实际效用，而且致力于把理论付诸实践，身体力行，以自己的模范行为感化人们。他的一生淡泊名利，

---

① 戴宗芬．孙中山伦理思想特点探析［J］．道德与文明，2002（05）．
② 孙中山全集：第2卷［M］．北京：中华书局，1982：510．
③ 孙中山全集：第2卷［M］．北京：中华书局，1982：523．

鄙薄物欲，从不以牺牲革命原则去谋一己之利。他高度重视自强自爱的人生自
我修养，一生生活简朴，珍惜人民的劳动成果，始终保持着一个平民的本色，
他在遗嘱中写的"尽瘁国事，不治家产"，正是他毕生政治生涯的真实写照。他
以振兴中华为己任，革命40余年，始终实践着自己的志向，以自己的行为唤醒
中国的全体国民。孙中山的博爱观主张"救国之仁""为四万万人谋幸福"和
"济贫养民"，这与慈善文化中的"道德仁爱""养济结合"理念相得益彰。①
它既包含政治范围里对政府责任的判定，也囊括中国传统固有的人文道德关怀。
"博爱"旨在突破血缘的亲属关系，对所有人施以同等的情感关怀。从情感上
看，它安抚了革命战乱年间惨遭横祸的民众百姓；从社会功能上看，它明确了
社会救助职责和政府建设方案，并"内化为一种常态的社会文化"。孙中山的博
爱观，兼纳政治、经济、文化等多方面，并随着革命进程不断进化拓展，其精
髓在公天下精神、民生建设情怀和红十字会救助三方面。

四、博爱思想在当代中国走向成熟

当代中国所提倡的博爱，是对马克思恩格斯博爱观的继承和弘扬，是具有
中国传统文化和社会主义特征的博爱。马克思恩格斯始终关怀全人类的幸福。
马克思在青年时代就表示："在选择职业时，我们应该遵循的主要指针是人类的
幸福和我们自身的完美……如果我们选择了最能为人类福利而劳动的职业，那
么，重担就不能把我们压倒，因为这是为大家而献身；那时我们所感到的就不
是可怜的、有限的、自私的乐趣，我们的幸福将属于千百万人。"②

正因为关怀全人类的幸福，马克思恩格斯将人的自由解放作为自己奋斗的
根本目标。人们都知道，马克思恩格斯是共产主义者，他们为共产主义事业奋
斗了终生。但在马克思恩格斯的理解中，共产主义只是一种外在的社会形式，
其实质内容就是人的自由发展。马克思曾指出，"共产主义本身并不是人的发展

---

① 孙中山全集：第6卷 ［M］. 北京：中华书局，1982：22-35.
② 马克思. 青年在选择职业时的考虑 ［A］//马克思恩格斯全集：第40卷 ［M］. 北京：
人民出版社，1982：7.

的目标",① 相反,"自由的人就是共产主义者"。② 恩格斯也说:"我们的目的是要建立社会主义制度,这种制度将给所有的人提供健康而有益的工作,给所有的人提供充足的物质生活和闲暇时间,给所有的人提供真正的充分的自由。"③

　　正因为关怀全人类的幸福,马克思恩格斯不仅追求无产阶级的解放,也追求包括资产阶级在内的所有人的解放。马克思恩格斯指出,资产阶级不过是"现存的社会制度以及和这个制度联系在一起的各种偏见的奴隶"④ "有产阶级和无产阶级同是人的自我异化"。他们强调无产阶级"只有消灭自己本身和自己的对立面才能获得胜利"。⑤ 马克思说,"社会从私有制中、从奴役制中的解放在劳动者的解放这个政治形式中表达了自己……包含着普遍的人类的解放"。⑥ 恩格斯也说,"共产主义不是一种单纯的工人阶级的党派性学说,而是一种目的在于把连同资本家阶级在内的整个社会从现存关系的狭小范围中解放出来的理论"。⑦

　　马克思恩格斯不仅有崇高的博爱人格,一生践行着博爱精神,而且他们也有少量论述间接却明确地表达了他们推崇博爱精神、肯定共同利益的观点。比如他们说,如果"人同世界的关系是一种人的关系""那么,你就只能用爱来交换爱,只能用信任来交换信任"⑧ "并不需要多大的聪明就可以看出,关于人性

---

①　马克思,恩格斯. 德意志意识形态［A］//马克思恩格斯选集:第1卷［M］. 北京:人民出版社,1995:93.

②　马克思.《德法年鉴》的书信［A］//马克思恩格斯全集:第1卷［M］. 北京:人民出版社,1956:409.

③　恩格斯. 对英国北方社会主义联盟纲领的修正［A］//马克思恩格斯全集:第21卷［M］. 北京:人民出版社,1965:570.

④　恩格斯. 英国工人阶级状况［A］//马克思恩格斯全集:第2卷［M］. 北京:人民出版社,1957:528.

⑤　马克思,恩格斯. 神圣家族［A］//马克思恩格斯全集:第2卷［M］. 北京:人民出版社,1957:44.

⑥　马克思. 1844年经济学哲学手稿［A］//马克思恩格斯全集:第42卷［M］. 北京:人民出版社,1979:64.

⑦　恩格斯.《英国工人阶级状况》美国版附录［A］//马克思恩格斯全集:第21卷［M］. 北京:人民出版社,1965:297.

⑧　马克思. 1844年经济学哲学手稿［A］//克思恩格斯全集:第42卷［M］. 北京:人民出版社,1979:155.

本善……唯物主义学说，同共产主义和社会主义之间有着必然的联系"，共产主义不是"同人的本性、理智、良心相矛盾"的。① 他们还说，在人们的交往合作中，"个人利益总是违反个人的意志而发展为阶级利益，发展为共同利益，后者脱离单独的个人而获得的独立性，并在独立化过程中取得普遍利益的形式"② "每一个人的利益、福利和幸福同其他人的福利有不可分割的联系"。③ 即使是在阶级社会中，统治阶级也"同其余一切非统治阶级的共同利益有……联系"，④ 他们还将那些摒弃"一切亲属、友谊、爱情、感激等温柔脆弱感情"的所谓"神圣革命事业家"称作"不道德的""荒谬的""超无政府主义者"，⑤ 并且强烈呼吁"推翻那些使人成为受屈辱、被奴役、被遗弃和被蔑视的东西的一切关系"。⑥ 这类论述在马克思恩格斯的全部论著中虽然比重极小，但它们透露的信息却是明白无误的，那就是：马克思恩格斯在重视道德情感的阶级性、人们社会关系中的利益对立、阶级斗争和暴力革命的历史推动作用的同时，也承认道德情感在一定程度上存在超阶级性，承认人们社会交往中的合作互利及共同利益，承认博爱等道德情感的历史推动作用。

总之，通过马克思恩格斯的上述言论及他们一生的行动，我们可以清楚地看出，马克思恩格斯始终崇尚并践行着博爱精神。他们就像他们所推崇的普罗米修斯，为无产阶级和全人类的幸福解放历尽无数艰辛，作出了巨大牺牲，是至善至爱之人。显然，只有充分揭示他们的博爱精神，研究他们的博爱思想，才能真正反映他们的人格特征，彰显他们的人格魅力。在此意义上，研究马克思恩格斯的博爱思想是如实反映马克思恩格斯人格特征的要求。马克思主义对

---

① 恩格斯. 在爱北斐特的演说［A］//克思恩格斯全集：第2卷［M］. 北京：人民出版社，1957：614.
② 马克思，恩格斯. 德意志意识形态［A］//克思恩格斯全集：第3卷［M］. 北京：人民出版社，1960：273.
③ 恩格斯. 在爱北斐特的演说［A］//克思恩格斯全集：第2卷［M］. 北京：人民出版社，1957：605.
④ 马克思，恩格斯. 德意志意识形态［A］//克思恩格斯选集：第1卷［M］. 北京：人民出版社，1995：100.
⑤ 马克思，恩格斯. 社会主义民主同盟和国际工人协会［A］//克思恩格斯全集：第18卷［M］. 北京：人民出版社，1964：472-473.
⑥ 马克思. 《黑格尔法哲学批判》导言［A］//克思恩格斯选集：第1卷［M］. 北京：人民出版社，1995：9.

于人类历史上的一切思想文化成果都持批判继承的态度，对于"博爱"也不例外。博爱观念作为伦理道德法则，经过马克思主义世界观和历史观基础上的改造，可以成为社会主义道德的一个重要组成部分。

新中国成立以后，社会主义的博爱继承了马克思主义的"博爱"观，又在此基础上不断发展创新。

首先，社会主义的"博爱"继承了马克思恩格斯的博爱人格：对劳苦大众始终怀有深切同情，同情并因此救助弱者是博爱精神最通常的表现，而马克思恩格斯对劳苦大众始终怀有深切同情。《马克思传》的作者梅林评价马克思说："上帝赋予他灵魂，使他对每一种痛苦比别人感受得更强烈，对每一种忧患比别人感受得更深切。"马克思自己说，他的"皮肤不够厚"，无法把背向着"苦难的人间"。马克思恩格斯对劳苦大众的这种深切同情贯穿在他们一生的行动中。他们总是坚定地站在被压迫者一边，谴责那些剥削压迫者。

其次，社会主义的"博爱"践行了马克思恩格斯的博爱人格：始终关怀全人类的自由幸福。博爱一定是超越自爱、泛爱他人，但是这种泛爱的范围却又大小不同，而超越血缘纽带、民族界限和阶级对立而无等差地关爱全人类是博爱的最高境界。马克思恩格斯将自由解放作为自己奋斗的根本目标，努力探索实现社会进步的人道途径，为全人类的自由解放和共产主义事业奋斗了终生。社会主义虽不能同共产主义画上等号，但作为共产主义的初级阶段，我们始终把人民的幸福作为一切工作的出发点和落脚点，不断满足人的多方面需求和促进人的全面发展。社会主义社会建设确实需要有经济的高速增长，但不能将它凌驾于人民的幸福之上，应当将它们看作实现人全面自由发展的必需条件。

再次，社会主义"博爱"集中表现为"爱国主义"以及"尊老爱幼"的传统美德。列宁有句名言："爱国主义就是千百年来巩固起来的对自己祖国的一种深厚感情。"中国人的这种爱国主义感情特别深厚，历代先人把自己的命运同祖国的命运联系在一起，"先天下之忧而忧，后天下之乐而乐"，他们为祖国的进步而自豪，为民族的磨难而痛心。中华儿女世世代代在这片土地上生活、劳动、斗争，创造了光辉灿烂的民族文化，对人类社会的发展作出了伟大的贡献。

最后，社会主义的博爱表现为无产阶级的"无私之爱"。人民的利益外，没有个人的私利。无产阶级组织和领导的事业是广大人民群众的共同事业，"一切为了群众，一切依靠群众"，甘当人民群众的公仆，全心全意为人民群众服务。

把人民群众的利益放在第一位。无产阶级内部的"友爱"与外部的"化敌为友"，无产阶级和共产党人比任何剥削阶级更懂感情，他们在自身内部和一切同盟者中维持着最广泛、最真挚的团结友爱关系。

社会主义建设始终以马克思主义为指导，社会主义的"博爱"继承和发展了马克思恩格斯的博爱观，坚持"以人为本"，把建设一个民主法治、公平正义、诚信友爱、充满活力、安定有序、人与自然和谐相处的和谐社会作为目标，而这些目标的实现需要全社会普及"博爱"的精神，人与人之间的友爱既是被爱者的幸福源泉，也是施爱者的幸福源泉。

只有普遍弘扬博爱，才能普遍幸福。社会主义"博爱"思想贯穿于博爱的每一个部分，而它本身也属于社会主义核心价值体系，是社会主义的基本价值原则和价值目标。社会主义博爱是博爱思想发展的成熟阶段。只有弘扬社会主义的博爱，"博爱"之花才能开遍神州大地，人类才能实现真正的幸福。只有达到这种"博爱"状态，人们才能更积极热情地建设社会主义，最终形成"人人为我，我为人人"的和谐局面，达到"世界大同"，建成人类命运共同体，实现全人类的自由解放。

第三节　博爱思想在中国的理论意义和实践价值

博爱思想从来不是资产阶级的专利，社会主义也有博爱思想。博爱思想在社会主义国家具有更强大的生命力和更重要的实践价值，更具有真实性和普遍性，对其精神的践行和弘扬也更能体现出社会主义制度的优越性。由于社会主义制度本身所具有的先进性和人民性，随着博爱思想的成熟和不断完善，以人民为中心的理念也更能体现其理论意义和重要价值。

一、理论意义

对博爱思想的认识和评价，需要以马克思主义为理论武器，坚持马克思主义的实践认识论和唯物辩证法，具体问题具体分析，才会得出符合实际的认识。纵观历史，中国语境下的博爱思想理论内涵非常丰富，它对于中华优秀传统文化的继承和弘扬，对于中华优秀传统文化和马克思主义的结合，对于中国特色社会主义理论的丰富和发展，都具有积极的理论意义。

（一）有利于继承和弘扬中华优秀传统文化

在中华五千年的历史长河中，无数中华儿女努力劳作、奋进拼搏，创造了源远流长、博大精深的中华优秀传统文化，为中华民族的生生不息、发展壮大提供了强大的精神支撑。博爱思想是中华优秀传统文化的重要组成部分。

中华优秀传统文化中的思想观念、人文精神、道德规范、意志品质等不仅承载着先辈们的智慧精髓，更是滋养当代中国人精神世界、提振当代中国人精神力量的源头活水和不竭动力。弘扬博爱精神，尊重中华优秀传统文化，就是尊重中华民族的历史根脉与精神追求，就是尊重中华儿女的勤劳奋斗与实践探索，就是尊重中国人的不懈追求与文化需要。抛弃中华优秀传统文化，我们将成为无源之水、无本之木。习近平总书记指出，"抛弃传统、丢掉根本，就等于割断了自己的精神命脉"①，"历史和现实都表明，一个抛弃了或者背叛了自己历史文化的民族，不仅不可能发展起来，而且很可能上演一场历史悲剧"②。

中华优秀传统文化承载着中华民族五千年文明历史传统，包含着中华民族最基本的、共同的价值追求，它不仅是中华民族生生不息、发展壮大的根脉和灵魂，也为人类文明进步、世界文明多元做出了卓越贡献。在中华优秀传统文化的基础上，我们应时代需要，继承和弘扬博爱思想，把中华优秀传统文化与中国实际结合，创造性地发展出昂扬向上的革命文化和生机勃勃的社会主义先进文化，共同构成激励全党全国各族人民奋勇前进、共同实现中华民族伟大复兴中国梦的强大精神支撑。这是我们坚定文化自信的不竭动力。

（二）有利于中华优秀传统文化和马克思主义的结合

习近平同志在庆祝改革开放40周年大会上强调，必须坚持马克思主义的指导地位，不断推进实践基础上的理论创新，实践发展永无止境，解放思想永无止境，在坚持马克思主义的同时，坚持理论联系实践，坚持用一种"扬弃"的态度传承中国优秀的传统文化。马克思主义是我们立党立国的根本指导思想，背离或者抛弃马克思主义，中国就会失去灵魂，在道路中迷失方向。

---

① 坚定文化自信，建设社会主义文化强国［N］. 人民日报，2017-10-16（07）.

② 习近平在中国文联十大、中国作协九大开幕式上的讲话，2016-12-01（02）.

自马克思主义传入中国以来，就与古老悠久的中华民族结下了难以割断的情缘。对于马克思主义，我们并不是和苏联一样，照抄照搬，而是结合中国的复杂情况，经过一代代革命人的实践，最后找到了一条适合中国的特殊道路。中国共产党将马克思主义中国化，将马克思主义与中国优秀的传统文化相结合，与中国发展实际需求相结合，走出了一条中国特色社会主义道路。我们要想实现中华民族伟大复兴，就必须坚持马克思主义的指导地位，弘扬中华优秀传统文化。

马克思主义与中华优秀传统文化各有优势，应当使之优势互补，相辅相成，共同在推动社会前进中发挥作用。比如，马克思主义讲究科学，注重社会发展问题，我们就要充分发挥其在指导社会发展中的作用；传统文化讲究人伦关系，注重社会的人伦秩序问题，我们就应当充分发挥其在调节人伦关系中的作用。在推动我国社会主义现代化建设方面，包括制订经济社会发展规划、发展战略、对外交往战略等方面，应当主要依靠马克思主义来指导，而传统的儒家思想等不可能承担这样的使命。而在社会的稳定发展过程中，特别是在人与人的伦理关系层面，就应当充分发挥传统文化的积极作用，使得人与人之间讲规矩，守秩序，各安其分，各得其所。这样，社会系统才能稳定和谐地运行。只有植根于深厚的中国传统文化土壤，马克思主义才能在我国落地生根。

（三）有利于丰富中国特色社会主义理论

不断丰富中国特色社会主义的理论特色，是坚持和发展马克思主义的必然要求，是不断深化对中国特色社会主义规律认识的必然要求。伟大实践孕育科学理论，科学理论又有力指导伟大实践。随着中国特色社会主义实践的不断发展，我们党理论创新的步伐不断加快。

改革开放 40 多年来，我们党先后创立了邓小平理论、"三个代表"重要思想、科学发展观、习近平新时代中国特色社会主义思想。不断丰富中国特色社会主义的理论特色，就是要继续丰富和发展中国特色社会主义理论体系，进一步深化对共产党执政规律、社会主义建设规律、人类社会发展规律的认识。中国特色社会主义理论的丰富和发展，离不开改革开放的伟大实践，更离不开中华优秀传统文化。

博爱思想为中国特色社会主义理论的丰富和发展提供了深厚的理论素养，

并赋予其鲜明的优秀民族文化特色。不断丰富中国特色社会主义的理论特色，要求我们从丰富多彩的优秀传统文化中、从人民群众的伟大创造中汲取营养，在回答和解决实际问题中推动实践基础上的理论创新，始终保持中国特色社会主义的生机和活力。高校作为马克思主义理论的重要研究和传播基地，应针对当前经济社会发展中的热点难点问题加大研究力度、做出理论概括，为不断丰富中国特色社会主义的理论特色做出贡献。

总之，当代的博爱思想，是一种被赋予了中华优秀传统文化内涵的时代精神，具有积极的意义，它并不单指中国古代的仁爱，或者是资产阶级的博爱，抑或是孙中山的博爱观，它应该是包含了改革开放和社会主义现代化需求的、社会主义文明的、与时俱进的民族精神和人文精神。

二、实践价值

对于博爱这一概念，在中西文化中都曾提出过。我们使用这个概念一定要注意它的特定语境，一定要既有继承学习又有发展创新，使其赋予时代精神。博爱是以爱人为基础，包括爱集体、爱祖国、爱人民、爱生命、爱人类的生存环境、爱大自然、爱人类的劳动创造、爱文明进步、爱一切真善美的事物。因此，博爱思想对于建设有中国特色的社会主义具有重要的实践价值。

（一）弘扬社会主义博爱精神，有利于确立以人为本的社会发展理念

社会主义社会建设和改革开放是一个"摸着石头过河"的探索过程，它不仅需要激情，还需要有指引方向的航标和灯塔。而马克思恩格斯关于人类自由解放的博爱理想，对于我们的社会主义社会建设具有一种航标和灯塔的作用。

首先，确立以人为本的发展目标需要博爱思想。我们所要构建的有特色的社会主义社会虽然还不能与共产主义画上等号，但作为共产主义的初级阶段，它也必须像马克思恩格斯所追求的那样，把人的幸福作为一切工作的出发点和落脚点，不断满足人的多方面需求和促进人的全面发展。有中国特色的社会主义建设确实需要有经济的高速增长，但不能将经济高速增长凌驾于人民的幸福之上，而只能将它们看作实现人全面自由发展的必需条件；有中国特色的社会主义建设确实应当稳定而有秩序，但这种稳定和秩序不能以剥夺人民的基本自由为代价，应当为人们的思想和创新保留充分的自由空间，允许有足够的

多样性。

其次，发展目标应当逐步递进。社会主义的博爱思想包括同情弱势者和追求全人类彻底解放两个不同的层面，有中国特色的社会主义的建设也应当有逐步递进的发展目标。在我们现有阶段，由于受生产力水平和国民道德文化素养的限制，社会建设着重需要解决的是使人们的物质文化生活条件有相对改善。但从长远来看，社会主义建设必须确立人与人、人与自然全面协调的终极追求目标。根据马克思恩格斯的描述，这种理想社会形态应当是：社会成员共同占有全部生产资料；社会成员尽自己的能力最大限度参与社会劳动，社会根据实际生活需要分配个人消费品；彻底打破人为设置的种种流动障碍；建立由众人管理众人之事的新型公共事务管理机构和制度等。只有确立这样的理想，我们的有中国特色的社会主义建设才真正具有社会主义的特征。

最后，尽可能探索更为人道的社会变迁方式。我国目前正处于激烈的社会变迁之中。这种变迁不仅包括生产力变化、生产方式变化等经济变迁，包括社会功能性结构的改变，社会成员经济、权力、声望等地位结构的变化，还包括社会价值观念和生活方式的变迁乃至文化的变迁。社会变迁在为我国打开未来希望之门的同时，也会因为旧的生产方式被淘汰、旧的生活方式改变以及社会利益结构的改变而对部分地区、部分群体的利益造成一定损害。虽说这种损害是我国社会变迁的代价，但像马克思恩格斯那样，尽量探索更为人道的社会变迁方式，减少对人们的冲击与损害，也是我们社会主义建设中必须加以注意的问题。

（二）弘扬社会主义博爱精神，有利于国民形成超越亲情的博爱精神，增强我国的社会凝聚力

在社会学中，社会整合也被叫作社会团结，指的是社会成员建立在共同情感、信仰或价值基础上的人与人、人与社会之间的，以结合或吸引为特征的联系状态。社会学家迪尔凯姆认为，高度分化的社会必须也是高度整合的社会，否则社会就会处于离散状态，从而破坏社会的稳定。

不同的社会形态有不同的群体结构，因此也有不同的整合力量。以自然经济为基础的传统社会的群体结构主要是"家本位"的亲友社群结构，它可以依靠人们之间天然的血缘、亲缘情感以及相应的社会规范来实现社会整合。与商品经济相对应的现代社会是"交往普遍化"的陌生人社群结构。由于人们以事缘与业缘为主要交往关系，交往范围也超出了家庭、亲友甚至民族的范围，因

此，现代社会已经不能单纯依靠亲情来维系人们之间的团结，而必须注入新的粘合力。而博爱精神就是现代陌生人社会人们之间的重要黏合剂。

弘扬博爱精神对于增强我国的社会凝聚力尤为重要。这是因为我国延续几千年的传统文化虽然也讲"仁爱""仁慈"，但其核心却是亲情之爱，如孔子将"事亲"视作仁的核心，孟子也说"亲亲，仁也""仁之实，事亲是也"。由于我国是从半封建半殖民社会直接进入社会主义社会，历史上既没有经历过市民社会这一社会历史形态，也没有经历过文艺复兴、启蒙运动等人文精神的熏陶。因此，到目前为，我国国民的同情、互助观念仍然具有很强的传统特征，更强调的是"血浓于水"，是亲戚邻里之间的"守望相助"。很显然，弘扬马克思恩格斯关爱全人类和社会主义的博爱情怀，使我国国民从"老吾老""幼吾幼"的传统道德情感向"及人之老""及人之幼"的现代道德情感扩展，是我国增强社会凝聚力、实现社会良性健康发展的基本要求。

（三）弘扬社会主义博爱情感，有利于扩大国民收入的二次分配，平衡协调我国的利益结构

以市场机制、马太效应等为主要形式的自发分配机制是国民收入的初始分配机制。由于它们都以"损不足奉有余"为收入分配倾向，以正反馈方式为运行规律，因此，它们虽然能够极大地激发人们的生产创造积极性，有效配置和充分利用社会资源，使社会充满活力，但又必然会使社会财富从弱势群体流向强势群体，造成社会财富分配的两极分化。因此，如何有效控制市场机制等初次分配，是人类追求社会和谐、发展持续所必须解决的问题。

对国民收入进行再分配的机制包括法律和道德两大类。所谓法律再分配机制是指以政府为主体，通过立法形式加以确立的，强制性实行的国民收入分配模式，也可称作政府再分配机制，其主要实现形式有国家税收、社会保障制度和政府公共服务投入等。所谓道德再分配机制就是指以私人为主体，通过人们的自愿让渡和主动帮助所实现的国民收入再分配模式，也可称作慈善分配机制，其主要实现形式有捐赠活动、志愿活动和公益事业。这两类再分配机制一方面通过强制或自愿方式使高收入群体的初次分配收入部分流出，另一方面通过强制或自愿方式为社会弱势群体提供物质和精神方面的帮助，从而使社会利益结构保持相对平衡，人们之间的利益关系相对协调。

但是，无论是法律再分配机制还是道德再分配机制，它们的形成和作用都

依靠人们的博爱之心。只有具有强烈的博爱之心，社会才可能制定实施收入越多税率越高的累进性的所得税、巨富税和财产转移税等，才可能建立为社会成员生、老、病、死、伤、残、失业等提供基本保障的制度。也只有具有强烈的博爱之心，人们才会自愿将金钱、物资等物质财富让渡给贫困群体，才会自愿无偿地用自己的知识、技能、服务帮助其他群体，也才会自愿无偿地为社会公共事业提供资金和服务。因此，弘扬社会主义博爱精神，是协调各方面利益，保证基本的公平和正义，使人们普遍分享增长和发展收益，实现社会健康良性发展的客观需要。

第二章

仁　爱

在中国，博爱思想和仁爱思想密切相关。在长期的历史发展进程中，二者互相交流交融，产生了许多深远而积极的影响。要想深入地理解博爱思想，就需要进一步地理解儒家的仁爱思想。论及"仁爱"思想，首先应认识到它是指一种伦理道德的范畴，包含着人与人之间的相互关爱、友爱、互助、同情等内容，当然它还有"仁慈""仁德""仁厚"以及"仁民爱物"这些美好的词语的含义。但仁爱不仅仅是一种道德准则，也是一种思想观念，更是一种文化哲学。为此，在吸收和借鉴前贤以及今人对仁爱思想研究成果和相关论述的基础上，本章首先考查了仁爱的思想内涵，然后再依据相关论述梳理了仁爱思想的历史变迁，最后对儒家仁爱思想的时代价值进行了反思。

第一节　儒家仁爱思想的内涵

追溯儒家"仁爱"思想的来源和内涵，孔子的贡献当仁不让。《论语》主要是记录孔子及其弟子的言论的一部先秦文献。因此，阐述儒家的仁爱思想的来源与内涵，要以《论语》为主要文献，同时还要借助儒家的其他重要典籍进行论述。

在《论语》中，"仁"字出现的频率最高，说明孔子十分重视"仁"。孔子所谈到的伦理道德的概念很多，主要有仁、义、礼、智、信、温、良、恭、俭、让等。据统计，《论语》共有11705字，而"仁"就被使用109次，而孔子经常谈论的"礼"仅仅有75次,"仁"远远超出了其他概念。

孔子的仁爱思想的确有其特定的内涵,也有内涵与外延的分别。这里从思想文化和伦理道德的角度,依据儒家经典文献,将儒家仁爱思想的内涵以自爱为中心由近及远将其分为四层含义,即自爱、亲亲、仁民、爱物四个层次。

一、第一层是自己爱惜自己:自爱

剖析儒家"仁爱"思想的来源和内涵,要以儒家的经典《论语》为主要依据,同时也需要借助儒家其他文献和典籍。《论语》主要是记录孔子及其弟子的言论的一部先秦文献。这些文献和典籍隐含着儒家仁爱思想的原点和基石,需要我们去阐明和弘扬。通过认真解析儒家经典,不难发现儒家仁爱思想正是以自爱为原点层层向外推展,形成以自爱为中心点的同心圆,然后推己及人,逐层推展,形成儒家仁爱思想系统。这个同心圆就是儒家以自爱为圆心(原点和基石)层层向外扩展的仁爱思想系统。

孔子的仁爱思想的确有其特定的内涵,也有内涵与外延的分别。从思想文化和伦理道德的角度,依据儒家经典《论语》和其他主要典籍文献,可以发现儒家仁爱思想的内涵可分为四层含义,自爱、亲亲、仁民、爱物这四个层次。其中,亲亲、仁民、爱物这三个层次学者进行的相关论述较多,但对于儒家仁爱思想第一个层次,也就是作为儒家仁爱思想的原点和基石——自爱思想阐述的较少。目前仅有王楷和刘霞两位学者曾有过相关论述。因此,在上述两位学者论述的基础上,有必要对儒家仁爱思想系统的第一个层次做进一步的分析和解读。

(一)什么是儒家的"自爱"

儒家仁爱思想是一个完整的思想系统,其最基本、最核心的层次是儒家提倡的爱己和自爱。如果说万事万物在逻辑上都有起点的话,那么儒家仁爱思想就可以这样说,"自爱"是儒家仁爱思想系统的原点和基石(逻辑起点),是儒家仁爱思想的内核。那么,什么是儒家所言的"自爱"?想要认识和了解儒家"仁"的"自爱"和"爱己"的本义,可以先从文字上进行观察。从文字上看,"仁"字从人从二。"仁"字从人从二,最早的解说见于《说文解字》。在解释"仁"的时候《说文解字》还说:"忎,古文仁从千心(忎),或从尸。"《说文解字》的这一说法告诉我们，汉代以前"仁"字的写法与今天有所不同。但是，由于以前我们无从见到作为"古文"的"仁"字，所以我们也就无从对相关问题做细化和深化的进一步考究。20世纪90年代以来，随着《郭店楚墓竹简》考古的新发现，这一问题终于得到解决。

1993年，在湖北省的荆门市郭店一个楚国贵族墓葬中，考古出土并发现了一大批先秦古典文献。这个贵族墓葬属于战国时代的中期，年代大约在公元前300年左右。显然，这些被书写在竹简上的文献，其文字成书和抄写的年代应在此之前。学者们经过认真考证后一致认为，这批文献多数属于先秦的儒、道两家，其中的儒家文献与孔子嫡系孙子的子思密切相关，或者这些文献有不少本来就属于子思著作《子思子》的内容。这批出土材料以《郭店楚墓竹简》为名公布后，在国内外学术界立即引起巨大反响，因为这批古典文献的内容太丰富了，太有学术价值了。它们甚至被誉为"战国时期的古文经典"，于是先秦儒家思想的思想主张由此开始变得更加清晰，更加完整，而且先秦的许多典籍文献由此可以互相印证，许多有价值的文献呈现在了当代学者们面前，人们由此感受到一种强烈的思想文化震撼。

在这批出土的古典文献中，儒家仁爱思想的"仁"字出现了65次之多。从这些字体中可以看出，从千心（忎）的"仁"字应该就是从身从心的"仁"字的简写或者变形，它们本来是一样的。另外还发现，有的古文"仁"字或从尸，"尸"本来的意义是指古代祭祀时代表死者受祭的人，这个人一般由死者的晚辈来充当。所以，古文"仁"字的本义，不管是从尸还是从身是一样的。古文"仁"字从身从心所昭示的意义非常值得重视！这表明，在我国文化起源的源头，我们就已倾向把儒家主张的"仁"看成是对人身心合一的辩证统一的"爱"。因此，人们一看到上为"身"下为"心"的上下结构的这个字，马上会想到，它明确表明了该字与思考和身体有关，明确表明了此种思考活动的对象是人的身体，也就是以人的自身为思考对象，同时也表明我国古代所倡导的身心合一的健康观。

那么，什么是儒家的"自爱"？其实，在古代汉语中，"身"是指己身、指自己，"人"是指他者、指他人。这样，"仁"字从身从心到从人从二的两种构形，其实表达了儒家仁爱思想发展过程的两种基本意义：前者是其起源时的本来意义，表示人的生命中首先要爱己和自爱；后者是其发展过程的引申意义，表达的是在自爱的基础上还要爱人爱物。所以，有学者指出，"仁"字"从身从心"，就是儒家所提倡的"自爱"，即表示心中想着自己，思考着自己，用当时的话说，就是"爱己""自爱""成己"，用今天的话说，就是要爱惜自己、珍重自己、成就自己、完善自己。因此，今天我们论及儒家的"自爱"，简单来说，自爱，就是爱惜自己的"身"与"心"。

发现儒家仁爱思想的自爱和爱己这层含义的重要性，并明确认识到自爱是儒家仁爱思想系统的圆心，同时认识到自爱思想为儒家仁爱思想最基本、最核心的学者并不多见，只有少数几位学者，当前主要有王楷和刘霞等人对此有过相关论述。因此，"仁"字古文给我们的明确信息是：儒家所主张的仁爱，首先强调的是爱己和自爱，首先考虑的是对自身的珍重和爱惜。很显然，只有自己内心端正，爱惜自己，才会让一颗仁爱的心推己及人，才会进一步扩展到"爱人"。如果自己都不爱自己，那么推己及人怎么会导出儒家提倡的"亲亲、仁民、爱物"？怎么会去爱他人？因此，自爱，也只有自爱才是儒家仁爱思想的原点和基石，是儒家仁爱思想真正的逻辑起点。

正因如此，儒家的"亲亲""仁民"以及"爱物"必须以"爱己"和"自爱"为根据和出发点。《孔子家语》提及仁爱时曾说：智者爱人，仁者自爱。所谓"仁者"就是有爱心的人。可见，儒家主张有爱心的人首先要自爱和爱己。《孔子家语》所提出的这个主张和《荀子》中的记载基本一致。据先秦文献《荀子·子道》载：子路入，子曰："由，知者若何？仁者若何？"子路对曰："知者使人知己，仁者使人爱己。"子曰："可谓士矣。"子贡入，子曰："赐，知者若何？仁者若何？"子贡对曰："知者知人，仁者爱人。"子曰："可谓士君子矣。"颜渊入，子曰："回，知者若何？仁者若何？"颜渊对曰："知者自知，仁者自爱。"子曰："可谓明君子矣。"这里的"仁者"与《孔子家语》里的含义相同，是指有爱心的人。这段话表明有爱心的人首先应该自爱和爱己。自爱就是自己要爱自己，爱己就是让他人也要爱自己。所以这里儒家所提倡的"仁者自爱"就成为儒家仁爱思想的逻辑起点。在此基础上，由自爱才会爱自己的亲人，由爱亲人才会去爱整个人类，由爱整个人类进而才会去关爱万事万物。它的逻辑起点是"自爱"，由自爱向外扩展层次依次是"亲亲""仁民""爱物"。此后，汉代的扬雄在《法言·君子》中说："人必其自爱也，而后人爱诸；人必其自敬也，而后人敬诸。"可见，在扬雄看来，自爱是爱他的前提和基础，是仁爱的内涵之一，并认识到自爱的个人价值所在。此外，北宋王安石也曾说："爱己者，仁之端也，可推以爱人也。"把对自己的爱作为仁的发端，从而推己及人，再推广对他人的爱。简言之，儒家的这个主张可以这样说：因为自爱，所以爱人；因为爱自己，所以爱他人。这个简要的结论反映出儒家仁爱思想的原点和基石就是自爱，推导方法就是由己及人，得到的结论就是要达到"亲亲、仁民和爱物"的境界。因此，不难发现，自爱就是儒家仁爱思想的起点。

考查儒家的典籍文献和儒家仁爱思想发展的历史，不难发现，儒家的"仁爱"思想是从自爱出发，层层扩展，进而扩展到爱一切人和万事万物的境界，乃至发展到仁爱的最高形态——博爱的境界，这就是儒家仁爱思想的逻辑进路。在这个逻辑进路中，自爱是儒家仁爱思想这个同心圆的圆心，其中的推己及人、推人及物是儒家仁爱思想从自爱扩展到爱人爱物的方法论依据。正是自爱，使得儒家推己及人、推人及物的方法论有了内在的依据。另外，儒家仁爱思想发展的历史也是通过向内找到逻辑起点和根据，然后向外扩展及万事万物的世界。正是在这个意义上，儒家仁爱思想实现了逻辑与历史的统一，实现了个人价值和社会价值的统一，实现了对自己生命的双重（身心）关怀的统一。当然，完整地审视儒家"自爱"的思想内涵，它应包含这样两个方面的爱：一方面是对自己身体和生命的爱惜（养生方面）；另一方面是对自己德行和心灵的爱惜（修心方面）。通过这两个方面的实践，最终需要达到身体健康、精神愉悦的人生追求和身心和谐的境界。然后，在此基础上推己及人、推人及物，从而发展到"亲亲"而"仁民"，"仁民"而"爱物"的高尚境界。由此可见，儒家的"自爱"，就是要爱惜自己的"身"和"心"，就是实现身体健康和精神愉悦的和谐境界。

（二）儒家为什么主张要"自爱"

在古典哲学的思辨和本体论领域，古希腊伟大的哲学家亚里士多德曾提出了著名的第一性原理。他认为，每个系统都存在着第一性原理。第一性原理是基本的命题和假设，它不能被删略，不能被删除，也不能被违反。第一性原理是支撑系统存在和运行的根基，是一个自确定的元起点，是逻辑推理的基石。根据这一理论，宇宙就是起源于大爆炸之前的奇点。这个奇点就是第一性原理，是宇宙的元起点。因此，如果把儒家仁爱思想看成是一个系统，那么"自爱"就是儒家仁爱思想系统存在和运行的第一性原理，也是儒家仁爱思想的原点和基石，是儒家仁爱思想的逻辑起点。由于儒家仁爱主张"推己及人"的方法论，所以儒家仁爱思想的逻辑思路就是从对自己的爱出发，以对自己的爱作为逻辑起点，去应对世间的万事万物。简单来说，就是从自爱出发，以自爱为原点和基石，推己及人进而扩展到去爱亲人（亲亲），爱人类（仁民），直至去爱世间万事万物（爱物）。因此，自爱就是儒家仁爱思想的元起点，是儒家仁爱思想的驱动力和第一性原理。

首先，从儒家推己及人的肯定性的正面主张（尽己之"忠"）来看，儒家提倡：己欲立而立人，己欲达而达人。儒家仁爱思想的原点和基石在这句话里得到生动体现。为什么要"立人""达人"？因为自己追求成家立业和成功，所以也希望他人能成家立业并获得成功，因为自己追求幸福生活，所以希望他人也能过上幸福生活。这里，很明显，"立己""达己"的爱己和自爱思想是推己及人的原点和基石，如果没有了爱己自爱或者自己不想"立己""达己"，那么推己及人就没有了原点和基石，就失去了根据，陷入了虚空。因此，正是由于自己希望"立己""达己"的自爱和爱己，才会有推己及人的"亲亲""仁民"进而"爱物"，才会希望"立人""达人"。因为自己希望修身齐家治国平天下，所以也希望他人修身齐家治国平天下。很明显，儒家仁爱思想的第二层次（亲亲）、第三层次（仁民）、第四层次（爱物），其出发点都是把自己或"爱己"和"自爱"作为儒家仁爱思想的原点和基石。

其次，从儒家推己及人的否定性的反面主张（推己之"恕"）来看，儒家提倡：己所不欲，勿施于人。自己不喜欢的事，不要强加于人。这个推己及人的名言，20世纪曾在世界上得到许多著名科学家的认同，并一度被作为人类"普世价值"的"道德黄金律"产生广泛影响。其实，这也是以儒家仁爱思想的第一层含义"自爱"和"爱己"作为思想逻辑的原点和基石。因为儒家仁爱思想要实现"自爱"和"爱己"，就要避免和远离那些消极性的阴暗面的事物，让那些自己不想经受的人生的各种祸患不要伤害到自己。正因为如此，儒家仁爱思想推己及人，所以也希望这些消极性的阴暗面事物不要施加给他人，各种灾难和祸患不要降临给他人，更不要伤害他人。也只有将"自爱"和"爱己"作为仁爱思想的原点出发，儒家才能通过推己及人把个人价值和社会价值统一起来，才能进行换位思考，才能设身处地地为他人着想，才能实现自己的愿望和理想。

如果我们社会中的每个人都遵循从自爱出发，然后层层扩展去爱亲人、爱人民、爱万物，那么我们每个人就生活在一个充满爱的世界。如果社会中的每个人都因为自己渴望成功，而去帮助他人成功；如果社会中的每个人都因为自己渴望远离祸患，而希望他人也远离祸患。那么，我们生活的这个世界，将是一个"人人为我、我为人人"的充满温暖和光明的、充满关心和仁爱的社会。所以，如果按照儒家从自爱这个原点出发，从理论上说可以为儒家仁爱思想的推己及人提供内在依据，从实践上说可以让人与人之间更加和谐，可以让我们生活的世界更加美好，也可以实现个人价值和社会价值的统一。因此，从自爱出发，然后推己及人，就可以达到"欲仁得仁"的境界，从而让我们内心充满获得感和幸福感。

当代学者王楷认为，作为一种道德实践，仁者爱人的基本精神与价值取向在于为他人而奉献自我。然而，对仁道的理解如果仅仅停留在对"为他"（"爱人"）向度的单纯强调之上，则仁道就可能陷入一种对行动者自身缺乏积极价值关怀意涵的片面的自我否定，就失去了仁者爱人的内在依据。于是，"仁者爱人"的"爱人"也就必然趋于苍白、僵硬，或者出于外在道德规范的强制约束，或者出于行动者的刻意、造作，而缺失由内而生地植根于行动者生命本源的内驱力，仁者爱人就缺少根基，从而导致爱人不是发自内心，造成了个人价值和社会价值的疏离。因而，作为对儒家仁道伦理的全面理解，在"为他"的深处还体认到"为己"，这就是颜渊所说的"仁者自爱"。而这正是儒家仁爱思想的逻辑起点，也是儒家仁爱思想最核心的一个层次，是儒家仁爱思想同心圆的圆心。因此，儒家仁爱思想的自爱和爱己，就是要爱惜自己的身心，爱惜自己的生命和名誉等。由此出发，然后才能进一步亲亲、仁民、爱物。

由于儒家在方法论上主张推己及人。因此，无论从儒家推己及人（尽己之"忠"）的肯定性主张（己欲立而立人，己欲达而达人）还是否定（推己之"恕"）主张（己所不欲，勿施于人）来看，儒家仁爱思想的出发点都是从自己的"自爱"和"爱己"出发。"自爱"和"爱己"就是儒家仁爱思想的原点和基石。如果离开了"自爱"和"爱己"，儒家仁爱思想就失去了源头和根本，推己及人的主张和逻辑思路就会落入虚空，也就失去了逻辑思想的原点和基石。

如果一个人连自己都不爱惜，怎么会去推己及人地爱他人？这里所谓"推己及人"就是我们现在所经常所说的换位思考，因此，无论是"己欲立而立人，己欲达而达人"还是"己所不欲，勿施于人"都在倡导从自己出发，都在主张只有"自爱"才是儒家仁爱思想的原点和基石，才能成为实现自我价值和社会价值相统一的逻辑起点。这样，"仁者自爱"和"仁者爱人"就达到了辩证统一，"爱人"就有了内在根据和逻辑起点。

关于儒家仁爱思想系统的原点和基石，学术界还有一种影响很大的说法，就是有部分学者认为仁爱始自孝亲。把孝亲当作儒家仁爱思想系统的原点和基石，这种看法无疑是不符合逻辑的，也是不符合实际的。单从方法论而言，"孝亲"就还不是儒家仁爱思想的原点和基石。因为孝亲还是对他人的爱，既然是对他人的爱，从方法论而言，怎么会实现推己及人呢？因此，上述思想正确的表述应该是：仁爱始自孝亲，孝亲始自于自爱。只有在自爱的基础上，才能推己及人，才能由"自爱"而推导出"孝亲"和"仁者爱人"的必然结论。这才是完整的儒家仁爱思想的逻辑进路。因此，只有自爱才是儒家仁爱思想的原点和基石。很明显，这里的"自爱"在儒家仁爱思想系统里就具有了本体论的意义。

还有一种说法，认为"爱有差等"是儒家仁爱思想系统的原点和基石，持这种看法的学者并不多，但是很容易混淆视听。这种看法也是不符合逻辑、不符合事实的。因为儒家主张爱有差等，是表明儒家在落实仁爱思想时因个体差异从而分等级和先后去实践，它是针对儒家仁爱思想的亲疏远近、轻重缓急的方式方法而言的，与儒家仁爱思想的自爱和爱人不在同一个层次。所以，这种看法也是不正确的，应该予以纠正，"爱有差等"不是儒家仁爱思想系统的原点和基石。

综上所述，只有自爱才是儒家仁爱思想的原点和基石，才是仁爱思想的元起点。因此，为了继承和弘扬儒家仁爱思想，为了实现儒家推己及人的"仁者爱人"之境界，必须充分认识到自爱在儒家仁爱思想系统里的重要地位和作用。

（三）怎样践行儒家的"自爱"

儒家所提倡的"仁"字，从构形上看从身从心，这就表明了"仁爱"和"自爱"在实践上必然是物质（身）之爱和精神（心）之爱的统一，两者是相辅相成、辩证统一的关系。对人生而言，儒家的"自爱"则是对自我的一种双重关怀（因为需要同时关怀自己的身和心两个方面）。所以儒家仁爱思想的"自爱"，首重爱惜自己的身体和生命（养生），同时也要重视德行和心灵（修心），认为具备仁德之心的人一定会长寿。总的来说，要想践行儒家的"自爱"，可以从两个大的方面去落实，那就是既要珍惜和重视身体和生命（养生），又要珍爱和重视德行和心灵（修心）；源于"自爱"的养生和修心这两个方面是相辅相成又辩证统一的，养生有利于修心，修心也有利于养生。践行自爱，也就是必须践行仁爱的内在依据和核心层次。践行仁爱的核心要求，也就是要去践行自爱，就是既要爱惜身体（养生），也要爱惜心灵（修心）。

　　例如，儒家创始人孔子就主张所谓"仁者寿"（《论语·雍也第六》）。为什么是"仁者寿"？因为孔子认为，人只有真正具备了爱心和真心，才会具备"仁"的美德；只有具备了"仁"的美德，才会有利于人的养生，人的生命才会长久。此处的实践启迪我们，在自爱方面的修心（仁）明显得取得了养生的成就（寿）。这里，儒家不仅重视"仁爱"和"自爱"的修心实践，也很重视"德"的实践。那么，什么又是"德"呢？儒家认为"德者，本也；财者，末也"（《大学·释"治国平天下章"》）。所以儒家认为自爱思想要以"仁"为德的根本，德为人之本，这才是为人处世所要遵循的原则。"仁者以财发身，不仁者以身发财"（《大学·释"治国平天下章"》）。"富润屋，德润身，心广体胖，故君子必诚其意"（《大学·释"诚意章"》）。儒家重视道德，并认为道德能让身体更加美好。所以儒家也主张厚德载物，因为水有载物包容之德，所以德行高尚的人往往以水为鉴，经常勉励自己，只有这样才能够胸怀大志兼善天下。凡是胸中充满爱心的人，能为社会和大众做出贡献的人，多做善事的人，一定会长寿。因此，儒家自爱可以通过养生和修心，达到身体健康、德行高尚的双重目的。子曰："知者乐水，仁者乐山，知者动，仁者静，知者乐，仁者寿。"（《论语·雍也第六》）身体健康、德行高尚就可以让自己的寿命长久。因此，儒家在这两个方面的实践，就深刻地体现了养生和修心的辩证关系，深刻地体现了自爱思想对自己身心的双重关怀。

　　再如，在生活层面，儒家不但重视养生和自身修养的自爱，而且还提醒人们在交友和生活方面也要有一个积极正确的观念，因为这些方面的副作用也直接影响着人们的精神面貌（心）和身体健康（身）。对于交友方面，孔子说有益的朋友有三种，有害的朋友也有三种。所谓"友直、友谅、友多闻"，就是要与正直的人交朋友，与诚实的人交朋友，与知识渊博、见多识广的人交朋友是有好处的。反之，与虚伪做作的人交朋友，与诌媚逢迎的人交朋友，与巧嘴利舌的人交朋友是有害的。子曰："益者三友，损者三友。友直，友谅，友多闻，益矣。友便僻，友善柔，友便佞，损矣。"（《论语·季氏第十六》）因为儒家提倡"自爱"，所以在交友方面要有益于身心健康，有益于生存发展。对于生活方面，孔子也提出有益的快乐有三种，有害的快乐也有三种。子曰："益者三乐，损者三乐。乐节礼乐，乐道人之善，乐多贤友，益矣。乐骄乐，乐佚游，乐宴乐，损矣。"（《论语·季氏第十六》）孔子不但赞扬了一些有益社会、有益健康的优良作风，也痛斥了一些自私自利、虚伪狡诈的人和影响社会正常秩序的不良行为。警示人们哪些可以作为，哪些不可以作为。只有懂得有所不为，然后才能有所作为。因此，孟子曰："人有不为也，而后可以有为。"（《孟子·离娄章句下》）

总的来说，儒家的"自爱"落实到实践上，不但重修心也重修身，修心为养性，修身为立命，有了健康的身体才会发挥聪明才智，所以作为实现"自爱"的方法，修身和养性二者不可缺一。基于此，孔子认为人一生中有三件大事要时时警觉。子曰："君子有三戒：少之时血气未定，戒之在色；及其壮也，血气方刚，戒之在斗；及其老也，血气既衰，戒之在得。"（《论语·季氏第十六》）这些主张的根据就是儒家提倡的"自爱"。为什么古代得道的人能够健康长寿，是因为他们注重自爱养生，因而长寿，能够长久地享受人间快乐和美味。这是为什么呢？是因为他们能早树立节欲长生的自爱观点，懂得爱护身体，爱惜精力，所以精力才不会枯竭。因此，一个在养生和生活方面的得道之人，必然是一个"自爱"之人，必然是一个身体健康、精神愉悦的人。

另如，孔夫子不但注重精神修养和形体修养，而且对起居饮食也非常重视。"食不厌精，脍不厌细。食饐而餲。鱼馁而肉败，不食。色恶，不食。臭恶，不食。失饪，不食。不时，不食。割不正，不食。不得其酱，不食。肉虽多，不使胜食气。唯酒无量，不及乱。沽酒市脯，不食。不撤姜食，不多食。"（《论语·乡党第十》）这些情形都是儒家坚守自爱观的典型表现。孔子不但对饮食提出高要求，而且对睡觉姿势和衣着梳妆也提出保健要求。在家中应全身心放松，给自己一个自由自在的空间，这样有利于健康。"寝不尸，居不容"（《论语·乡党第十》）。儒家对起居饮食的重视，体现了儒家坚守自爱的基本原则，也是儒家仁爱思想的修为和实践。这是儒家仁爱思想落实到生活层面的重要表现。

除此之外，儒家还强调，要想修养自身的品性，进入自爱的最佳状态，就要求我们在实践面前能认识到明确的修养途径和方法。在儒家经典《大学》里就明确提出了君子一生修行所必须坚守的三纲要、八条目的实践原则和方法途径。"大学之道，在明明德，在亲民，在止于至善。"这是《大学》里提出的修行实践必须坚守的三纲要。"欲修其身者，先正其心；欲正其心者，先诚其意；欲诚其意者，先致其知，致知在格物。"（《大学·经文章》）想要管理好自己的家庭和家族，先要修养自身的品性；想要修养自身的品性，先要端正自己的心思；想要端正自己的心思，先要使自己的意志真诚；想要使自己的意志真诚，先要使自己获得知识；获得知识的途径在于认识、研究万事万物的道理。"自天子以至于庶人，壹是皆以修身为本。"所以只要有一颗真诚的心去认真思考研究并亲身体验，才会明白其中之奥秘，才能达到"终其天年，保全天性"的效果。所以儒家所主张的自爱，在实践方面可以说修心（心）和养生（身）并行不悖，都要达到身体健康、精神愉悦的身心和谐之境界。

最后，践行儒家的"自爱"不仅要爱惜自己的身心，还要践行儒家的方法论原则，从而要坚守推己及人、推人及物的方法。由此儒家的自爱还要扩展到亲亲、仁民、爱物的三个层次。孟子非常重视仁爱思想的这三个层次，并在《孟子·尽心章句上》中明确提出"亲亲而仁民，仁民而爱物"。他认为亲亲就是像爱惜自己一样去关爱自己的亲人，其实这是儒家仁爱思想体系的第二个层次（儒家仁爱思想的内核或者说第一个层次是自爱）；仁民就是像关爱自己的亲人一样去关爱众人，这是儒家仁爱思想体系的第三个层次；爱物就是要像关爱众人一样爱惜世间的万事万物，这是儒家仁爱思想体系的第四个层次。所以，儒家仁爱思想是一个推己及人、推人及物，逐层扩展的推导过程，其中，它们的元起点都是自爱，自爱可以看作是这个系统的圆心。因此，亲亲、仁民、爱物也应成为自爱逐层扩展的实践要求。很明显，只有自爱才是儒家仁爱思想系统的原点和基石。

总之，儒家仁爱思想是一个层次分明，秩序和谐，以自爱为中心点（圆心）层层向外扩展的同心圆系统。因为推己及人是儒家功夫论非常重视的方法，所以从儒家推己及人的尽己之"忠"与推己之"恕"两方面主张来看，自爱思想是儒家仁爱思想系统的原点和基石，是我们实现自我价值和社会价值有机统一的逻辑起点。无论是"亲亲""仁民"还是"爱物"都应以"自爱"为出发点。在我们认识到自爱思想的内涵、重要性以及实践意义的基础上，如何认识和践行儒家仁爱思想的亲亲、仁民、爱物就成为我们进一步需要回答的迫切而重要的问题。

二、第二层是爱自己的亲人：亲亲

儒家仁爱思想的第二个层次就是爱自己的亲人。按照孔子和孟子的表述，就是要"亲亲"。"亲亲"就是要去关爱自己的亲人，就是要去关爱与自己有某种关系的人，例如父母、兄弟、亲戚、师友等。

《孔子家语》和《中庸》都记述了孔子的话："仁者人也，亲亲为大。"孔子认为，有仁德的人首先应当意识到自己的类存在，意识到自己应该区别于其他的天地万物。换句话说，就是人应当具有人格，具有仁德。而具有仁德，首先就应当亲亲，应当以亲为亲、亲近双亲和亲人、师友。孟子说"无父无君，是禽兽也"，也是基于这样的理解与认识。

孔子特别强调"孝"，特别强调发自内心的、有诚敬之心地对父母的"孝"，比如，孔子弟子子游问孔子"孝"的问题，孔子就特别地说到"敬"。孔子认为，所谓的"孝"不是仅仅养活父母就可以，因为即使是狗和马都能够得到饲养。对待父母更重要的是一个"敬"字，不然的话，用什么来区别供养父母和饲养犬马的差异呢？

据《论语》记载，孔子弟子子夏问"孝"时，孔子一针见血地道出了"孝"的真谛——"色难"，即子女对父母能经常保持和颜悦色才是真正的"孝"，而这是最难做到的。孔子还说："事父母几谏，见志不从，又敬不违，劳而不怨。"就是说，侍奉父母时，发现他们不对的地方，要婉转地规劝，他们若不听从，仍当恭敬，不可冒犯，内心忧虑，却不怨恨。在与弟子们讨论孝敬父母的问题时，孔子还讲了这样一个道理，即"子生三年，然后免于父母之怀"。小孩生下来三年之后，才能脱离父母的怀抱。所以作者认识到，我们应该拿出父母当年的耐心和细致来照顾他们。孔子何以对"亲亲"如此重视？何以将

"亲亲"看作"仁"之"大"者？

孔门后学的人对此也有一定的阐发。如孔子弟子有子说："其为人也孝弟，而好犯上者，鲜矣；不好犯上，而好作乱者，未之有也。君子务本，本立而道生。孝弟也者，其为仁之本与！"他认为一个能够做到孝顺父母、敬爱兄长的人，很少有冒犯上级的；而不喜欢冒犯上级却喜欢作乱的人，是不会有的。

君子应当重视根本，建立了根本，道义就产生了。孝顺父母，敬爱兄长，这就是实现仁爱之心的根本。需要指出的是，"孝悌也者，其为仁之本与"中的"为"字是动词，说的是"行仁自孝悌始"，在孔子看来，人人都具有孝悌的情感，而这正是仁的根源，能否做到孝悌成为判定一个人仁与不仁的标准。因此，关爱自己的亲人就成为儒家仁爱思想的第二层含义。

三、第三层是爱天下所有的人：仁民

儒家仁爱思想内涵的第三个层次就是仁爱天下所有的人，即要关心热爱整个人类。作为人，既然我们都是同类，因此，我们不仅要自爱和爱己，不仅要亲亲，还应当充分考虑人己关系，有推己及人的仁爱之心。作为自然的"人"，我们应当仁爱整个人类。

我们说孔子认为这是不成其为问题的问题，首先是因为孔子的那一句话太具有震撼力了，那就是："仁者，人也。"就现有的材料我们知道，孔子不止一次地发出这样的呐喊，至少在《孔子家语·哀公问政》《礼记·表记》等都有这样的表述。发出这样呐喊的也不只有孔子，孟子也说："仁也者，人也。"（《孟子·尽心下》）孔子认为，人具有仁爱之心使人区别于其他动物。人来到这个世界上，首先得到父母双亲的关爱。因此，作为人，不仅应当"爱己""亲亲"，还要在此基础上继续推己及人，以至于热爱整个人类。

孔子讲"仁"，源于孝悌而又不等于孝悌。孔子说："夫仁者，己欲立而立人，己欲达而达人。"（《论语·雍也》）孔子的"爱人"实际也是一"推己及人"的实践过程，也就是说，对于他人的关爱，源于个人的自觉，源于自爱和爱己，源于亲亲。我们很难想象，一个人如果不自爱，甚至不爱自己的亲人，对于自己的种种作为麻木不仁，他居然会以满腔的仁爱之心对待他人。孔子仁爱之心的外推，并不仅仅止于"亲"人之亲、"子"人之子而已，而是从孝悌

出发，从而"不独亲其亲，不独子其子"以后，继续向外推广。比如对于君的"忠"，对于朋友的"信"等，最后达到"泛爱众"，上升为普遍的人类之爱。所以孔子说："弟子，入则孝，出则弟，谨而信，泛爱众，而亲仁。"（《论语·学而》）在孔子那里，立己与立人、达己与达人是统一的，两者不是分开的，而是一种相互含摄的关系。有一篇记载孔子"大同"政治理想的文章，名曰《礼运》，保留在《孔子家语》和《礼记》之中。孔子说："大道之行，天下为公，选贤与能，讲信修睦。故人不独亲其亲，不独子其子，老有所终，壮有所用，幼有所长，矜寡孤疾，皆有所养……今大道既隐，天下为家，各亲其亲，各子其子。"

孔子心目中的"大同"之世是他所说的大道实行的时代，在这样的时代，天下是人们所公有的，选举贤能的人为政，人与人之间讲求诚信，和睦相处。所以人们不只亲爱自己的双亲，不只爱护自己的子女，而是使老年人安享晚年，壮年人有用武之地，幼儿能健康成长，年老丧夫或丧妻及失去父母、残疾的人都得到供养。而在大道已经衰微的没落时代，天下成为一家一姓的私有财产，人们各自只亲爱自己的双亲，只爱护自己的子女。在孔子的心目中，由"各亲其亲，各子其子"到"不独亲其亲，不独子其子"，世界由此会变得更加美好！

四、第四层是爱世间万事万物：爱物

儒家仁爱思想的第四个层次就是爱世间的万事万物。孔子的仁学，不仅要"爱人"，而且要"爱物"，不仅要将爱施之于人类，而且要施之于万物，只有这样，人的仁德才是圆满的。"子钓而不纲，弋不射宿。"（《论语·述而》）"骥，不称其力，称其德也。"（《论语·宪问》）

孔子不仅承认人是有内在价值的，而且承认自然界的生命之物也是有内在价值的，人的情感不仅与"同类"之人是相通的，而且与"异类"之物也是相通的。它们是值得关注的，值得爱护的，这本身就是人的生存方式、生活态度。人的仁性的实现，就是爱心的充分显发。人与"他人"和"他物"和谐相处，才能享受到生命的本真快乐。这既是人的生命需要，也是人的神圣天职。

有这样一句话，叫作"劝君莫打三春鸟，子在巢中待母归"，读这样的话，怎么不令人惕然心动！孔子的弟子宰我向孔子请教关于黄帝等事情，他问孔子：

"以前我听说'黄帝活了三百年，请问黄帝是人呢？或者不是人呢？为什么能活三百年呢？"孔子回答说："黄帝生前，人民受其恩惠一百年；黄帝死后，人民敬畏他的神灵一百年；之后，人民沿用黄帝之教化又一百年才改变。所以说黄帝活了三百年。"黄帝何以如此？孔子说："治民以顺天地之纪，知幽明之故，达生死存亡之说。播时百谷，时是尝味草木，仁厚及于鸟兽昆虫。"是说黄帝治理人民，以顺应天地之法则，了解昼夜更替的原因，明白生死存亡的道理。按时播种百谷，鉴别良草佳木，仁厚的美德施及鸟兽昆虫。孔子尊崇古代圣王，也效法古代圣王。孔子说"圣人则天"，说"唯天为大，唯尧则之"。天道是人道的楷模，人应当效法天道。他认为，人是和天、地相提并论的宇宙间的三大素材。孔子重视天人关系，却并没有陷入自然主义的泥沼。他始终高扬着人类的大旗，将人的生命放在了他思考的首位。

孔子所追求的是天人的和谐。在孔子的眼中，天人关系应当是诗意的、温馨的、和谐的。孔子本人就有一个仁爱及于万物的胸怀，《论语·述而》曰："子钓而不纲，弋不射宿。"他钓鱼，不用大网横断众流来取鱼；他用带生丝的箭射鸟，但避免射归巢的鸟。孔子教学特重《诗》，除了诗具有"迩之事父，远之事君"的社会功效之外，孔子还说学诗可以"多识于草木鸟兽之名"。多知道一些草木鸟兽之名，并非仅仅是掌握一些知识，更重要的是培养一种亲近自然、和谐万物的情怀。唯其如此，我们才会听到孔子"智者乐水，仁者乐山"的高论，听到孔子站在沂水河畔，发出"逝者如斯"的浩叹。当孔子命其弟子各言其志，当听到曾点说希望在暮春时节，与冠者五六人，童子六七人，到沂河洗洗澡，在舞雩坛乘风，唱着歌回来的志向时，不由得由衷发出"吾与点也"的赞许。从这点点滴滴、细枝末节来看，孔子的仁爱之心已经遍及万物。

第二节　儒家仁爱思想的历史变迁

前文我们主要以《论语》为参考文献，同时借助先秦其他与仁爱思想相关的典籍（如《孔子家语》《孟子》《荀子》等），阐述了先秦时期儒家仁爱思想的萌芽和基本内涵。作为一种思想文化和伦理道德，儒家仁爱思想的内涵和作用也会随着历史的发展而不断丰富。在吸收和借鉴前贤和今人研究成果的基础上，我们可以将萌发于先秦儒家仁爱思想后的发展分为三个大的历史时期，并以此为依据对先秦以后儒家思想的历史变迁进行了梳理和分析。

一、汉唐时代仁爱思想的新发展

萌发于先秦时期的仁爱思想，在汉唐时期得到了新的发展。汉初为了恢复和发展生产，在政治思想上以黄老道家为主，生产上则实行休养生息，当时的儒家思想还处于蛰伏状态。即使如此，大政治家兼思想家、文学家贾谊就已充分地认识到"仁爱"思想在政治守势情形下的重要意义。他在《过秦论》上篇中分析秦王朝灭亡的原因时指出，秦王朝灭亡的主要原因是秦始皇在政治治理过程中实行残暴统治和不施仁义。

因此，他对汉朝的最高统治者进言道："人主仁而境内和矣，故其士民莫弗违也；人主义而境内理矣，故其士民莫弗顺也。"（贾谊《道术》）贾谊对"仁爱"思想的认识基本上还保持着先秦儒家的基本特色。他说："心兼爱人谓之仁，反仁为戾。"（贾谊《道术》）这与孔子"仁者爱人"的思想是相当一致的。相对荀子重视礼"养人之欲，给人之求"的约束性一面而言，贾谊更突出了"仁爱"精神在礼制中的灵魂地位。他在论"礼"的问题时说："礼，圣王之于禽兽也，见其生，不忍见其死，闻其声，不尝其肉，隐弗忍也。故远庖厨，仁之至也。"（贾谊《礼》）又说，"故仁者行其礼，则天下安而万理得矣"，最终实现"铄乎大仁之化也"（贾谊《礼》）。很显然，在"仁"与"礼"关系问题上，贾谊表现出了综合孟子与荀子思想复归于孔子的思想倾向，将"仁"看作"礼"的灵魂，将"礼"看作实现"仁爱"的制度保证。

贾谊在政治生活中十分重视最高统治者要有"仁爱"之心，但在思想体系的建构方面，贾谊还深受黄老道家思想的影响。这突出表现在他以道、德为核心观念，而将"仁爱"看作"道"在实践层面的一种体现。贾谊这样说道："黄帝曰：'道若川谷之水，其出无已，其行无止。'故服人而不为仇，分人而不谞者，其惟道矣。故播之于天下而不忘者，其惟道矣。是以道高比于天，道明比于日，道安比于山。故言之者见谓智，学之者见谓贤，守之者见谓信，乐之者见谓仁，行之者见谓圣人。"（贾谊《修政语上》）很显然，"仁爱"仅是

"道"在乐道者身上的一种德性的表现。在另外地方，贾谊将"仁爱"看作"德"之六美之一，他说："德有六美，何谓六美？有道、有仁、有义、有忠、有信、有密，此六德之美也。"（贾谊《道德说》）

他在论述道、德、仁、义的关系时，更加明显地体现了贾谊思想深受黄老道家影响的一面。他说："物所道始谓之道，所得以生谓之德。德之有也，以道为本。故曰'道者，德之本也'。德生物又养物，则物安利矣。安利物者，仁行也。仁行出于德，故曰'仁者，德之出也'。德生理，理立则有宜，适之谓义。义者，理也。故曰'义者，德之理也'。"（贾谊《道德说》）由此段引文可知，"仁行"是由德生物而又养物的一种表现，可见"仁爱"思想在贾谊的思想建构中还没有居于核心地位，而仅是其政治思想的重要组成之一。

汉代大儒董仲舒对儒家"仁爱"思想的发展有新的理论贡献。在《春秋繁露》一书中，他多次对"仁"与"义"给出了新的规定。他说："春秋之所治，人与我也。所以治人与我者，仁与义也。以仁安人，以义正我，故仁之为言人也，义之为言我也，言名以别矣。仁之于人，义之与我者，不可不察也。众人不察，乃反以仁自裕，而以义设人。诡其处而逆其理，鲜不乱矣。"（董仲舒《春秋繁露·仁义法第二十九》）董仲舒又进一步地说道："仁之法在爱人，不在爱我。义之法在正我，不在正人。我不自正，虽能正人，弗予为义。人不被其爱，虽厚自爱，不予为仁。"（董仲舒《春秋繁露·仁义法第二十九》）上述引文表明，董仲舒要求所有的人都应当以仁之态度待他人，而以义的规范约束自己，特别是统治者更应该如此。这一要求突出了孔子"仁者爱人"的一面（孔子还有"唯仁者能恶人"的一面），从理论上看虽有偏颇之处，但不失为一种有所侧重的新发展。

与孔子从来不给"仁"下定义的做法不同，董仲舒对"仁"给出了一个描述性的定义："何谓仁？仁者，憯怛爱人，谨翕不争，好恶敦伦，无伤恶之心，无隐忌之志，无嫉妒之气，无感愁之欲，无险诐之事，无辟违之行。故其心舒，其志平，其气和，其欲节，其事易，其行道，故能平易和理而无争也。如此者，谓之仁。"（董仲舒《春秋繁露·必仁且智第三十》）此处，董仲舒以"仁者"之行来定义抽象的"仁"，在理论上虽不周全，但对于人们从经验上领会"仁"有帮助，那就是一个既富有同情心，又遵守儒家伦理规范的"君子"就是抽象"仁爱"观念的生动体现。

除上述有关仁者的论述之外，董氏对"仁人"的论述还有另一种描述："仁人者正其道不谋其利，修其理不急其功，致无为而习俗大化，可谓仁圣矣。"（董仲舒《春秋繁露·对胶西王越大夫不得为仁第三十二》）此处的"仁人"显然是指执政者。简而言之，董氏通过"仁义之辩"，揭示了仁者，以爱他人为标志的政治哲学道理。虽在理论上将仁义思想褊狭化了，但也是对先秦儒家仁义理论的一种片面化的发展。董氏对仁义的新解释，其着眼点主要在政治哲学方面，不像先秦儒家从多方面来论述仁义思想的丰富内涵。

东汉官方的经典文献《白虎通》虽然全面继承儒家的礼制思想，但作为官方的法典文献，没有将"仁爱"思想放在核心地位，只是在《性情》论部分将仁义礼智信看成人性的"五常"。然后又在"五行"与"五藏"的关系中重新阐发"仁"者好生之德。《白虎通》这样说道："五性者何谓？仁义礼智信也。仁者，不忍也，施生爱人也。"又说："五藏，肝仁，肺义，心礼，肾智，脾信也。"而肝为什么属仁？《白虎通》的解释是："肝，木之精也。仁者好生，东方者，阳也，万物始生，故肝象木色青而有枝叶。"《白虎通》一书中"仁爱"精神的边缘化，从一个方面显示了儒家思想官方后的变形，这对于研究儒家思想发展史有非常重要的启示意义。

魏晋南北朝时期，玄学思潮兴盛，佛教、道教思想的兴起与发展，对儒家"仁爱"思想的发展在理论上也有一定的贡献。何晏的《论语注》、王弼的《老子注》，还是涉及仁、仁义的新解释。何晏的"仁者乐山"章句注云："仁者乐如山之安固，自然不动，万物生焉。"突出了"仁爱"生发万物的意义，显然与东汉《白虎通》以"生意"释仁有内在关联性。这与先秦儒家，包括董仲舒在内的儒家以爱人释仁有明显的不同，有一定的新意。

王弼在注老的过程中，以玄学的形式重新阐释仁义之德如何得以彰显的政治哲学问题。他说："故苟得其为功之母，则万物作焉而不辞也，万物存焉而不劳也。用不以形，御不以名，故仁义可显，礼敬可彰也。夫载之以大道，镇之以无名，则物无所尚，志无所营，各任其贞，事用其诚，则仁德归厚焉，行义正焉，礼敬清焉。……故仁德之厚，非用仁之所能也。行义之正，非用义之所成也，礼敬之清，非用礼之所济也……仁义，母之所生，非可以为母；形器，匠之所成，非可以为匠也。"（《道德经》三十八章注）很显然，王弼想寻找到实现仁德归厚，仁义所成的根本方法——"道"，否定直接从仁义之德出发以实现仁德归厚的可能性。这一玄学化的解释固然与先秦儒家"仁爱"思想的出发点有很大的偏离，但也有其理论上的深刻之处。孟子曾经反对市仁卖义的"行仁义"的做法，提出"由仁义行"正途。王弼在魏晋政治动荡的时代背景下，要求统治者"达自然之至，畅万物之情"，"因而不为，顺而不施"（《道德经》二十九章注），放弃直接"由仁义行"的正面有为做法，以玄学的形式综合儒道二家的思想，从理论上说对于儒家"仁爱"思想的发展有其特定的历史意义。

　　韩愈是唐代的大文学家，但他对儒家"仁爱"思想的发展却有贡献。在《原道》篇，他从博爱的角度重新阐述了秦汉以来儒家的"仁爱"思想。他说："博爱之谓仁，行而宜之之谓义，由是而之焉之谓道，足乎己，无待于外之谓德。仁与义，为定名；道与德，为虚位。故道有君子小人，而德有凶有吉。"正是以"博爱"来诠释儒家的"仁爱"思想，所以他一反孟子辟杨墨的说法，认为儒墨有相通之处。《读墨子》一文认为："孔子泛爱亲仁，以博施济众为圣，不'兼爱'哉？""儒墨同是尧舜，同非桀纣，同修身正心以治天下国家，奚不相悦如是哉？""孔子必用墨子，墨子必用孔子。不相用，不足为不能不墨。"

　　韩愈已经开始将儒家的"仁爱"思想扩展为对夷狄禽兽之爱了，这种新解释对于宋代学者提出的"仁者与天地万物为一体"的仁爱思想产生了积极的影响。他说："天者，日月星辰之主也。地者，草木山川之主也。人者，夷狄禽兽之主也。主而暴之，不得其为主之道矣。是故圣人一视而同仁，笃近而举远。"韩愈将"仁爱"思想明确地规定为对万物、境外少数民族"一视而同仁"，是对先秦原始儒家仁爱思想合理的引申，也是东汉以降重视以"生意"解释"仁爱"思想的一种合理的发展。韩愈对"仁爱"思想的论述虽然还不够丰富，但对于宋儒的"一体之仁"思想的产生起到了催化、引发的作用。

二、宋元明清时代"仁爱"思想的新范式及其转化

　　宋儒以后，由于受佛教思想的影响，儒家"仁爱"秩序稍微有所变化，更加凸显了"仁爱"的广通性，提出了"仁者与天地万物为一体"的思想。如张载《正蒙·大心篇》有"大其心则能体天下之物""其视天下无一物非我"，意思是说要开阔自己的心胸，才能体察万物，才能认识到万物各自存在的价值和意义。以人心去合天心，才能实现天人合一、物我一体。"大其心"的最高境界

就是"民胞物与"。

张载的《西铭》这样讲："乾称父，坤称母；予兹藐焉，乃浑然中处。故天地之塞，吾其体；天地之帅，吾其性。民吾同胞，物吾与也。"既然天地是父母，那么天地所生的百姓就是我的同胞兄弟，天地所生的万物就是我的同伴。这一思想是宋代儒家对原始儒家"仁爱"思想的一种新发展。如果说，在孟子那里，物、民、亲人三者还有一种远近、亲疏之别，在宋儒那里，物、民、亲三者已经融为一体，"天下一家"，人与物、与他人的关系都被看作一种家庭成员的关系。这一思想不仅与现代的人道主义思想相通，还与现代的生态主义相通。

这样，宋儒就给我们提供了一个新统一的世界秩序，即以仁爱精神为基础的"天道—人性—社群—自然"万物融为一体的一统世界图景。不过，宋儒的"仁爱"思想还是儒家的，而不同于墨家的"兼爱"思想，或者是基督教的圣爱，因为其核心精神还是以儒家的血缘亲情为基础的。不同于先秦原始儒家的地方在于他们将这种血缘亲情泛化为一种充塞天地的普遍道德情感。而这种以血缘亲情为基础的"新仁爱"思想还是有一种亲疏之别的。

张载的这一思想，在同时代的程颢思想中亦有回应，程颢在《识仁篇》说："学者须先识仁。仁者，浑然与物同体。"在《定性书》中说："夫天地之常，以其心普万物而无心；圣人之常，以其情顺万事而无情。故君子之学，莫若廓然而大公，物来而顺应。"这和张载的"大其心""民胞物与"的思想如出一辙。

南宋大哲学家朱熹在《仁说》篇中说，对传统儒家的"仁爱"思想又有所发展，他继承并发展了程明道以"生物之心"诠释"仁德"的新方向，他说："天地以生物为心者也，而人物之生，又各得夫天地之心以为心者也。故语心之德，虽其总摄贯通，无所不备，然一言以蔽之，则曰仁而已矣。"

他又进一步阐发"仁道"在人心中之妙，说道："盖仁之为道，乃天地生物之心即物而在。情之未发而此体已具，情之既发而其用不穷。诚能体而存之，则众善之源，百行之本，莫不在是。此孔门之教所以必使学者汲汲于求仁也。"

朱子"以生物之心"释仁的思想，就思想渊源来说明显吸取了《易传》哲学"天地之大德曰生"和"生生之谓易"思想。通过对周敦颐、张载、程颢等人"仁者与天地万物为一体"的"新仁学"思想的综合，形成了宋明时期以

"感通""一体"和"生生"释"仁"的"新仁学"典范。这一新的"仁爱"思想被明代心学大家王阳明所继承，并从心学的立场将其本体化，将这种"本体之仁"看作"天命之性"与人之"明德"。王阳明这样说道：

> 大人之能以天地万物为一体也，非意之也，其心之仁本若是，其与天地万物而为一也。岂惟大人，虽小人之心亦莫不然，彼顾自小之耳。是故见孺子之入井，而必有怵惕恻隐之心焉，是其仁之与孺子而为一体也；孺子犹同类者也，见鸟兽之哀鸣觳觫，而必有不忍之心焉，是其仁之与鸟兽而为一体也；鸟兽犹有知觉者也，见草木之摧折而必有悯恤之心焉，是其仁之与草木而为一体也；草木犹有生意者也，见瓦石之毁坏而必有顾惜之心焉，是其仁之与瓦石为一体也；是其一体之仁也，虽小人之心亦必有之。是乃根于天命之性，而自然灵昭不昧者也，是故谓之"明德"。①

上述王阳明所阐述的"仁爱"思想在一定意义上又带有泛神论的特色，这种"新仁学"思想对泰州学派王艮等人产生巨大影响，进而在晚明的社会条件下生发出带有现代人道主义的思想萌芽。此是后话。

明清易代之际，顾炎武、黄宗羲、王夫之、方以智、傅山等一大批思想家，从不同角度展开了对传统思想的全面反思。他们对传统儒家的"仁爱"思想均有所论述，限于篇幅，仅以王夫之的"仁论"思想为代表。

王夫之的"仁论"内容极其丰富，难以深论，撮其要而论之，在于他"以人道率天道"的"新仁论"思想。他说：

> "'立人之道，曰仁与义。'在人之天道也。'由仁义行'，以人道率天道也。'行仁义'则待天机之动而后行，非能尽夫人之所以异于禽兽者矣。天道不遗于禽兽，而人道则为人之独。由仁义行，大舜存人；道圣学也，自然云乎哉！"（王夫之《思问录·内篇》）

---

① 王阳明著，吴光，钱明，董平，姚延福编校. 王阳明全集（下）·大学问［M］，上海：上海古籍出版社，1992：968.

王夫之这一"以人道率天道"的思想，在《礼记章句序》（约五十八岁）中就已经初露端倪。他将"仁"看作人文世界之"体"，并将仁看作"五经"的根本精神，在仁礼互为体用的思想框架下，全面阐发了"仁爱"思想对于人文世界的根本意义。只是他此时还没有将"仁""礼"互为其体的"新仁论"思想上升到人道之独的理论高度。他说：

> 易曰："显诸仁，藏诸用。"缘仁制礼，则仁体也，礼用也；仁以行礼，则礼体也，仁用也。体用之错行而仁义之互藏，其宅固矣。人之所以异于禽兽，仁而已矣；中国之所以异于夷狄，仁而已矣；君子之所以异于小人，仁而已矣。而禽兽之微明，小人之夜气，仁未尝不存焉，唯其无礼也，故虽有存焉者而不能显，虽有显焉者而无所藏。故子曰："复礼为仁。"……仁之经纬斯为礼，日生于人心之不容已，而圣人显之。逮其制为定体而待人以其仁行之，则其体显而用固藏焉。……《记》之与《礼》相倚以显天下之仁，其于人之所以为人，中国之所以为中国，君子之所以为君子，盖将舍是而无以为立人之本，是《易》《诗》《书》《春秋》之实蕴也。①

在心性论的领域里，王夫之虽也认同宋明儒中"心性不二"的说法，但并未将心性等同起来，因此在"仁说"方面，他既"不同意朱熹的心体即仁说，也不同意王阳明的本心即仁之说"，而是辩证地处理心性的关系。一方面，他强调"性函于心""仁函于心"，并说："仁义，善者也，性之德也。心含性而效动，故曰仁义之心也。仁义者，心之实也，若天之有阴阳也。"又说："天与人以仁义之心，只在心里面。唯其有仁义之心，是以心有其思之能，不然，则但解知觉运动而已（犬牛有此四心，但不能思）。此仁义为本而生乎思也。"另一方面，他又说："乃心唯其有其思，则仁义于此而得，而所得亦必仁义。"要求人们运用心之知觉去思考，以求得心中所含有的性体之仁义。突出人心之思对人性中隐而不显的仁之体的开显、发用的能动性。

在理欲观方面，王夫之在肯定人循"礼"的前提下，强调了人类社会应当

---

① 王夫之. 礼记章句序 ［M］//船山全书：四. 长沙：岳麓书社，2011：9.

"恃天之仁"，以正当的方式追求美色、美味。他说："君子敬天地之产而秩以其分，重饮食男女之辨而协以其安。苟其食鱼，则以河鲂为美，亦恶得而弗河鲂哉？苟其娶妻，则以齐姜为正，亦恶得而弗齐姜哉？"（王夫之《诗广传·陈风》）又说："甘食悦色，天地之化机也。老子所谓犹橐籥动而愈出者也，所谓天地以万物为刍狗者也，非天地之以此刍狗万物，万物自效其刍狗尔。"（王夫之《思问录·内篇》）在王夫之看来，人们对美色美味的追求，是天地大化的根本秘密所在。万物相对于人的需要而言，只不过是如祭祀的牺牲品"刍狗"一般，随着人们需求的变化而由必须转变为过时。人性的充分发展，正在于"入五色而用其明，入五声而用其聪，入五味而观其所养"，然后"周旋进退，与万物交而尽性"，最终达到"以立人道之常"（王夫之《尚书引义·顾命》）的目的。如果人们不懂得"天使人甘食悦色"的"天之仁"，结果会是"恃天之仁而违其仁，去禽兽不远矣"（王夫之《思问录·内篇》）。这一新仁论思想内容在理论上已经暗含了某种近现代性的思想因素了。

在政治哲学方面，王夫之提出了"君天下者，仁天下者也"的光辉命题。在这一命题中虽然还带有汉民族中心主义的陈渣，却在新的思想条件下重新阐述了先秦原始儒家以"仁爱"精神为核心的政治哲学思想。王夫之反对历史"王者不治夷狄"的观点，要求用人文的政治代替野蛮的政治。他说：

> 君天下者，仁天下者也。仁天下者，莫大乎别人于禽兽，而使其贵生。苗夷部落之魁，自君于其地者，皆导其人以导致戾淫虐，沉溺于禽兽，而掊削诛杀，无闲于亲疏，仁人固弗忍也。则诛其长，平其地，受成赋于国，涤其腥秽，被以衣冠，渐之摩之，俾《诗》《书》《礼》《乐》之泽兴焉。于是而忠孝廉节文章政事之良材，乘和气以生，夫岂非仁天下者之大愿哉？①

到了清代乾嘉时期，戴震继续沿着气化论的形而上学道路，阐发宋明儒者开创的新"仁学"思想。他将天道的"气化生生"与人道的"日用生生"联系起来，说道：

---

① 王夫之. 宋论：卷六 [M] //船山全书：十一，长沙：岳麓书社，2011：174-175.

　　自人之道溯之天道，自人之德性溯之天德，则气化流行，生生不息，仁也。由其生生，有自然之条理，观于条理之秩然有序，可以知礼；观于条理之截然不可乱，可以知义矣。在天为气化之生生，在人为其生生之心，是乃仁之为德也。①

　　此处，戴震虽然将"仁"看作"生生之心"，但其思想基础与程子、朱熹不同。戴震对"心识"的论述也不同于程子与朱子，他坚持一种光照论的认识论路线，强调心智在经验的学习中成长的过程。另外，在戴震的思想中，他所说的"生生"之德，更偏重于关注下层百姓日常物质生活的一面，与程子、朱子亦有不同之处。如他说："仁者，生生之德也；'民之质矣，日用饮食'，无非人道所以生生者。一人遂其生，推之而与天下遂其生，仁也。"因而带有为世俗社会追求"日新"的物质生活提供伦理合理性论证的新道德气象。

　　因此，戴震对"仁爱"思想的论述既有继承宋明儒者的一面，又有自己的理论创新的一面。在一定意义上说，从更高的理论层面回归到先秦原始儒家"仁爱"思想关注"民生日用"的起点上。

　　"乾嘉学术"后期，著名的学者兼思想家阮元又从训诂学的哲学思考进路发展了儒家的"仁爱"思想。他提出了著名的"相仁偶"的"新仁学"思想。阮元将"仁学"看作孔子的核心思想，如他说：

　　孔子为百世师，孔子之言著于《论语》最多。《论语》言五常之事详矣，惟论"仁"者凡五十有八章，"仁"字见于《论语》者凡百有五，为尤详。若于圣门最详切之事论之，尚不得其传而失其旨，又何暇别取《论语》所无之字标而论之邪？②

　　在《〈论语〉论"仁"论》长文里，阮元几乎是通过资料长编的方式，将《论语》涉及"仁"字的资料集中在一起，同时又引证其他文献，以证明孔子

————————
① 孟子字义疏证：卷下［M］//仁义礼智．北京：中华书局，2008.
② 《论语》论仁论［M］//阮元．研经室集：上．北京：中华书局，1995：176.

的"仁学"思想是他阮元所理解的那样："相人偶为仁"之意。

他为了证明他的"仁，即相人偶"新仁学观点，以训诂的方式引证了大量的语言学文献："许叔重《说文解字》：'仁，亲也。从人二。'段若膺大令《注》曰：'见部曰："亲者，密至也。"会意。'《中庸》曰：'仁者，人也。'《注》：'人也，读如相人偶之人，以人意相存问之言。'《大射仪》：'揖以耦。'《注》：'言以者，耦之事成于此意相人耦也。'《聘礼》：'每曲揖。'《注》：'以人相人耦为敬也。'《公食大夫礼》：'宾入三揖。'《注》：'相人耦。'《诗·匪风》《笺》云：'人偶能烹鱼者。偶能辅周道治民者。'……以上诸义，是古所谓人耦，犹言尔我亲爱之辞。独则无耦，耦则相亲，故其字从人二。"

阮元对"仁爱"思想的解释与阐发在一定意义上又回归到了先秦原始儒家从人际关系角度阐发"仁者爱人"的思想立场上，摆脱了宋明理学以降从"生生"和"万物一体"角度论仁的思想传统。然而由于时代条件的限制，阮元的这一"新仁学"思想并未进一步得到充分的发展。① 到了晚清激烈巨变的时代里，谭嗣同的《仁学》一书则以前所未有的思想跨度，将传统儒家的"仁爱"思想与现代资产阶级的人道主义精神联结起来了。传统儒家的"仁爱"第一次从思想上实现了与现代文化精神的对接。

三、晚清以及现代新儒家的"仁爱"思想

晚清戊戌变法时期，谭嗣同专门写了一部著作——《仁学》，以"仁者通"为核心命题，阐发上下相通、男女相通、内外相通，从而实现上下平等、男女平等的理想社会。由于谭氏此书写得比较仓促，有些概念之间的关系没有说清楚。如在《仁学》开首部分明确地说："以太也，电也，心力也，皆所以通之具。"也就是说，以太、电、心力都是实现通的具体凭借，而"通"的状态才是其"新仁学"的根本精神。但在《仁学一》之一的开头又说："遍法界、虚空界、众生界，有至大、至精微，无所不胶粘、不贯洽、不筦络而充满之一物焉，目不得而色，耳不得而声，口鼻不得而臭味，无以名之，名之曰'以太'。其显于用也，也谓之'仁'，谓之'元'，谓之'性'；墨谓之'兼爱'，佛谓之'性海'，谓之'慈悲'；耶谓之'灵魂'，谓之'爱人如己''视敌如友'；格致家

---

① 吴根友. 儒家"仁爱"思想论纲［J］. 华中国学，2015-01：113.

谓之'爱力'、'吸力';咸是物也。法界由是生,虚空由是立,众生由是出。"正因为如此,有人据之以为谭氏哲学具有唯物论的色彩。

然而,谭氏《仁学》一书中,讨论"所以通之具"的内容并不是主要的。这不仅表现在具体的文字数目方面,更主要的表现在其理论的旨趣方面。《仁学》的主要思想旨趣在于思考如何实现"通"的社会理想与政治理想方面,并不是一种建立在坚实自然科学基础上的自然哲学。所以在《仁学一》之四中,谭氏又说:"是故仁不仁之辨,于其通与塞;通塞之本,唯其仁不仁。通者如电线四达,无远弗届,异域如一身也。……苟仁,自无不通。亦惟通,而仁之量乃可完。由是自利利他,而永以贞固。"

又说:"夫仁、以太之用,而天地万物由之以生,由之以通。星辰之远,鬼神之冥,犹将以仁通之;况同生此地球而同为人,岂一二人之私意所能塞之?亦自塞其仁而已。"

因此,《仁学》一书在继承宋明儒者"仁者与天地万物为一体"的思想基础之上,在"世界历史"的新时代里主要从"通"的角度给予了新的阐释。在一定程度上也吸收了阮元的"相人偶"的新仁学思想。而在康有为的《大同书》中,他也将传统儒家的"仁爱"思想与现代资产阶级的人道主义结合起来,从而创造出了一种世界大同的理想。

辛亥革命之后,现代新儒家的创始人之一熊十力在其重要著作《新唯识论》(文言文本,1932)、《新唯识论》(语体文本,1944)、《读经示要》(1945)、《明心篇》(1959)等重要著作中,反复阐述"仁爱"思想在儒家思想体系中的核心位置及其具体表现。在《新唯识论》中,他融合佛教与儒家思想,以证明作为人身体主宰之心具有"不有彼我,不限时空,浑然无二无别、无穷无尽"的普遍仁爱的特性。

在语体本《新唯识论》一书中,熊氏则第一次断言:"孔子平生专以求仁为学","孔子平生之学,不外反求本心,洞识仁体。尽己性而即尽物性,本无内外可分也。""《论语》所记孔子言行,一一皆从仁体流出"。在《读经示要》中,他更进一步地断言:六经为常道,综群经之言治,道德当"以仁为体"。他说:"天地万物之体原,谓之道,亦谓之仁。仁者,言其生生不息也。道者由义,言其为天地万物所由之而成也。圣人言治,必根于仁。易言之,即仁是治之体也。本仁以立治体,则宏天地万物一体之量,可以节物竞之私,游互助之宇。塞利害之门，建中和之极。"

他认为："化民以仁，使之反识自性，兴其物我同体，自然恻怛不容已之几，而后有真治可言。人类前途之希望，实在乎是。若夫群品犹低，惟赖秉钧者以宽仁育天下，使人得自发舒，而日进于善。如其以猜诈惨酷，视百姓如犬羊，而鞭笞之，束缚之，无所不至。此桓谭所以致嘅于亡秦，千古之殷鉴也。"

他在论"治道"九条之末总结道：

> 　　如上九义，第一义中，仁实为元，全即道体。道者万有之本体。说见前。以其在人而言，则谓之性，性者，言其吾人所以生之理也。亦名本心，心者，以其主乎吾身而言也，本来有故，非后起故，故曰本心。亦名为仁。以其生生不已民，备万理，含万德，藏万化，故曰仁。《大学》所云"明德"，亦仁之别名也。诚恕、均平、道德、礼让、中和，用至万善，皆仁也。仁之随事发见，因有种种名目。如本仁以接物处事，则不舍忠信，而谓之诚。本仁以待人，则能以己度人，而谓之恕。本仁以理财立政，则务求两利。毋私一人以害全群，毋私一国以害世界。是谓均平。识得仁体以诚敬存之，自念虑之微，至一切事为之著，莫不循当然之则，则实行之，有得于心，绝非虚妄，此之谓道德。……道必极乎万物得所，而蕲向群龙无首之盛者，则亦仁体自然不容已之几也。①

在《明心篇》中，他更加深入地论证作为人"心体之仁"的普遍性及其丰富的表现形式，他说："余深信中国先圣发见天地万物一体之义，盖从一切人皆有仁心而体会得来。仁心本不限定在我之一身，实遍在乎天地万物。故仁心之动，常是全体性，决不随顺小己之私欲。"

他坚信："任何人如肯反己体会，便见得人生要有仁心在。仁心常为吾人内部生活之监督者。吾人每动一念、行一事，仁心之判断恒予小己之私欲以适当的对治。此一事实，万不可不注意。……人生如本无仁心，即人与人之间无有精神相流通，无有道义相联系，纯靠利害来结合，人类早已相互吞噬，绝

---

①　熊十力全集：第3卷［M］．武汉：湖北教育出版社，2001：624-625.

种矣。"

熊氏的最后结论是："学不至于仁，终是俗学。""治不至于仁，终是苟道。盖以增长贪嗔痴，毙人亦将自毙者也。呜呼！经学者，仁学也。其言治，仁术也。"

熊十力之后，第二代台港新儒家与第三代海外新儒家，也都对儒家的"仁爱"思想继续进行阐发，限于篇幅与文献的限制，在此暂不能一一述及。而上述三个阶段粗略地介绍了儒家仁爱思想萌发后的发展历史，也仅是举其大者，难及细节，各家思想介绍得也不是很平衡。但从这一粗略的概述中可以初步得出这样的结论：不理解儒家"仁爱"的思想，就不能真正理解儒家，也不能理解中国语境下的博爱思想。没有"仁爱"精神为基础的一切社会规范，如义、礼都将丧失其生命的活力，并且极有可能演变成束缚人性自由发展的桎梏；而没有"仁爱"为基础的智与信，都很难是一种美德。因此，"仁爱"思想是儒家思想的核心和灵魂，值得每个中国人终生学习和躬身践行。

第三节　儒家仁爱思想的当代意义及践行

仁爱思想是中国传统文化的核心，是儒家最基本的核心内容。马克思主义是我们建设有中国特色的社会主义的指导思想。当前中国的现代文化建设的核心问题之一是如何重建人的心灵秩序，如何把马克思主义和中华优秀传统文化更好地结合起来，通过此心灵秩序的重建而重建社会秩序。因此，仁爱思想在当代仍具有重要的理论意义和实践价值。在吸收和借鉴前贤和今人相关论述和研究成果的基础上，著者在本节对儒家仁爱思想的当代意义和实践价值进行了阐释。

一、仁爱思想的当代意义

近代中国，经过西方文化的洗礼，在血与火的战争中，摧毁了旧的心灵秩序与社会秩序，重构了新的社会秩序与心灵秩序，引进了西方现代观念与文明秩序，曾经拥抱过自由、民主、科学等价值理想。在大陆，最终选择了西方现代思想中非主流甚至是反主流的马克思主义思想，作为重构人的心灵秩序与社会秩序的核心思想，并将马克思主义思想写入中华人民共和国宪法，作为全民的指导性思想。然而，现代的中国人的心灵秩序究竟是怎样的呢？

这必须回到马克思主义哲学本身。简洁地说来，马克思主义是一整套无神论的社会政治学说，辩证唯物主义与历史唯物主义思想，再借助现代的科学技术知识与思想，使现代多数的中国人基本上是一个无神论者。中国传统社会以天和祖先崇拜为特征的"泛神论"或曰多神论思想基础被摧毁了。建立在历史唯物论与社会实践论基础之上的中国化的马克思主义的人性论，强调人在社会实践的历史进程中不断完善自身，认为没有抽象的人性，而且人性面向未来是开放的。

然而，马克思主义社会理论中的"未来"是一个没有神的引导而又是尽善尽美的理想状态，在形式上虽还保持了基督教的弥赛亚的理想，却是一个没有神的光芒而只是充满着神性的人的共同体。在这样的社会里，人们不用为物质生活发愁，因为在那个理想的社会里物质财富极大地丰富，人们的精神境界极大地提高，没有任何卑鄙、龌龊的私心与私利，因此，社会遵循按需分配的原则。无论是经典的马克思主义，还是中国化的马克思主义，都要求人们相信真理，而真理即是自然的与社会的客观法则。在这样的法则面前，人的主观情感与愿望是无益的。这样，外在的客观秩序决定了人内在的精神秩序。人的情感被视为第二性的东西。

应该承认，在经典马克思主义文本中，充满了丰富而又深邃的现代人道主义精神，而且马克思主义哲学饱含着对广大被压迫的工人阶级的道德同情的情怀。但是，在马克思主义中国化的过程中，由于中国社会处在深重的民族压迫与阶级矛盾之中，我们过分地发扬了其中的阶级斗争学说，相对地忽视了其中的人道主义思想情怀。在中国的社会主义建设过程中，忽视了马克思主义哲学中普遍的人道主义思想因素，再加上"文化大革命"的影响，中国人的心灵秩序不是建立在普遍的人道主义的道德关爱基础之上的，而是建立在革命年代的阶级斗争的哲学基础之上的。当中国社会在确立以经济建设为中心的历史转向之后，我们的哲学与伦理学并没有来得及思考人的心灵秩序问题。有些人希望以基督教的思想来为中国的市场经济提供伦理基础，有的人希望以儒家的"仁爱"思想来重整当代中国人的道德秩序。这些思想努力都是有意义的理论尝试，但我们必须正视当代中国社会的现实政治制度与文化传统，在综合中、西、马的思想资源基础上重构中国人的心灵秩序。

简要地说，基督教的心灵秩序是建立在人对上帝的爱的起点上的，通过对上帝的爱而使人人相爱。而儒家的心灵秩序是建立在人的"仁爱"之情的基础之上的。仁爱的本质是人与人之间的相互之爱。仁爱虽然没有神的超越根据，却有神圣的天作为超越的根据。人作为一个大类，在本性上是相近的，从开端处说，人皆有"四端之心"。人与天相通。尽心则可以体认人之为人的真正本性，体认人的真正本性后，就能领悟"天"的真正意义。在儒家的思想传统里，人虽然没有上帝赋予的"自由意志"，却有上天赋予的"道德理性"。人若不能将上天赋予的道德理性展现出来，使自己行同禽兽，则是自绝于人类，因而他受到惩罚是咎由自取。传统中国社会的礼法制度秩序，其内在的心灵秩序起点就是"仁爱"。

然而，这一思想传统已经被20世纪传来的西方文化以及现代中国的生产生活方式所打断，当代中国社会虽然有自己的外在社会秩序，但缺乏一个与之相适应的内在心灵秩序。我们现在还很难说科学技术已经彻底地战胜了有神论思想，但有神论的思想必须不断地接受现代科学技术的盘问与考察，这是没有人能阻挡得了的。犹太—基督教的一神论思想很难再像古典的中世纪那样成为普世性的信仰，尤其对具有自己深厚文化传统的中国人来说更是如此。因此，想借助基督教哲学提供的心灵秩序来重构当代中国人的心灵秩序是相当困难的。

现代宇宙学在相当大的程度上已经把"一神论"的上帝从人心里放逐出去了，我们最多能达成的低度共识是：地球上的人同属一类。在茫茫的宇宙中，我们不能断定是否有我们的同类智慧生物，除了我们必须和平共处的一个共同的地球之外，在可见的将来，我们没有其他可供居住的家园。我们不知道有没有上帝在照管着我们，除了我们之间相互的爱之外似乎没有其他的出路。我们是同类，我们必须相爱。这是我们人类一切伦理、法律和制度的心理起点。因此，我们人类的心灵秩序只能是以"人与人的相互之爱"为起点。这种相互的爱，是以不危害他人为底线，而以促进他人的发展为目标的关怀之爱，不要希望他人成为自己所理想的那样的人物，而是希望他成为他自己所想成为的样子（当然不是为恶意义上的堕落，比如成为杀人犯、吸毒者）。

这一"仁爱"之情既是一种道德哲学上的义务，因而可以说一种绝对命令，也是一种真实的情感，即人们用像爱自己、爱自己亲人一样的真实情感力所能及地去关心、帮助他人。每个族群、共同体、国家对于他者来说，皆是如此。因此，现代中国人的希望正在于发扬自己民族的仁爱精神，将由以自爱为起点的古典仁爱精神转化为现代的人道精神，以"仁者爱人"的良知去促进、帮助所有的他者实现他们自己的人生理想，展示他的独特价值，在"仁爱"的光芒里，实现人格的多样性。

"仁爱"思想是儒家思想的灵魂，从儒家的"自爱"开始，"亲亲""仁民""爱物"的"爱有差等"思想是原始儒家所提供的人间秩序观，但宋儒却将这一秩序观发展成为"仁者与天地万物为一体"的博爱思想，近代的资产阶级学者又将儒家"仁爱"思想与现代资产阶级人道主义精神对接起来，这样，儒家的"仁爱"精神犹如一条生生不息的精神大河，愈到后来愈加宽阔。然而，儒家实践"仁爱"的方法却基本上保持着一种"能近取譬"、推而广之的经验论原则。

二、儒家仁爱思想的践行

儒家的仁爱思想，不是一种虚妄的宗教理论，而是人人都可以在现实生活中躬身实践的德行。所以在践行仁的道路上，谁都可以实现，谁都可以完成。根据孔子的思想，仁的实现大致可以分为三个阶段，即为己之学、克己复礼、天下归仁。

（一）为己之学

这是践行仁爱思想的基础。仁的实现，首在培养道德人格。孔子说："古之学者为己，今之学者为人。"（《论语·宪问》）"为己"就是"入乎耳，著乎心"，就是"得之于己"，通过"学"使自己有所得，即完成自己的德性人格，见之于实际行动，得到人生的乐趣。

孔子的"志于学"，就是有志于学道，以提高人的境界。道是至真、至善、至美的，是"成人"之路。但道又是抽象的，难以把握，所以，如要在生活中加以落实，那就要谈"德"。不过，德毕竟也只是我们应该把握的做人做事的原则，一个人如果没有功夫深厚的修养，就不会有清纯净化的生命，也就不容易有真诚的仁心，在这种情况下，尽管有德可据，还是可能有过与不及的毛病，所以还要依于仁，以活泼泼的仁心随时做适当的权衡与判断。

能够"志于道""据于德""依于仁"，在为人处事上大端已备、大体已具，则种种学术、技艺都可以优游涵泳，使生命得到安定与寄托。这便是"游于艺"了。孔子的为己之学，是要培养具有高尚道德的君子，以至于贤人、圣人，这只是孔子实现"仁"的一个层面。更重要的是将个体正己修身所获得的至真至善至美的精神成果，用以指导其经世致用、匡世济民。

（二）克己复礼

这是践行仁爱思想的形式。孔子在回答颜渊问仁时曾说："克己复礼为仁。"（《论语·颜渊》），也就是说要克制一己的欲望，主动用礼来规范自身行为，就可以实现仁了。

从词源上讲，礼本是祭祀仪式，其本身即是一种"践行"。随着宗教文化向世俗文化的转化，礼由原来单纯的祭祀仪式扩展为所有社会性仪式以至社会方方面面的行为规范，发展为实现道德价值、维护社会秩序的重要手段。

一方面，孔子认为，礼乐不在形式，不在器物，而在于礼背后真挚的道德情感—仁。仁是礼的精神基础，没有仁的精神基础，礼就变成了毫无意义的虚假形式。另一方面，孔子又认为，"礼"是实现"仁"的重要形式。子曰："恭而无礼则劳，慎而无礼则葸，勇而无礼则乱，直而无礼则绞。君子笃于亲，则民兴于仁；故旧不遗，则民不偷。"（《论语·泰伯》）可见，人的各种德性只有通过"礼"才能恰如其分地表达，也只有通过"礼"才能引导老百姓归于仁德。

（三）天下归仁

这是践行仁爱思想的效用。孔子仁学的出发点是修身，但最终是要达到齐家、治国、平天下的目的，使仁德布于四海，使天下人都受仁德之感召，向往仁德、归于仁德。

"修己以安百姓，尧舜其犹病诸"，安天下百姓，孔子认为是"仁"之实现的高级境界，就连尧舜那样的人也未能完全做到，但也并非不能做到。首先，老百姓对"仁"有强烈的需要和期盼。子曰："民之于仁也，甚于水火。水火，吾见蹈而死者矣，未见蹈仁而死者也。"（《论语·卫灵公》）老百姓对"仁"的依赖甚于对水火的依赖。行"仁"于天下是符合百姓需要的。只要有合适的人，采用合适的方法，就能达到"安百姓"的境界。

什么样的人才能以"仁德""安百姓"呢？当然是具有仁德的王者。王者行仁于天下主要是指"仁政"。就像孔子所说："如有王者，必世而后仁。"（《论语·子路》）如有圣王出世以"仁"治理国家，经过一"世"（三十年）就能实现"仁政"。行仁于天下会达到什么效果？《论语·子张》中所说，"夫子之得邦家者，所谓立之斯立，道之斯行，绥之斯来，动之斯和"，这不正是天下归仁的景象吗？

第三章

兼　爱

相对于儒家仁爱思想而言，中国语境下的博爱思想与墨家兼爱思想有更多的交融。墨家的思想理论非常丰富，其兼爱思想具有独创意义，也是其所有思想中最为重要的思想观点之一。孔子及其儒家提倡爱有差等，而与此正好相反，墨家却始终主张爱无差等、人人平等，君主只不过是选出来代天行事的等。因此，墨家兼爱思想与博爱思想的交集更大。墨家的核心思想就是兼爱思想，墨子认为爱人者人必爱之。本章在著者广泛吸收和借鉴前贤以及今人研究成果和相关论述的基础上，对墨家兼爱思想的内涵、发展变迁以及现代意义三个方面进行了梳理和分析。

第一节　墨家兼爱思想的内涵

孟子曰，"墨子兼爱"（《孟子·尽心·上》）；尸子言，"墨子贵兼"（《尸子·广泽》）；韩非子讲，"儒墨俱道先王，兼爱天下"（《韩非子·无蠹》）；《淮南子》载，"兼爱，尚贤，右鬼，非命，墨子之所以立，而杨子非之"。墨子的一生，一面聚徒讲学，教授其思想，一面周游列国，积极游说，试图在全社会实现其兼爱理想。墨子的主要哲学思想主要体现在其十大主张中，他曾告诉过他的弟子魏越："凡入国，必择务而从事焉，国家昏乱，则语之尚贤，尚同；国贫，则语之节用节葬；国家喜音湛湎，则语之非乐非命；国家淫僻无礼，则语之尊天事鬼；国家务夺侵凌，即（则）语之兼爱非攻；故曰，择务而从事

焉。"（《墨子·鲁问》）

墨子认为，战国时期国与国之间的战争，人与人之间的争夺，使人民处于水深火热之中，不能安居乐业，造成当时社会混乱，其主要原因在于人们"不相爱"，"当察乱何自起，起不相爱"（《墨子·兼爱·上》）。既然问题的根源在于人人之间的不相爱，那么，在他看来，问题解决的方法也就简单了，只要人们之间兼爱就是了。在这里，墨子不能理解这种状况产生背后的社会原因，而仅仅把它归结为人与人之间道德情感上的不相爱。

墨子认为，兼相爱交相利，是圣王之法，是天下之治道。他说："天下兼相爱则治，交相恶则乱。"（《墨子·兼爱·上》）社会能否实行兼相爱交相利，是决定社会治乱的首要因素。从这种想当然出发，墨子为了解决社会混乱局面，使人们和国家之间和谐相处，因而主张君主躬身实践兼爱，国君要先爱万民，爱民要胜过爱自己，国与国之间非攻、国家与个人之间尚贤、人与人之间兼以易别，并通过"天志"威慑的力量达到"兼相爱，交相利"。这就是墨子提出的治理社会冲突和人我关系矛盾的药方——兼爱思想。兼爱思想是墨子思想体系的核心和根本的观念。

一、兼以易别

"当察乱何自起？故不相爱。臣子之不孝父君，所谓乱也。子自爱、不爱父，故亏父而自利；此所谓乱也。虽父之不慈于子，兄之不慈于弟……皆起于不相爱"（《墨子·兼爱·上》）。墨子认为，出现这种现象的原因就是人与人之间的彼此"不相爱"。如果天下都能从兼爱出发，那么天下一切祸乱怨恨便会烟消云散。"今吾本原兼之所生，天下之大利者也"（《墨子·兼爱·下》）。"兼"是天下兴利的根本，"别"是万恶的根源。因此，墨子提倡"兼以易别"，认为人们之间应该不分远近、亲疏、贵贱地"相爱"，也就是"爱无差等"和"对等互报"。

（一）兼别之辩

"兼"在中国古代文字中是一个会意字，它的本意是一手执两"禾"，即一只手拿着两棵稻子，后被引申为兼有、兼顾等意思。"兼爱"之"兼"在许慎《说文解字》中解释："并也。"可见，"兼"是平等的意思。在墨子的"兼爱"

思想中，"兼"字便为"整体"和"无差别"之意，而"兼爱"也就是不分血缘关系的亲疏远近和等级身份的高低贵贱的普遍的无差别的爱。"兼爱"，就是不分人我，爱人如己。"天下之庶国，方以水火毒药兵刃相贼害"（《墨子·天志·下》），是一个"别相恶，交相害"的社会，究其由来在于"别"。"别"是差别，是差等。"别"必然导致"别相恶，交相害"。盖"人私其一身，因推而私其家，私其国。利于己则求之，害于己则攻之"。可见，"别"是个人利己主义，民族利己主义，是天下大害的根源。

墨子的"兼"是"兼爱互利"的利他主义；墨子非"别"，"别"则是"交恶相贼"的利己主义。"兼士"与"别士"，"兼君"与"别君"，在于"兼爱"与"别爱"，在于平等之爱与差等之爱。

墨子在《墨子·兼爱·下》中运用对比的语句说明了"兼"是平等的意思，"别"是不平等的意思，提倡"兼以易别"。首先，墨子从反面出发指出了"别"是错误的。"姑尝本原若众害之所自生。此胡自生？此自爱人、利人生与？即必曰：'非然也。'必曰：'从恶人、贱人生。'分名乎天下，恶人而贼人者，兼与？别与？即必曰：'别也。'然即之交别者，果生天下之大害者与？是故别非也。……是故子墨子曰：'兼以易别。'（《墨子·兼爱·下》）"也就是说"姑且试着推究这些祸害是如何产生的，这是从哪里产生的呢？这是从爱他人、利他人产生的吗？回答必然要说不是的，必然要说是从憎恶他人残害他人产生的。辨别一下名目：世上憎恶他人和残害他人的，是兼相爱还是别相恶呢？回答必然是别相恶。既然如此，这种别相恶不就是产生天下大害的原因吗？所以说'别'（不平等）是不对的。……所以要用交相爱来代替别相恶。""姑尝本原若众害之所自生。……即必曰：'兼也。'然即之交兼者，果生天下之大利与？是故子墨子曰：'兼是也。'"（《墨子·兼爱·下》）

墨子继而又从正面出发回答世上爱人利人的现象必然是由"兼相爱"而产生的。"兼相爱"也就是产生天下大利的原因，实行兼爱，人们相互友爱帮助，可以使天下人获得大利，所以说'兼'是对的。

墨子兼爱思想的内涵主要包括两个方面。第一，"视人若己，爱人若爱己；视人之身，若视其身"（《墨子·兼爱·中》）。第二，爱别人，然后才能得到别人的爱。墨子以孝子尽孝道为例，说明了这两个方面内涵，他指出"吾先从事乎爱利人之亲，然后人报我以爱利吾亲也"（《墨子·兼爱·下》）。只有先

"爱""利"他人，他人才能"爱""利"自己，并且在"爱"上要像爱自己一样对待他人，这样才算真正实现了"兼爱"。"兼"与"别"是相对立的两个方面。"兼"是正确的，"别"是错误的。"兼"是兴天下之利的根本，"别"是天下产生祸害的根源。

（二）爱无差等

"爱"这一概念作为道德要求的提出，其实并非始于墨子，在早期儒家的语汇中就多处可见，比如孔子对"仁"这一概念最简明的解释就是仁者"爱人"（《论语·颜渊》）。但提出"兼爱"主张，墨子是第一人。"兼爱"是相对于儒家有等差的仁爱而言的，是与孔子主张的仁爱相区别的。墨子的"兼爱"思想实际上是对孔子泛爱一切人的思想的进一步发挥，正如张岱年先生所言："墨子的'兼'，与孔子的'仁'，大体相近，然亦颇不同。'仁'是由己推人，由近及远，以自己为起点，而渐渐扩大；由近远之程度，而有厚薄。'兼'则是不分人我，不分远近，对一切人，一律同等爱之助之。所以'仁'是有差等的，'兼'是无差等的。"① 孔子的"爱"是仁爱，是有差别有等级的"爱"，以家庭家族的利益为中心来爱，定亲疏、别贵贱、有等级的"爱"，辐射外围，越疏远浅，形成了所谓"君君、臣臣、父父、子子"（《论语·颜渊》）的政治伦理秩序。孔子的"爱"出发点是有亲近远血缘，从自爱出发，扩展至爱自己的父母子女兄弟姐妹，再扩大一点是堂系宗亲，爱祖父母，爱乡亲父老，爱自己国家的人，最后的一点点"爱"给少数民族（东边的称为夷，南方的称为蛮，北方的称为狄，西部的称为戎）和外国人。而墨子主张的"兼爱"是与孔子主张的"仁爱"相区别的，二者在对"仁"的表现方式上却大有不同。墨子"兼爱"是不分等级、不分亲疏、一样的、不分先后的"兼爱论"。一个"兼"字划清了二者的本质区别。

墨子对孔子"仁爱"理论中的那种分亲疏，分等级，分厚薄，由近及远的"爱人之道"持以否定的态度。墨子的"爱"和孔子的"仁"都是要求人际关系中能爱人，孔子的"仁爱"虽然提倡"爱人"，但是又强调"亲亲"为本，"仁"是希望建立在各个社会阶层安定有序的社会。他说："仁者人也，亲亲为大"（《礼记·中庸》）。认为孔子的"仁爱"是以"礼"为主与以"孝"为先

① 张岱年. 中国哲学大纲 [M]. 北京：中国社会科学出版社，1982：278.

的，"礼"和"孝"都是有差别的，人与人之间的亲疏和尊卑都是有差别、有层次的，所以强调"仁爱"也要有亲疏厚薄之别，这表明孔子的"仁爱"是有差等的爱，是"别士"的"爱人"。人们要想达到"仁"，就必须承认固有的社会地位，各司其职，通过多种途径努力克己，抑制自己的物质需求欲望以及思想的开放，加强自律，提高自己的道德修养水平，达到一定的道德境界才能实现"仁"。

墨子从兼爱的角度出发，提出"仁，体爱也"（《墨子·经上》）；"仁，爱己者非为用己也"（《墨子·经说·上》）。墨子的"仁爱"要求的是兼爱，是无差等的爱，即"爱无差等"。荀子说墨子"不知壹天下国家之权称，上功用，大俭约而僈差等，曾不足以容辩异，县君臣"（《荀子·非十二子》），而这"僈差等"也就是一种在身份、地位、精神和态度上的无差等之意。兼爱在于反对儒家表现在血缘或者宗法之中的爱有差等的观念。墨子看出儒者孔子主张"别爱""别士""别君"，以"别"为仁。墨子认为孔子之"别爱""为天下之大害"（《墨子·兼爱·下》），因而主张"兼爱""兼士""兼君"，以"兼"为仁，"为天下之大利"去纠正孔子的爱有差等思想。墨子无差等的"兼爱"就是要打破宗法社会的血统观念，就是要打破贵贱贫富由命运注定的观念，就是要真正实现人与人和国与国之间的平等。

墨子主张仁人兼爱而无差等之分无亲疏之别，所以称为"兼士""兼君"，他反对礼，反对差别，敢于打破亲疏、强弱、贵贱、贫富、智愚等一切由先天的血统、命运决定的观念。

"诸侯相爱则不野战"，国家之间平等的爱，而不是儒家主张的国家之间不平等的爱；一个社会的平等的爱，"视人之国，若视其国；视人之家，若视其家；视人之身，若视其身；是故诸侯相爱，则不野战；家主相爱则不相篡，人与人相爱则不相贼；君臣相爱则慧忠；父子相爱则慈孝，兄弟相爱则和调。天下之人皆相爱，强不执弱，众不劫寡，富不侮贫，贵不傲贱，诈不欺愚。凡天下祸篡怨恨，可使毋起者，以相爱生也，是以仁者誉之"（《墨子·兼爱·中》）。

这样，诸侯就会相爱而不发生战争，家主就会相爱而不会相互篡夺，人人就会相爱而不会仇视，君臣相爱则君惠臣忠，父子相爱则父慈子孝，兄弟相爱则彼此和调，天下之人皆能相爱，则强者不会欺凌弱者，人多者不会欺压人少者，富裕者不会欺侮贫穷者，尊贵者不会傲慢卑贱者，狡诈者不会欺骗愚笨者。

"父子相爱则慈孝，兄弟相爱则和调"，体现的是家庭之间平等的爱；"君臣相爱则慧忠"，体现的是政府上下级之间平等的爱。墨子的爱是不分亲疏薄厚之爱，是平等的爱。虽然墨子兼爱思想在社会实践中难以得到真正的贯彻，但是，在根本精神上，墨子兼爱思想是对孔子主张的"爱应受礼的约束，爱应亲疏有别"的解放，是民主平等和进步的思想，完成了人类对自身及对相互关系认识上的一次新的精神觉醒。

（三）对等互报

墨子认为，对等互报是实现兼爱的目的所必不可少的内容。正如其所言："故兼者圣王之道也，王公大人之所以安也，万民之衣食之所以足也。故君子莫若审兼而务行之，为人君必惠，为人臣必忠，为人父必慈，为人子必孝，为人兄必友，为人弟必悌。故君子莫欲为惠君、忠臣、慈父、孝子、友兄、悌弟，当若兼之不可不行也，此圣王之道而万民之大利也。"（《墨子·兼爱·下》）从对等互报的原则出发，"父自爱，不爱子，故亏子而自利；兄自爱也不爱弟，故亏弟而自利"，揭露"此亦天下之所谓乱也"（《墨子·尚贤·上》）。

所以，家庭要达到和睦，必须父子相爱，兄弟相爱。父慈子孝，兄孝弟悌，就是父子、兄弟之间的对等互报的一种行为标准。墨子主张不同家庭地位、不同政治地位的人对等互报，认为这是实现兼爱的一种有效途径，也是墨子从个人自然平等出发要求人的社会平等的一个重要内容。

对等互报是"兼相爱，交相利"的人际交往方式得以实现的运行机制。爱要以利为基础，利要以爱为归宿，实现"兼爱交利"对等互报的具体措施：从作为的角度来讲，就是要"有力者疾以助人，有财者勉以分人，有道者劝以教人"（《墨子·兼爱·下》）；实现"饥者得食，寒者得衣，劳者得息"（《墨子·兼爱·下》）从不作为的角度来讲，"强不执弱，众不劫寡，富不侮贫，贵不傲贱，诈不欺愚"（《墨子·兼爱·中》）。对等互报是一种平等观，是对人际关系相互平等的一种要求，要求每个人都要相互平等地爱护其他人。就像墨子所说的原则："视人之国，若视其国；视人之家，若视其家；视人之身，若视其身。"（《墨子·兼爱·中》）看待他人的国家像看待自己的国家一样，看待他人的家庭如看待自己的家庭一样，看待他人的身体如看待自己的身体一样。

《大雅》之所道曰："无言而不雠，无德而不报，投我以桃，报之以李，即此言爱人者必见爱，而恶人者必见恶也。"（《墨子·兼爱·下》）如果人人都能行"兼爱"之义务，必能得人人被爱之权利。这么说来，爱人就成了一种投资，一种为自己的社会保险，自己可以从中得利，当然，可能并不一定会带来回报。"夫爱人者，人必从而爱之；利人者，人必从而利之；恶人者，人必从而恶之；害人者，人必从而害之。"（《墨子·兼爱·中》）不管是国君、家长、个人，他们的行为总会影响到别的国家、家庭和个人。因此，他们都应当从利害的角度考虑，从兼爱交利的标准出发，谨慎处理好相互之间的关系，没有害人之处，实现"爱"与"利"的对等互报，从而使天下充满兼爱的精神，也就是实现社会的健康发展。

二、非攻以兼爱

墨子提出"爱无差等"，认为爱人必须利人，利人必须爱人，要做到"爱利合一"，以此达到反对儒家的"差等之爱"之目的。而从"兴利除害"的救世目的出发，墨子提出反对侵略战争即被称为"天下之巨害"的"攻"（《墨子·非攻·上》）。他指出了国家之间、家与家之间、人与人之间、君臣之间、父子之间和兄弟之间的"攻"害处甚大："国与国之相攻，家与家之相篡，人与人之相贼，君臣不惠忠，父子不慈孝，兄弟不和调，此则天下之大害也。"（《墨子·兼爱·中》）

墨子主张兼爱，他是一位理性的和平主义者。"爱无差等"的兼爱思想是生活在水深火热战乱中的人民所非常向往的，但是，要在现实中实现这种无差等的爱，又无疑是艰难的，所以墨子提出了一系列的伦理主张。其中，"非攻"是其兼爱思想在政治方面的具体表现之一。

（一）兼爱非攻

"非攻"是墨子兼爱思想内容的延伸，是由"兼爱"直接衍生的。既然墨子主张"兼爱"，那么，"攻"之当"非"自然不在话下。春秋战国时期是一个社会发生巨大变革的时代，社会充满纷争和动荡，各种矛盾异常尖锐。非攻是墨子提倡兼爱的首要目的，他反对并制止侵略，反对战争杀人，反对战争破坏生产，是他一生为之奋斗的目标。在墨子看来，当时国际、家际、人际关系都很不和谐。他认为社会一切祸乱产生的根源，在于人们之间不相爱，诸侯只爱己国而不爱别国，家主只爱己家而不爱别家，人人只爱己身而不爱别人之身，父子之间没有慈孝，兄弟之间没有和调，导致了"强执弱、富侮贫、贵傲贱、诈欺愚"的局面。于是，他希望能够建立一个理想的兼爱社会，从而实现人与人、家与家、国与国之间的和谐。

"国家百姓人民之利"是墨子"三表"之一。墨子认为考察言行，要以其言行的实际效果如何，要看其是否符合国家和人民的根本利益来检验真假和决定取舍，而言行效果与标准相比较的过程就是对言行是否合乎标准而进行的检验。墨子反对战争，他以是否符合这一标准为出发点的。墨子认为国与国之间不应该为了兼并而相互攻伐，希望每个诸侯国的统治者和人民要做到"视人之国若视其国"。

春秋战国兼并战争的发生主要是由于"诸侯各爱其国，不爱异国，故攻异国以利其国"（《墨子·兼爱·上》）。兼并战争不但消耗物资，破坏生产，而且驱使杀戮百姓"攻城野战，死者不可胜数"（《墨子·节用·上》），"夺民之用，废民之利"（《墨子·非攻·中》），攻打城池，"杀人多必数于万，寡必数于千"（《墨子·非攻·中》）。在此，墨子深刻揭露了兼并战争给广大民众造成的严重灾难，指出战争的发动，若是在春天则耽误民众耕稼树艺，若是在秋天则耽误民众收获庄稼，戈矛剑戟的破坏不可胜数，牛马兵车的损失不可胜数，士兵的死亡亦不可胜数。墨子将战争视为强盗行径，对其深恶痛绝，诸侯兼并战争固然是统一的前兆，但是战争毕竟是残酷的，是不义的战争，统治者为了满足无止境的贪欲，以侵略战争的形式进行大规模的掠夺，以牺牲人民为代价，把双方人民推向灾难深重的绝境。墨子讲："民生为甚欲，死为甚憎。所欲不得，而所憎屡至。"（《墨子·尚贤·中》）人民已经被逼得没有了生路，只有死路一条，弱小国家已是强大诸侯国的口中之物。

墨子提倡兼爱的进步意义就是为了使穷苦人民和弱小诸侯国摆脱灭亡的厄运。他提倡兼爱的根本出发点正是为了阻止"强劫弱，众暴寡，诈谋愚，贵傲贱"（《墨子·天志·中》）的暴行的，就是要做到"为万民兴利除害，富贫众寡，安危治乱"（《墨子·尚同·中》），是正义的人道主义主张。墨子对统治者压榨人民、残害百姓丑行进行猛烈抨击，他认为战争是一种损人又不利己的非明智行为，不仅使交战双方都必须付出沉重的代价，而且战胜国也得不偿失，也会给无辜平民带来无穷的灾难。所以，只有实行"兼相爱，交相利"（《墨子·兼爱·下》），才能去除这些社会弊端。在人与人之间也是提倡兼爱非攻，实现关系融洽和谐，"君臣上下惠忠，父子弟兄慈孝"（《墨子·尚贤·中》）。科学理论在于造福人类，在于为人民服务，要有良好的效果，符合普通老百姓的根本利益。

墨子说："义者，正也。何以知义之为正也？天下有义则治，天下无义则乱，我以此知义为正也。"（《墨子·天志·下》）而其所谓"正"就是指要以天下百姓利益为基础，要有利于百姓利益的兼爱非攻等一系列的伦理主张。"非攻"的价值是普遍的，也是永恒的，反映了墨子同情底层劳苦大众苦难和维护底层劳苦大众利益的思想情感和强烈愿望。

（二）明诛尚爱

墨子兼爱思想是一种具有总体意义的伦理道德理想，但是，这并不意味着墨子兼爱思想在现实中就应该不加区别地去任意爱一切人。毕竟"爱"作为一种观念而存在，是以不爱为条件的；因而必须有所不爱，"爱"作为一种道德情感才能有存在的意义。如果无不爱，也就无所谓爱了。既然如此，那么决定爱与不爱的标准是什么？

墨子认为，这一标准是爱那些与人"交相爱"的、"兼爱"的实行者。相反，对那些不实行"兼爱"的人，如桀纣、幽厉之类，不但不能去爱，而且要"诛"之。之所以这样对待他们，是因为他们是贼虐万民的"暴王"，逆天意而行，是同广大底层劳动人民的根本利益完全相对立的。所以，墨子一方面主张"非攻"，但另一方面同时也赞成诛暴，区分"攻"和"诛"。他认为"诛"是用有道伐无道："今遥夫好攻伐之君，又饰其说以非子墨子曰：'以攻伐之为不义，非利物与？昔者禹征有苗，汤伐桀，武王伐纣，此皆立为圣王，是何故也？'子墨子曰：'子未察吾言之类，未明其故也。彼非所谓攻，谓诛也。'"（《墨子·非攻·下》）墨子虽然认为战争对百姓的危害最大，但并非反对一切战争，而是反对攻伐无罪之国的不义之侵略战争。墨子非常强调"救守"，从道义上予以反对和制止攻伐战争，积极防御，以实际行动进行"征诛"，保卫自己的家园。

墨子面对不义的侵略战争，也会奋起抗争，我们可以从"止楚攻越""止楚攻宋"和"止鲁攻郑"这三个典型事例中得到深刻的感受。墨子将战争区分为"攻"和"诛"，讨伐"无罪之国"是谓"攻"，讨伐"有罪之国"是谓"诛"。"大国之攻小国也，则同救之"（《墨子·非攻·下》），"入守则固，出诛则强"（《墨子·尚贤·中》），"城者，所以自守也"（《墨子·七患》），这表明墨子在一定程度上区分了为了侵略的"攻伐"之正义性战争与为民除害的"征诛"之非正义性战争。墨子提倡"非攻"，"非攻"不是反战，不是实行绥靖政策，不是纵容侵略，对于不义者也要诛灭它。反对"攻伐无罪之国"，反对强执弱，众劫寡，富侮贫，贵敖贱，诈欺愚等，对正义性的战争持肯定的态度。作为处于平民阶层的墨子面对战争给社会民生所带来的深重灾难，势必会发出强烈的反对和谴责。同时，墨子对症下药，其医方就是"以兼相爱、交相利之法易也"（《墨子·兼爱·上》）。何为"兼相爱，交相利"？

墨子曰："视人之国，若视其国……凡天下祸篡怨恨，可使毋起者，以相爱生也，是以仁者誉之。"墨子规劝人们要以"兼爱""非攻"相处，并且付诸行动有效抵御和制止不义之战，反映了人民的苦难和愿望，做出了卓越的贡献，有其合理的因素。墨子制止战争的主观愿望是好的，但是，他并没有看到战争也是解决社会问题的途径之一，没有看到战争对摧毁旧制度建立新制度、促进国家统一的进步意义，片面强调战争的破坏性和灾难性。

三、尚贤以兼爱

奴隶制度的用人政策是唯亲、唯近、唯富和唯贵，就是不讲唯贤，是弊端众多的"世卿世禄"制。"兼爱"是墨子为之奋斗终生的最高理想，从而在政治上提出了"尚贤"的措施。

尚贤使能是为政之本，它不仅关系到国家的治理，而且关系到民众的切身利益。就像墨子说王公大人如果能够明白并实行兼爱尚贤的用人政策，就能保证民众不会出现"饥而不得食、寒而不得衣、劳而不得息、乱而不得治"（《墨子·尚贤·中》）的状况。所以，墨子"在政治上，主张打破旧的亲戚等级制度和贵族专权，建立新的上下尊卑等级，主张尚贤"。（《墨子·尚贤·上》）事实上，这也正是千百年来没有实权的普通老百姓的共同愿望。

（一）任人爱贤

"尚贤"也是墨子兼爱思想内容的延伸。墨子认为"尚贤"是为政之本。

与儒家"亲亲有术，尊贤有等"不同，墨家"尚贤"不分贵贱亲疏，"不党父兄，不偏富贵，不璧颜色"（《墨子·尚贤·中》）。

"尚贤"是指崇尚贤能的人，就是任官不分贫富贵贱、远近亲疏，贤者举而尚之，不肖者抑而废之。墨子主张兼爱尚贤，实行贤人政治，有贤良之人治理国家。墨子认为评定一个人是否贤能，就是要看其是否有贤德，贤能的人关键在于"利"，不应该和贫富贵贱有关，强调任人唯贤，反对任人唯亲，打破了等级尊卑贵贱的界限。墨子阐述了"尚贤"的重要性，"入国而不存其士，则国亡矣；见贤而不急，则缓其君矣；非贤无急，非士无与利国；缓贤忘士，而能以其国存者，未曾有也"（《墨子·亲士》）。

治理国家而不重视人才的选拔和任用，是会导致国家灭亡的；发现了有贤能的人才而不及时任用，是对国君治理国家这一重任的懈怠；贤者为政会实行"为贤之道"。没有贤德的人，是不会有远见卓识的；不是仁人志士，对治理国家是不会有危机感、紧迫感的。就像"兼爱"是不分贵贱、远近的普遍的公平的"爱"那样，墨子提出要"不辩贫富、贵贱、远迩、亲疏，贤者举而尚之"（《墨子·尚贤·中》）。只要是"厚乎德行，辩乎言谈，博乎道术"（《墨子·尚贤·上》）的贤人才子，只要是"有力者疾以助人，有财者免以分人，有道者劝以教人"（《墨子·尚贤·下》）的兼爱之士，都可以成为治理国家的官员。

墨子针对当时社会上选拔官吏制度的弊端，在用人原则上，还进一步提出"官无常贵，而民无终贱，有能则举之，无能则下之"（《墨子·尚贤·上》），"虽在农与公肆之人，有能则举之，高予之爵，重予之禄，任之以事，断予之令"（《墨子·尚贤·上》），"不肖者抑而废之，贫而贱之以为徒役"（《墨子·尚贤·上》）。他说："贤者举而上之，富而贵之，以为官长。"（《墨子·尚贤·上》）相反，只要是"不肖者"，即使是王公大人的"骨肉之亲"，或者是无事功的贵族官员，都要"抑而废之，贫而贱之，以为徒役"。

人君世主和万民应当是平等的，主张让贤者去代替那些无才无德的世袭贵族官员。君主的贤否关系到能否实现天下均利。墨子认为社会要达到兼相爱交相利的状态，对各级官吏与君主不能世袭，不能任人唯亲，不能以富贵贫贱来选择和任命，而应当由人民来选择贤士。墨子总是乐于推崇古代之尧舜禹之类的禅让贤人的范例。墨子认为，择贤的标准是看能否实行兼爱交利，能否合乎天下之义，并列举了尧、舜、禹、文、武等贤王的例子，认为他们是实现兼爱思想的模范。

"秦誓曰：'文王若日若月，乍照，光于四方，于西土。'即此言文王之兼爱天下之博大也，譬之日月，兼照天下之无有私也，即此文王兼也。虽子墨子之所谓兼者，于文王取法焉。"（《墨子·兼爱·下》）这就是说文王兼爱天下的广大，好像太阳月亮一样光照天下那样，没有偏私。这就是文王的兼爱，即使墨子所谓的兼爱也是从文王那里取道而来的。

"禹之征有苗也，非以求以重富贵，干福禄，乐耳目也，以求兴天下之利，除天下之害。即此禹兼也，虽子墨子之所谓兼者，于禹求焉。"（《墨子·兼爱·下》）这就是大禹的兼爱，即使墨子所谓的兼爱也是从大禹那里取道而来的。

"今天大旱，即当朕身履，未知得罪于上下，有善不敢蔽，有罪不敢赦，简在帝心。万方有罪，即当朕身，朕身有罪，无及万方。即此言扬汤贵为天子，富有天下。然且不惮以身为牺牲，以祠说于上帝鬼神。即此汤兼也，虽子墨子所谓兼者，于汤取法焉。"（《墨子·兼爱·下》）这说的是商汤贵为天子，富有天下，然而尚且不惜以身作为牺牲祭品，用言辞向上帝鬼神祈祷，这就是商汤的兼爱。

"周诗曰：'王道荡荡，不偏不党，王道平平，不党不偏。'……若吾言非语道之谓也，古者文武为王，均分赏贤罚暴，勿有亲戚弟兄之所阿。即此文武兼也，虽子墨子之所谓兼者，于文武取法焉。"（《墨子·兼爱·下》）"王道荡荡，不偏私不结党；王道平平，不结党不偏私，君子在王道上引导，小人在后面望着行。"上古之尧、舜、禹、文、武诸贤王实践兼爱，其核心就是王道平平，不党不偏，害民者除之，利民者兴之，牺牲自我以求利天下。

正因为此，他们才得信于万民，万民才择贤他们为君主。既然连君主都可以由万民选择，那么，对普通官员来说，就更应当由万民选举之了。这种人格平等、政治平等的观念正是要求兼爱互利平等的必然结果。墨子的"官无常贵，民无终贱"的思想，给予了当时的世卿世禄宗法制度和任人唯亲的旧传统沉重的抨击，认为有才能之人应该委以重任，给予高官厚禄，有助于新兴势力的政治改革，实现他们在政治力量上的平衡，体现了墨子对民众社会地位的重视和肯定，这对以后中国政治制度的发展，产生了深远的历史影响。

（二）以资爱贤

墨子提倡"尚贤"，用德才兼备的贤君、贤才来治理国家。以"德"和"能"为举贤标准，同时墨子认为任用贤人也必须为贤才提供和创造一定的条件，给予贤才适当的物质奖励和精神褒奖，提高其积极性，也就是墨子所说的"众贤"，让社会的贤者之士增多，办法是"其为政乎天下也，兼而爱之，从而利之"（《墨子·尚贤·中》）"高予之爵，重予之禄，任以之事，断予之令"（《墨子·尚贤·上》）。也就是说，给贤良之士以丰富的物质待遇、高贵的社会地位、尊重他们的才能、表彰他们的成绩。这样，贤才才能行其政事，否则，贤才之才能无以得到施展。在墨子看来，爵、禄与令并不是君王对贤才的特别赏赐，而是为他们能够发挥自己的才能而创造的条件，这样才能使之得到民众的尊重和信任，使民众畏惧和服从贤人。那么，作为贤人，则应当"竭四肢之力以任君之事，终身不倦"（《墨子·尚贤·中》），以报君王对自己的知遇之恩。

四、尚利贵义

"义"与"利"是中国伦理思想史上一对重要范畴，诸子百家在"义利观"上各不相同。法家"贵利贱义"，过分重视"利"而轻"义"；道家"义利双弃"，主张无为，与世无争；儒家"重义轻利"，过于看重"义"而轻"利"；而墨家"贵义尚利""义利并重""义利合一"。儒家只讲"爱"而不讲"利"，把"义"和"利"对立起来。墨子"兼相爱，交相利"，主张将"义"和"利"结合起来，"贵义尚利""义利并重""义利合一"。孔孟空喊仁义，不讲利，墨家则说："义，利也。"以"利"为"义"的实际内容，故说"万事莫贵于义"。兼爱思想着眼于实际利益，而非仅仅是空泛的道德说教。兼爱很理想化，但墨子说它有"利"，这样就使兼爱回到了现实。

（一）善恶之标准

"'义'是指人类社会活动和人际关系中的应当、正义准则，亦即那些符合人类道德行为标准的、所谓善的行为的总称。"墨子和孔子都提倡"义"，但是他们对"义"的理解不同。孔子将"义"与"礼"联系起来，是指遵从礼的道德意识，"义从礼出"，将是否遵从礼的行为看作是善恶的标准，遵从礼的行为是善的，反之是恶的，所以要"非礼勿视，非礼勿听，非礼勿言，非礼勿动"
（《论语·颜渊》）；而墨子将"义"与"利"联系起来，"义，可以利人"
（《墨子·耕柱》），将"义"看作是一种道德观念，将是否有利于民即"万民
利"（《墨子·非乐·上》）"爱利万民"（《墨子·尚贤·上》）的行为看作是
善恶的标准，有利于民的行为是善的，反之是恶的。

得知善恶标准，就要行仁人之事，即"仁人之事者，必务求兴天下之利，
除天下之害"。那么，墨子是如何理解"利"的呢？他在《墨子·经上》分别
提到，"义，利也""忠，以为利而强也""孝，利亲也""功，利民也"。墨子
主张"爱"必须落实到"利"上。正如《墨子·兼爱·下》所载："夫爱人者，
人亦从而爱之；利人者，人亦从而利之。"这些主张都大大突破了儒家仁爱的保
守性和狭隘性，达到了前所未有的高度。

墨子言"兼相爱"并没忘"交相利"，"爱"与"利"似乎矛盾，但在这里
却统一起来，之所以能统一，是因为此"利"并非指财富等，而是与"爱"的
性质相同。"即必吾先从事乎爱利人之亲，然后人报我以爱利吾亲也""投我以
桃，报之以李"，此"利"就是"爱利吾亲"，是与"桃"相对的"李"，所以
性质与"爱"相同。"言爱人者必见爱也，而恶人者必见恶也"。"兼相爱"续
之以"交相利"言明墨子非理想家。总之，"古之知者之为天下度也，必顺虑其
义……利人多，功故又大"（《墨子·非攻·下》）。荀子也说墨子"尚功用"
（《荀子·非十二子》）。这些都与儒家所认为的道德与物质利益不共存的"君
子喻于义，小人喻于利"（《论语·里仁》）、"何必曰利？亦有仁义而已"（《孟
子·梁惠王·上》）、"上下交征而国危"（《孟子·梁惠王·上》）的思想大相
径庭，这就突破了儒家关于服从等级秩序规定的言行——"义"，摆脱了儒家关
于"义从礼出"的道德与物质利益非共存的观念。

墨子以兼爱看世界，阐明了"仁爱义利"之说：所谓仁，爱也。任何人都
爱，爱无差等，是谓兼爱。"义以生利，利以丰民"（《国语·晋语一》）。以利
天下为己分内的事，而又能善利天下，不必于己有用，是谓公利。人我一体，
所以四海为一家，"爱人不外己，己在所爱中"。在讨论逐利的合理性时，墨子
引用《尚书·泰誓》"民之所欲，天必从之"，认为满足物欲而追求物利是正当
权利，是天经地义的事。孔子认为一个人的仁义行为正是人之所以为人的内在
本质规定性的外化体现，而墨子将人的仁义行为植根于人对行为利害后果的理

智权衡的基础上。

《墨子·经上》指出，"求利"就是行义，"义，利也"，"利，所得而喜也"。"义"是不损害别人的正当利益。由此可见，墨子的"兼相爱，交相利"思想是"爱"和"利"的结合，道德与实际利益不可分割，爱人的目的要靠利人来实现，爱民的效果要看是否对人民有利，所以利民与不利民就是善与不善的标准。这种把爱民、利民放在首位的思想，是墨子的"兼爱"思想的重要内容。

人与己相连，则仁义不是空谈，而是与现实生活密切关联的，追求天下公利是基于人类的自然属性和权利的平等的民本主义的，一切利于天下的行为才是善的，反之是恶的。所以，墨子兼爱思想的理想也可以被看作"从经济新组织上建设兼爱的社会"，也印证了马克思主义关于道德本质的论断即"道德作为一种社会意识，反映了在一定经济基础上的人们的利益关系，归根结底是由社会经济关系决定的。这就是道德的本质"。墨子"兼爱"也正是建立在"交利"基础之上的，这是墨子兼爱思想的特色之处。

（二）兼爱之规范

墨子重视"义利合一"，同时也主张"志功合一"，强调动机（"志"）与效果（"功"）的统一，既注重动机也注重结果。"志"，表示动机；"功"，表示结果。这其中有两层含义：其一，"兼相爱"是"志"，是一种兼爱的理想与追求，"交相利"是"功"，是"兼相爱"所导致的实际利益；其二，兼爱是"志"与"功"的合一，互利亦如是。这反映到《大取篇》就成了这样一个原则："义，利；不义，害；志功为辩。"（《墨子·大取》）

所以，墨子从兼爱出发，以"兴天下之利，除天下之害"为目的救世济民，"志功合一"，要求"诸加费不加于民利者，圣王弗为"（《墨子·节用·中》），"天下之士君子"于行事之际首先需要"识其利，辨其故"（《墨子·兼爱·中》），并应做到"利人乎即为，不利人乎即止"（《墨子·非乐·上》）。这与孔子在动机和效果的关系问题上所强调的动机论相区别，他说："苟志于仁矣，无恶也。"（《论语·里仁》）以为只要真正确立了做仁人的志向，动机纯正，就不会有邪恶的行为了。在"志"即动机上，我们可以看看巫马子和墨子的辩论："巫马子谓子墨子曰：'子兼爱天下，未云利也；我不爱天下，未云贼也。

功皆未至，子何独自是而非我哉？'子墨子曰：'今有燎者与此，一人奉水将灌之，一人掺火将益之，功皆未至，子何贵于二人？'巫马子曰：'我是彼奉水者之意，而非夫掺火者之意。'子墨子曰：'吾亦是吾意而非子之意也。'"（《墨子·耕柱》）巫马子和墨子辩论的大意是："巫马子言：'您兼爱天下，但是，您什么好处也没有得到；我没有兼爱天下，但是，我也没有受到什么损害。我们两个什么也没有得到，也没有失去什么，那么，您怎么能总是说自己的主张正确而说别人的主张是错误的呢？'墨子反驳道：'如今，有人在放火，一个人要用水将火熄灭，另外一个人却用火去助燃，你认为这两个人哪一个做的是对的呢？'巫马子说：'当然是用水灭火的人正确了，我肯定用水救火者的动机，而否定用火助火者的动机。墨子接着说：'相比而言，同样的道理，我兼爱天下的主张是对的，而你不兼爱天下的主张是错误的了。'"

墨子雄辩有力，从中可以看出，墨子很重视动机。鲁君问墨子："我有二子，其二子一学好，一学分人财，孰以为太子而可？子墨子曰：未可知也，或所为赏、与（誉）为是也。钓者之恭，非为鱼赐也，饵鼠以蛊，非爱之也。吾愿主君之合其志功而观焉。"（《墨子·鲁问》）这表明，墨子很重视动机和结果。

墨子提倡的"利"，是同一时代释迦牟尼、苏格拉底以及后来的耶稣基督思想中所少有的。他的这一人道思想最少具有统治阶级的烙印，而又最能体现着劳苦大众的正当利益。墨子提起兼爱，行为者往往要求同利，与孔子"仁爱"要求的"为国以礼"（《论语·先进》）之精神境界所不同，这种同利要求能获得实际物质利益的好处。墨子提出尚利，认为利就是义，贵义就是兴天下之利，而儒家不言利。

墨家注重物质生产，孔子忽视了人的物质需要，不是从人的自然属性出发去研究人的活动。墨子作为小生产者的代表，是非常懂得物质生产对于民众生存的至关重要性，而儒家则不注重物质生产。墨子看来，"爱"与"利"两者是密不可分的，爱而必利，不利无以见爱。他所言之利并不是利己主义之利，而是利民之利，即天下之公利。利民之利不是单向的，而是互爱互利的双向统一关系，他常常说"爱利万民""爱利天下"，正是这种双向统一观的表现。

从事物质生产是求天下之利、兼爱天下的基本手段。孙中山先生曾经称赞"古时最讲'爱'字的莫过于墨子"（《孙中山·三民主义·民族主义》），但墨子也很注重"利"。墨子"尚利贵义""义利并重"的思想比孔子"义利分离"的思想更贴近现实经济发展的要求，具有积极意义。总体来看，墨子学说的"兼爱"思想包含如下几个特征：

第一，不分亲疏的整体、普遍之爱。儒家信徒巫马子认为爱是有亲疏之别的，根本做不到墨子所言的兼爱。巫马子说："我与子异，我不能兼爱。我爱邹人于越人，爱鲁人于邹人，爱我乡人于鲁人，爱我家人于乡人，爱我亲于我家人，爱我身于吾亲，以为近我也。击我则疾，击彼则不疾于我，我何故疾者之不拂，而不疾者之拂？故有我有杀彼以我，无杀我以利。"（《墨子·耕柱》）对此，墨子辩驳道，如果人人都坚持利于自己的主张，那么喜欢巫马子你主张的人会杀你以利于自己，不喜欢你主张的人也会杀你以利于自己，因为你散布了不祥之言。墨子认为，分亲疏的爱是虚妄之言，空言妄语必会引来杀身之祸。

第二，不分贵贱的平等之爱。墨家兼爱强调没有贵贱之别，就算对待奴隶也要平等兼爱。《墨子·小取》记载："获，人也；爱获，爱人也。臧，人也；爱臧，爱人也。""获"（女婢）"臧"（男仆）虽为地位低贱的奴仆，可他们也是人，爱他们也是"爱人"。墨子正反两向分析爱的平等观，不但阐明作为人无论贵贱皆有被爱的权利，而且奉献的爱亦没有高低贵贱之别，指出"贵为天子，其利人不厚于正夫"（《墨子·大取》）以为天子是尊贵的，但天子给予他人的爱与普通百姓别无二致。墨子申述的平等之爱为：人与人虽有贵贱之别，但爱与被爱没有贵贱之分。

第三，不分民族、不分古今的恒常之爱。墨子反对孟子"爱古而不爱今"的态度，认为"爱尚世与爱后世，一若今之世人也"（《墨子·大取》）。即要施爱于前人、现代人和未来所有人，提倡兼爱须有恒常心和一贯性，仅仅爱古人是不够的，爱过去的人要与爱现在的人一样。同时提出"爱众众世，与爱寡世相若。兼爱之有相若"。（《墨子·大取》）意为爱天下所有人，应当不分国家或民族大小强弱而一视同仁。这种超越个人、家庭、国家的爱，才是人间大爱之道。

第四，不分彼此的交互之爱。一方面，"爱人不外己，己在所爱之中。己在所爱，爱加于己。伦列之爱己，爱人也"。爱别人并不是不爱自己，自己也在所爱之中。既然自己在所爱之中，兼爱也是爱自己。亦即"爱人"不应排斥爱自己。墨子发蒙的这般关于人的"主体性"萌芽意识，充分反映了墨子及所代表的平民阶层积极主动、乐观进取的人生态度。另一方面，墨子认为，如果每个人都能兼爱并利于他人，每个人也就能够得到他人的兼爱和利之。即所谓"夫爱人者，人亦从而爱之；利人者，人亦从而利之"（《墨子·兼爱中》）。这岂不正是"我为人人，人人为我"的利益交互性主旨所在。负有这般价值取向，就能够对国家、对社会、对他人充满责任感，这种调节人际关系、维护社会秩序、促进社会和谐的永恒因果法则，无疑为引导公民正确价值取向、涵养社会主义核心价值观之公民价值准则有着积极作用。

第五，奉献他人的普世之爱。在论证兼爱的尾声，墨子进一步延伸兼爱思想的价值内涵，提出"无有私"观点。"文王之兼爱天下之博大也；譬之日月，兼照天下之无有私也。"（《墨子·兼爱下》）他认为文王兼爱天下的博大胸怀如同日月光芒普照大地，这分明是一种只求付出、不图回报的博大普世之爱。在奉献与索取之间，墨家取向于无私奉献。诸如《墨子·贵义》所载"道义高于俸禄"故事、《墨子·耕柱》中的"高石子为义辞官"记载、《墨子·鲁问》用"背义而向禄"反面案例教育弟子的事例，均凸显了墨子不计个人得失、一心服务社会的利他主义价值观。这种精神在当今市场经济下有着不言而喻的现实意义。

第二节　墨家兼爱思想的历史变迁

一、兼爱思想从"显学"到"绝学"

春秋战国时期，旧的道德体系被打破，新的道德体系尚未形成，中国社会正处于转型时期，各诸侯国相互征伐，战祸不断。诸子从不同的角度阐述各自不同的治国方针，出现了"百家争鸣"的局面。儒家宣传等级森严的宗法制度，宣传"仁爱"等思想，而出生于贫民阶层的墨子则提出与儒家思想不同的观点，即"兼爱"等思想。以兼爱思想为其核心的墨学在先秦诸子时代能和儒家相抗衡的显学，其影响显赫一时，这是先秦诸子都承认的事实。然而，其兼爱思想的政治实践却完全是失败的。

虽然墨子有过得意的"止楚攻宋"的辉煌，在当时掀起了平民劳动者阶级对兼爱平等交利渴望的拥护浪潮，但是"止楚攻宋"只是春秋战国大大小小兼并攻伐战争中的一朵浪花，平民阶级对兼爱思想的热情也只是一时的，最终秦国依然是以墨子所说的非正义战争统一了六国，建立了中国第一个以严刑峻法为统治手段的封建专制高度集权的帝国。在汉以后的数千年封建社会里，由于地主阶级及思想家大都承传儒家正统思想，重复孟子无父之辞，对墨子肆意攻击，偶有一两个同情者，如韩愈，也不免带着儒家的有色眼镜，在墨子身上看出有所谓与孔子相通的地方，才替墨子说了几句好话。

总之，封建时代是不可能对墨子兼爱思想做出正确的评价的，汉以后墨子兼爱思想逐渐中绝。但是，由于墨家作为小生产劳动者的学派，最能反映劳动大众的需要和利益、意志与愿望。所以，这一思想在民间依然影响了近 2000 年之久，比如在历代的农民起义关于博爱平等、除暴安良的社会理想中，在历代豪侠不惜两肋插刀而打抱不平伸张正义的人生追求中，墨子兼爱思想仍然依稀可见。

（一）从"显学"到"绝学"的表现

春秋战国是思想和文化最为辉煌灿烂、群星闪烁的时代。这一时期出现了诸子百家彼此诘难、相互争鸣的盛况空前的学术局面，各学派著书立说，广收门徒，高谈阔论，互相辩难，这就形成了"百家争鸣"的学术繁荣景象，使这一时期成为中国历史上诸子百家政治学术思想大融合的重要时期。

《汉书·艺文志》将战国主要思想学派分为十家——儒、墨、道、法、阴阳、名、纵横、杂、兵、小说。西汉人刘歆在《七略·诸子略》中将小说家去掉，称为"九流"，俗称"十家九流"就是从这里来的。作为代表劳动者利益而呐喊的墨家创始人墨子，其主张和儒家是针锋相对的。墨子认为，社会动乱的原因在于人人之间不相爱，而人人不相爱是由于孔子及其儒家有差等的仁爱理论的蛊惑，对人们产生了种种害处，不符合人们之利，这种仁爱理论正是造成天下人不相爱的根本原因。所以，他反对世卿世禄制度，主张兼爱尚贤，任用官吏要重视才能，打破旧的等级观念，使"官无常贵，而民无终贱"。

墨子突破了人由于在当时的社会生活中的宗教性和政治等级性，把人之间看成是一种相同族类中各分子之间的完全平等的关系，从而建立起其兼爱思想。

代表墨子思想的有《墨子》一书，"兼爱"是其思想的根本和核心之所在，要求消除亲属、贵贱的分别，同等地去爱所有的人。

先秦诸子百家游说诸侯，各抒己见，畅所欲言，为解决新问题提供自己的智力。正如东汉班固所言："凡诸子百家，……蜂出并作，各引一端，崇其所善，以此驰说，联合诸侯。"（《汉书·艺文志》）在"百家"中，以儒墨两派最有实力，孔子的仁爱与墨子的兼爱得到了相当多人的拥护和支持，韩非子在《显学》篇中把儒家和墨子的学说并称为先秦诸子百家时代的"显学"，即最为流行和显赫的学说，他说："世之显学，儒墨也。"又有《吕氏春秋》载："孔墨徒属弥众，弟子弥丰，充满天下"（《吕氏春秋·尊师》），"孔墨之弟子徒属，充满天下，皆以仁义之术教导天下"（《吕氏春秋·有度》）等。诚如孙诒让所说："墨氏之学亡于秦际，故墨子遗事，在西汉时已莫得其详。""犷秦隐儒，墨学亦微。至西汉，儒复兴而墨竟绝。"①

但是，墨子兼爱思想在民间依然影响了中国社会和中国人近两千年之久，比如在历代的农民起义关于博爱平等、替天行道、建立无处不饱满无处不均匀的社会理想中，在历代豪侠不惜两肋插刀而打抱不平、除暴安良、伸张正义的人生追求中，墨子兼爱思想仍然依稀可见。其主要原因在于墨家作为小生产劳动者的学派，最能反映劳苦大众的需要、利益、意志与愿望。

（二）从"显学"到"绝学"的原因

作为一种学说，其产生、发展、兴衰都有主客观方面的原因。墨子兼爱思想亦无例外，以兼爱为核心的墨子学说之所以能够成为先秦诸子时代与儒学相抗衡的"显学"，这与官与师的分离、社会转型各诸侯的需要、自由宽松的学术研究氛围成就的百家争鸣、所存地理历史文化的熏陶以及墨子创造精神有关。以下着重对秦汉以后墨子兼爱思想成为"绝学"原因做几方面的分析。

第一，墨子兼爱思想成为"绝学"主要在于儒家学派的反对与批判。我国古代属于宗法社会，儒家讲血缘宗法关系，家国同构，"家"与"国"不分，将"爱有差等""亲亲有术""君君、臣臣、父父、子子"等儒家信念定为道德规范，使之成为大众普遍期待的价值信念，达到维护统治的需要。而墨家讲的无差等的"兼爱"，主张爱人如己、爱人之国如爱己之国、爱人父母如爱己之父

---

① （清）孙诒让. 墨子间诂. 中华书局，2001.

母，完全突破了血缘关系网和宗法关系网，从而在思想上被孟子等人看作是"无父无君""是禽兽"。在行动上，作为正统思想的儒家思想代表们纷纷开始责难墨家兼爱思想，运用手中的权力，大力打击排斥墨家兼爱思想。

儒家注重与政权有合作呼应，在思维的延续上后期弟子重视继承、创造、完善和发展着儒家思想与他家辩论。尤其是汉武帝以后的两千多年封建王朝对其之禁锢。汉武帝"罢黜百家，独尊儒术"，清朝中期对思想文化的禁锢，使得儒家思想占据我国古代思想文化正宗地位，统治中国达两千年之久，儒家仁爱思想对墨子兼爱思想传播造成了严重的阻碍影响。清前期民族文化冲突也影响墨子兼爱思想传播。儒家文化日益渗透人心，为了在政治上笼络人心，笼络知识分子，执政者选择了广受欢迎的儒家思想，继续推行"复明旧制"的政策，以利于自己的统治。

康熙帝是在位时间最长、奠定清朝思想文化政策的最主要的皇帝，其自幼研习儒家思想，所以对墨家思想了解甚少，因而没有关注到墨家思想。知识分子当中缺乏积极提倡墨家思想者，他们大多为了升官发财，熟读并大肆颂扬儒家经典，而对墨子思想知之甚少以致忽视或打压墨子兼爱思想。清朝中期对思想文化的禁锢特别严重，如雍正以后大兴文字狱。但对墨子兼爱思想也有敢于大胆议论者，如毕沅《墨子注》和汪中《述学·墨子序》对墨子兼爱思想是支持的，但大多数是表示批评和反对的。

在批评和反对者当中，最有代表性的如清朝黄式三《儆居集》卷二《为我兼爱说》曰："《汉书·艺问志》于墨者取贵俭、兼爱、上贤、右鬼、上同，谓此其所长。唐韩愈《读墨子》取尚同、兼爱、尚贤、明鬼，而谓孔墨必相为用。宋姜氏弥明作《广原道》，言周衰，兼爱之道微，为我之道胜。兼爱之篇，前人有取之者。而汪容甫为毕氏校是书，遂谓孟子之斥兼爱为墨子之受诬，则不可也。夫墨氏以泛爱兼利为急而短父母之丧，亲亲仁民不分次而亲亲之道不厚，以尚俭节用为务而薄其父母之葬，爱物亲亲不分次而亲亲之道尤薄，爱无差等，固墨家之说之谬论。"墨子兼爱思想由于被占思想统治地位的儒家学派所反对与批判，以致人们听到的也只能是对其贬斥之声，使得墨家中心思想之兼爱逐渐成为"绝学"，只是在与恶势力和封建王朝继续相对抗的游侠和农民战争中才依稀可见。

第二，墨子兼爱思想成为"绝学"主要在于政治上占统治地位的地主阶级的反对。中国家族制度的复杂性和组织性可谓世之少有。由于经济、地域的原因，人们不得不生活在一起，中国的社会制度便是家族制度。传统中国把社会关系归纳为君臣、父子、兄弟、夫妇、朋友五种关系。君臣与朋友是家族关系的延伸，儒家思想中一大部分是这种社会制度的理性论证，也是它的理论表现，经济决定制度，儒家思想反映了制度的伦理价值，这种制度既是经济条件又是地理环境的产物，所以儒家思想成为中国的正统哲学，一直持续到近代鸦片战争时期，改变了中国的经济基础为止。经济基础决定上层建筑，上层建筑要适应经济基础的变化而变化。而墨子兼爱思想作为一种社会意识，一种上层建筑，应当随着经济基础的变化而变化。

春秋战国时期是我国社会大动荡大变革的时期，特别是战国中晚期，奴隶制所有制将要瓦解，封建地主所有制开始兴起，代表着各自阶级、各自阶层的各派学说开始产生，也分别提出了各自的主张。"理论在一个国家的实现程度，决定于理论满足这个国家的需要程度。"墨子作为墨家学派的创始人，提出了其兼爱思想。墨子代表劳动者利益，提出了治国方略和政治主张，是与当时正处于更替状态中的经济基础相容的。而到了秦始皇一统天下之后，特别是西汉确立了地主阶级所有制，封建政权得以稳固之后，墨子兼爱思想又对准了封建王权，那么，在私有制为经济基础的社会要求兼爱平等的愿望，提倡公平正义，反对宿命论，反对享乐，墨子兼爱思想不能适应封建经济基础和政治结构的建立和发展变化，势必会是一种没有经济基础作为后盾的"乌托邦"式的空想愿望。

因为墨子兼爱思想是"役夫之道"（《荀子·王霸》），他的兼爱思想突破了血缘的藩篱，冲击了家庭宗法的等级制度，代表的是劳动者的利益和意志而削弱了上层统治者的利益，不利于当权者维护旧的社会和政治统治等级与秩序，动摇了统治阶级的政治权威，严重触犯了占统治地位的地主阶级之利益。墨子兼爱思想与统治阶级的统治思想明显不合拍，必然不适应以私有制为经济基础的封建社会，必然会遭到占政治统治地位的地主阶级的反对，受到他们的警惕和打压，从而走向"绝学"。

第三，墨家自身组织的缺陷造成兼爱思想衰微。

首先，墨家封建家长制的组织方式和非中国化的生产生活方式的限制。墨家学派实行的是"巨子"制度，"巨子"在墨家组织中居于绝对的领导地位，

"巨子"作为墨家最高领袖，不仅是学术上的导师，也是每位墨者的家长。墨家弟子必须无条件听从"巨子"的独裁统治。一个组织仅仅靠一位"巨子"的大脑和意志行事就无法避免失误，"巨子"世代相传，无法保证每一代都能像墨子那样有着巨大人格魅力、渊博的学识、较强的组织才能和崇高的威望。因而他们很难胜任墨家思想传承的重任。

墨家的后代中，除了孟胜还有一些事迹可考外，其他人都名不见经传，甚至连姓名也不为人知。中华民族和中国人民是由农耕文明支撑的，依靠农业来维持生存的，中国古代农耕社会需要男青壮力照顾家庭，财富的首要基础是土地。这导致大多数人没有能力经常参与这种组织，他们对待家庭不能做得这么极端彻底地服从汇聚到墨家组织当中，墨家的这种组织方式与三皇五帝到夏商周所形成中国农耕生产生活方式，存在很大的距离，以致不切实际，墨家学派人数越来越少，逐渐衰微。

其次，组织成员分散，不利于集中统一领导，组织也经受不起分裂。即便墨者人数很多，有"齐之墨者""南方之墨者""秦之墨者""东方之墨者"等。由于交通不便，他们对"巨子"的号令往往传达领会错误，这样就会造成组织内部意见分歧，以致各行其是。墨家内部为了"巨子"经常出现斗争冲突，势必造成墨家的分裂，各派相互攻讦和诋毁。

最后，墨家学派禁欲自苦、兼爱平均以及与统治阶级政权非合作主义的组织文化的影响。禁欲自苦的行为准则和平均兼爱的政治主张既不适合人们对于社会物质生活享受的心理，也有碍于现实社会对国家权威、等级秩序的需求和政治统治的建立，墨子欲行大道而于世不成。

儒家之所以兴盛，是因为其与政权有合作有呼应。而墨家属于权力结社，其弟子又是手工业劳动者，组成权力结构时候，他们在思维的延续上远不如儒家后期的弟子注重继承、创造、完善和发展着儒家思想以及与他家辩论求存。而后期墨家首领不是这样，把精力重点放在了权力的安排、力量的组建、组织纪律的执行，而一个学派的重点应当放到学术上，否则学派的生命会被削弱，当然，墨家学派大多弟子很可能是文化程度低或没文化的人，其著作也在文字方面显得平板单调晦涩，所以无法更好地继承。再加上墨家学派本身属于一种秘密结社的组织，墨子团队与政权有合作意念，但其后的团队缺乏这种合作意识，对待政权采取不合作主义，以致产生墨家逐渐衰微的问题。

最后，墨家成员都富有"赴火蹈刃，死不旋踵"以利天下的精神，以致组织成员越来越少。墨家是一个以巨子为首领的宗教式的组织集团。他们随时规范自己的行为与人格，自觉遵守墨子兼爱遗训，以"兴天下之利，除天下之害"为行为道德的准则，"以绳墨自矫而备世之急"（《庄子·天下》）。所以，为了扶危济困，他们怀着对理想社会的坚定信念，执着追求，准备着为世界做贡献，言必信，行必果，敢于赴汤蹈火，虽枯槁不舍，至死不渝，匡扶天下，以利万民，这就使得墨家弟子损失过大，缺乏后继者，以致战国末期只剩下为数不多的学者，终于在秦汉之际中绝。

第四，墨子理论自身的矛盾和空想性。

首先，墨子对人性善恶采取机会主义的无定论。墨子并没有具体提出人的本性是善是恶，而只是看其是否适应墨子论述的需要，不同情况之下提出不同善恶论。在论述"兼爱"优于"别爱"的时候，他肯定人的本性是自私的、是恶的，产生社会祸乱灾难的根源就在于人人自爱而不爱人，损人利己，亏人而自利；在论述"兼爱"代替"别爱"的时候，墨子又肯定人性不是自私的、不是恶的，承认人具有共同的、善良的道德本性，强调"为彼犹为己""对等互报"。可以看出，这无疑是一个十分明显的矛盾。由于这个矛盾的存在，墨子的理论在很多地方不能自圆其说，而只能采取机会主义的态度，后来还搬出"天志""鬼神"作为其思想学说得以论证、推行的工具。

其次，主观上取消自我与他人的差别。荀子评价是"有见于齐，无见于畸"（《荀子·非十二子》）。墨子要求人们毫无私心地对待他人之身、他人之家和他人之国，不分亲疏远近和厚薄，要像爱自己那样去爱他人，这样就泯灭了个体的差别。而对于上层统治者来说，这直接损害了他们的既得利益，虽然在某个阶段和某种程度上，为了一定的政治目的，他们可以暂时牺牲一下，但其利益不可能持之以恒地长久被损害。所以，墨子的"兼爱"虽因谴责和阻止人们之间的"爱有差等""别相恶，交相贼"而得到广大劳动人民和小生产者的满腔称赞，但是却很少有人能够实际地按照墨子的教导像爱自己一样去爱他人。

最后，墨子兼爱思想的道德理想过高。庄子评论墨子："其生也勤，其死也薄，其道大觳；使人忧，使人悲，其行难为也。恐其不可以为圣人之道，反天下之心，天下不堪。墨子虽独能任，奈天下何！"（《庄子·天下》）墨子兼爱大同的社会理想能激励起一部分人的政治热情和信任狂热，墨家严厉的清教徒式的生活也能凝聚一部分的信徒，构成一个类似宗教式的活动集团。

但是，生产关系的变化要适应生产力的变化，生产力状况也很大程度上决定了人们对生产关系的接受程度，而在当时的生产力情况下，人们对于墨子兼爱思想理解起来就很困难。在私有制占统治地位的时代，人们在道德、心理上无论如何也不可能消灭自私，而兼爱思想却是要人们去除自私，去其身而爱人。因而，这种兼爱思想在实质上只不过是一种空想，它在秦汉以后湮没无闻，看来也绝不是偶然。

所以，由于缺乏倡导墨子兼爱思想的社会条件，以至于其思想和实践不符合常情和社会普遍心理，与当时的社会现实距离太远，很难实现。也难怪古之杂家批评其思想"治道无用"，据《俶真训》载："百家异说，各有所出，若夫墨、杨、申、商之于治道，犹盖之无一橑，而轮之无一辐，有之可以备数，无之未有害于用也。"① 即使是与两千多年后的今天社会现实相比，也会给人一种遥不可及的乌托邦之感，这种精神也只是在先进人物身上得到体现，更不用指望这种精神在两千多年前大众身上得到体现了。

二、兼爱思想从"绝学"到短暂"复兴"

德国存在主义哲学家卡尔·西奥多·雅斯贝尔斯（Karl Theodor Jaspers）说："人类一直靠轴心时代所产生的思考和创造的一切而生存，每一次新的飞跃都回顾这一时期，并被它重燃火焰。自那以后，情况就是这样。轴心期潜力的苏醒和对轴心期潜力的回归，或曰复兴，总是提供了精神的动力。对这一开端的复归是中国、印度和西方不断发生的事情。"② 墨家学说创建的时代在春秋战国，而春秋战国正是雅斯贝尔斯所说的"轴心时代"，社会大转折，百家争鸣，学术兴盛。由于墨学的现实差距性以及和统治阶级的期望不是那么合拍，导致墨子兼爱思想在现实条件下呈现出昙花一现的状态。虽历经数千载，墨学在历史的长河中一直默默无闻，但始终处于边缘化的现实状态。

随着近代我国受到西方国家的侵凌，戊戌变法的失败，彻底击碎了资产阶级改良派的美梦，继而转向革命。当时，资产阶级民主革命在思想上受到西方

---

① 何宁撰. 淮南子集释：上［M］. 北京：中华书局，1998：117.
② 卡尔·西奥多·雅斯贝尔斯. 历史的起源与目标［M］. 北京：华夏出版社，1989：14.

精神的影响，自由、平等、博爱以及民权等资产阶级民主观念深入人心，有识之士也开始反思传统文化，特别是处于轴心时代的春秋战国诸子百家的思想，力求从中找出与西方精神相一致的思想，他们发现战国的墨子之兼爱思想很是契合近代的需要，进而将墨子思想（如兼爱等）作为资产阶级革命启蒙思想的宣传工具，重燃兼爱之火焰，救亡图存。

（一）从"绝学"到短暂"复兴"的表现

墨子兼爱思想自秦汉之后，少有声息地沉寂了一千七八百年之久，在第一次西学东渐之后，慢慢地又被人们从荒墓之中挖掘了出来。正所谓，一种曾经影响了一个时代的思想是不会轻易灭绝的，它依然会随着时代的变迁和现实的需要重新被重视。所以，我们应当非常重视那些处于大时代交叉点的哲学思想。

乾隆、嘉庆时期的毕沅（1730—1797）、王念孙（1744—1832）、汪中（1745—1794）和王惠言（1761—1802）等都是恢复墨子兼爱思想的功臣。特别是到了近代，作为资产阶级革命派的代表刊物《民报》于1905年，在卷首发行古今中外四大伟人肖像，高度评价墨子是世界上最讲"爱"的人，把墨子与黄帝、华盛顿、卢梭并列为世界第一伟人，革命派将其当作救亡图存的灵丹妙药，将墨子称为"世界第一等的博爱主义大家"。如孙中山，其对墨子非常崇敬，他说中国"古代最讲爱字的莫过于墨子"①，认为墨子之兼爱是平等之爱。他提出的"民主""民权"和"民生"的"三民主义"也无不受到墨子兼爱思想的影响。

墨子兼爱思想命运可谓多舛，但令人庆幸的是，墨子兼爱思想引起近代诸如黄遵宪、孙诒让、梁启超、胡适、陈柱、钱穆和方授楚等进步思想家与民主革命派的青睐并投入墨学研究，呈现出"现代墨学复活"②之局面，并有大力弘扬以图复兴之势。这或许说明了墨子"兼爱"思想的可取之处与存在价值，也是墨学思想进一步发展的前瞻。

从鸦片战争到洋务运动这一时期，墨子兼爱思想的兴起主要表现在诸学者以墨学自我主义来探讨，认为西学源于墨学，主要有以下诸学者：黄遵宪在

---

① 孙中山.孙中山全集：第6卷［M］.北京：中华书局，1985：22.
② 梁启超.中国近三百年学术史［M］.上海：上海三联书店，2006：209.

《日本国志》中讲道："余考泰西之学，其源盖出于墨子。"① 他认为，西学的博爱源于墨子的兼爱，西学的人人自主主张源于墨学的尚同。薛福成、王闿运、张自牧和郭嵩焘等把基督教的精神归之于墨学，主张"西学中源"说。薛福成提倡"西学中源"，他在《出使英法意比四国日记》中提道："余尝考泰西耶稣术士，而其为教主于爱人。其言曰：'视人如己'，即墨化兼爱之旨也。"② 郭嵩焘认为："大率耶稣术士，而其为教主于爱人。其言曰：'视人犹己'，即墨氏兼爱之旨也。"③

近代诸学者对墨学研究及近代墨学复兴做出了很大贡献，其中，梁启超的功劳和成就十分显著，后有学者称"未有大声疾呼，提倡墨子学说也。有之，自梁启超始"。"梁启超在近代墨学复兴史上有着里程碑的意义"，我们不得不承认梁启超开创墨学义理研究是对墨学研究及近代墨学的短暂复兴做出了一定的贡献。

第一，梁启超践行其复兴传统墨学之志并取得了丰硕的成果。其一，通过对墨学义理的研究，梁启超认为墨学体系的主要内容包括兼爱主义、实利主义、宗教思想、政治学说、伦理学等，从而构建了他的墨学体系。"墨子唯一之主义曰'兼爱'。孟子曰：'墨子兼爱，摩顶放踵利天下'④ "，他认为"兼爱"作为墨学的总纲领，"兼爱"是墨学的根本观念，墨学中所列举的十条纲领都以其为根本出发点，并且"兼爱"的内容主要包括在《兼爱·上》《兼爱·中》《兼爱·下》三篇。

其二，梁启超开创了墨学义理研究之先河，使近代墨学研究进入新的阶段。他的研究思路具有现实意义，并且其研究方法也较容易使研究者掌握，成为以后学者努力效仿的研究方式之一，使近代墨学研究进入新的阶段。"研究思路具有现实意义"，是指义理研究并不拘泥于词语和篇章的考据，重点是能深入阐述其经义名理，更为重要的是这种理论研究能为现实问题的解决提供诸多较为有用的方法措施。例如，梁启超先生寻找其培养时代"新民"的理论基础时，就是从阐释墨子"兼爱"思想和"重力行"的良好精神而得到的，这就是其理论

① 黄遵宪. 日本国志［M］. 台北：文海出版社，1968：787.
② 薛福成. 庸庵随笔［M］. 北京：中共中央党校出版社，1998：252.
③ 郭嵩焘. 伦敦与巴黎日记［M］. 湖南：岳麓书社，1984：932.
④ 梁启超. 先秦政治思想史［M］. 北京：东方出版社，1996：145.

研究的现实意义。

其三，梁启超在其著述中通过多处运用比较研究的方法，先后将墨学同西方基督教思想、西方近代社会政治学说和逻辑学等学说进行比较研究，从而得出了许多让人耳目一新的论断。例如，他将墨家同西方基督教相比较，认为"墨家既以天的意志为衡量一切事物之标准，而极敬虔以事之，因此作为一种宗教，其性质与基督教最相适近"①，并且"兼爱"与基督教的"博爱"相近。

第二，呼吁国人复兴墨学。梁启超先生要求我们中华子孙不能继续无动于衷，必须以"雪此耻"为志向，呼吁国人发掘墨学，复兴墨学。他不仅大声呼吁墨学应该从两千年沉睡的泥泞中被重新崛起，让人们意识到墨学是中国古代智慧的结晶，是中国传统学术之林里的标杆和不可或缺的重要组成部分。并且言辞激烈："只可惜我们做子孙的没出息，把祖宗遗下的无价之宝，埋在地窖子里二千年，今日我们在世界文化民族中，算是最缺乏论理精神，缺乏科学精神的民族。我们还有面目见祖宗吗？如何才能够一雪此耻？诸君努力啊！②"这为墨学在古代文化史上找到了应有的位置，也为墨子兼爱思想找到了对当时救亡图存的价值意义。

（二）从"绝学"到短暂"复兴"的原因

自秦汉以后，墨家的学说渐渐湮而不闻。但是，正因为"兼爱"说表达了一种近于平等的要求，符合社会绝大多数人的要求，所以千余年来仍不绝如缕，存在于民间之中。特别是在 19 世纪末 20 世纪初的资产阶级民主革命中，有识之士掀起批儒风，"兼爱"说更受到重视，墨家思想成了救亡图存的武器，墨子取代了孔子，被奉为中国的宗师，墨学研究一度复兴，主要原因有以下几方面。

墨子兼爱思想在近代短暂复兴的根本原因在于墨子兼爱思想与中国近代以来的社会变革及其必然要求有相通之处。我国的资本主义萌芽自明清之际开始出现，特别是鸦片战争以后帝国主义的入侵，中西文化相互碰撞这个错综复杂的巨变以来，中国社会开始了深广而艰难困苦的历史性巨变。中国古代的各家各派中，能以较多思想因素，在尽可能大的限度内适应这个历史进程的，当属

---

① 梁启超．先秦政治思想史［M］．北京：东方出版社，1996：164．
② 梁启超．饮冰室合集·饮冰室专集之三十九·墨子学案［M］．北京：中华书局，1989：65．

墨家。

第一，民族危亡意识的唤醒，为墨子兼爱思想的短暂复兴提供了契机。中英鸦片战争以后，特别是甲午中日战争中方战败后，中华民族面临着严重的生存危机，救亡图存迫在眉睫，促使中国人的民族危亡意识被唤醒。同时，随着西学东渐冲破了旧的传统和价值观，中国文化呈现一种无序的状态，在这种情况之下，有识之士开始为了救亡图存从文化上寻找中国文化的新起点，而墨子思想的短暂复兴也正适应了这种需要，为墨子兼爱思想的短暂复兴提供了契机，为短暂复兴直接提供了历史条件。正如著名史学家王焕镳先生说："清代末造，异族交侵，有识者渐谂（审）儒术不足以拯危亡，乃转而游心于诸子群言与夫西方学术，墨子由晦而稍显，时使然也。"

第二，墨子兼爱思想与近代价值相契合，切合时代主题。中国近代社会日益强烈地要求铲除封建专制，消灭宗法等级秩序，呼唤科学理性精神、自由民主、平等、博爱等近代价值观，而以兼爱为核心的墨家思想很自然地与这一历史要求相合拍。随着新文化运动的兴起，人们开始以西学为鉴反思儒学，近代西方价值开始传入中国，致使其与中国传统价值观产生冲突，并在冲突中寻找切合点和相通点，而墨子兼爱思想被曲解为具有近代特征的民主、平等、博爱，这也对墨子兼爱思想的复兴起到了推动作用。

自古中国人民的精神从未被征服过，在精神方面有着无比的优越感。但是，中国进入近代以来，随着西方文明的侵入，物质和精神两方面相较于西方物质与精神就显得比较匮乏，从物质到文化，使有着无比优越感的中国人第一次感到自卑，并由此开始探索近代化。在探索近代化的过程中，中国人也开始重新审视自己的传统文化，开始以西学为鉴反思儒学，重新挖掘传统文化精髓，诸子之学开始兴起，力图从中国传统文化中寻找能与西方近代精神相契合的精神。

如大同主义受西方乌托邦思想的启发，发展成了康有为的大同理想和孙中山的三民主义；孟子的民本思想与西方自由民主精神相契合，因而也得到了重视；近代社会变革的一个突出主题是救亡图存、强国富民，而有志之士也发现了墨子思想尤为凸显的独特魅力，墨家思想"兼爱交利""重力强""重民利"，自然容易切合时代主题，墨子的兼爱和尚同成了自由民主精神的原型，许多有识之士也开始摒弃儒学追随墨学，使墨子的思想特别是其兼爱思想得到了特别的重视，由此微澜复兴。

正是基于上述原因，近代墨子兼爱思想迎来了短暂复兴。社会变革需要深刻有力的理论和价值的支持与指导。近代中国民族危机之深重，社会变革之艰难，都来不及创立系统完备的新理论，只能诉诸现成理论，除了向西方学习外，便是向中国古代哲人学习。

第三节　墨家兼爱思想的现代意义

社会的发展不仅需要法律规章制度调整社会主体的行为，而且也需要社会公德指导社会主体内心的行为选择。社会公德是使人们行为产生的那一刻起就倾向公共利益，做到己人两利的一把尺子。墨子的"兼相爱"思想，要求社会各阶层互相施爱，希望用伦理道德的武器来消除社会矛盾，安定社会民生。

这种古代人道主义学说在墨子所处的战争纷起、弱肉强食的混乱时代，只能是他一厢情愿的空想。人类真正的"兼相爱"，不但在墨子时代是曲高和寡，而且在整个阶级社会也是不可能实现的。但是墨子作为劳动者的代言人，提出用"相爱"代替"不相爱"，用无差别的"兼爱"代替有差别的"仁爱"，进而实现"兼爱天下之人"美好愿望，体现的是合乎社会公德的普世关怀的价值观。从这个角度看，兼爱作为一种处理人与人之间相互关系的道德原则、一种良性健康社会的思想，在今天构建社会主义道德实践过程中，对强化社会公德，建立和谐的人际关系具有重要作用。

墨子兼爱思想是墨家思想的出发点和归宿，是墨子的治国理念，贯穿于墨家的全部学说，是墨家思想的精髓。墨子公开反对儒家的"仁爱"，并在此基础上针对当时的民有三患："饥者不得食""寒者不得衣""劳者不得息"的冷酷社会现状，开出了自己解决当时社会治乱的药方——兼爱思想。他的兼爱思想代表了小生产者、劳动人民的利益，是一种平民思想，具有朴素唯物主义的特征。由于墨子受自身所处时代的局限性，这在当时以血缘、宗法为基础的奴隶等级森严的社会中缺乏现实基础难以实行，他的兼爱思想也就不可避免会带有阶级性、空想性等局限性特征。但是，我们亦不应该因为其缺乏现实基础而否定这一思想的意义，他的兼爱思想毕竟也同样具有合理性和当代借鉴价值，不管是对于当时社会的发展还是对于我国当代社会的发展，都具有一定的影响力和现实启示意义。

正如恩斯特·卡西尔所说："历史上任何一个伟大的文化时期，并不是如同一些风蚀剥落的石块那样仅仅作为以往时光的见证，而是潜藏着巨大的能量，随时准备再次发挥具有世界性的影响力。"① 墨子兼爱思想在中国古代被禁锢，但绝不会禁锢于后代。中国出了一个墨子，值得我们骄傲，他的兼爱思想值得我们弘扬，我们应当将之发扬光大，使之成为全人类的共有财富。

一、兼爱思想对构建良性健康社会的启示

随着社会主义市场经济建设的进一步推进，中国的改革表现为多层次、多角度的社会转型，即政治上从农业社会向工业社会转型、社会上从乡村社会向城镇社会转型、思想上从人治社会向法治社会转型、经济上从计划经济体制向市场经济体制转型过程中出现了很多问题。经济竞争、地区差距、城乡差距、贫富差距等社会矛盾已逐渐显露；公共生活领域人与人之间的关系逐渐疏远、冷漠和复杂化；职业生活领域缺乏社会信用。这就是在提醒我们：随着社会的发展，人们之间因为利益而引发的矛盾已经非常突出。

就目前的中国来看，人与人之间真正缺少的应该是兼爱或博爱之情，并非缺少自爱和爱他之心。墨子的"兼爱"反映的是人类对自身同类的尊重和认同，也是人类理性的直接表现。它会对陷入困境中的同类表现出同情、怜悯、关怀和帮助，并能通过正当有效和文明的种种途径，化解和处理各种伦理关系危机和矛盾。墨子兼爱思想的宗旨就是要创造良好的社会环境，改善人们之间的关系，使人们相互扶持，实现各种社会关系的健康发展，为实现构建社会主义社会的民主法治、公平正义、诚信友爱、充满活力、安定有序、人与自然和谐相处创造条件。

首先，兼爱思想对促进社会健康美好良性的发展的启示，在于促进家庭生活领域人际关系的和谐。家庭是社会的基本细胞，家庭人际关系的美好和谐程度关系到社会的健康美好程度。兼爱思想对于调整当代家庭生活领域代际和同际人际关系具有很大的积极启示意义。长期以来，我国婚姻家庭人际关系的优

---

① 恩斯特·卡西尔. 人文科学的逻辑 [M]. 北京：中国人民大学出版社，2004：195.

势在于主要依靠道德进行调节。

然而，随着社会的发展，道德对婚姻家庭领域人际关系的调节遇到前所未有的困惑，在家庭生活领域，单纯依靠道德教化的力量已经难以遏止重婚、婚外情、家庭暴力、不赡养老人等破坏家庭人际关系和谐的不良现象的蔓延。因此，有必要把尊老爱幼、男女平等、彼此忠诚等处理家庭人际关系的道德规范法律化，从而加大婚姻伦理对人际关系的调整力度。一方面，夫妻应当互相忠实，互相尊重，家庭成员间应当敬老爱幼，互相帮助，维护平等、和睦、文明的家庭关系；另一方面，道德法律化要对破坏家庭人际关系和谐的行为做禁止性的规定。如禁止重婚、禁止有配偶者与他人同居、禁止家庭暴力、禁止家庭成员间的虐待和遗弃等。道德法律化使兼爱伦理价值渗入法律，将道德与法律有机结合起来，使其共同对婚姻家庭领域的人际关系进行调节，这必将有利于婚姻家庭领域人际关系和谐的实现。

其次，兼爱思想对促进职业生活领域的人际关系和谐的启示。职业生活领域的人际关系牵涉面广、影响大，对职业生活领域内人际交往的普遍道德原则，如公正、诚实、平等、尊重等。墨子所主张的"兼爱"不仅与"别相恶"相对立，而且更重要的是，"兼相爱"要与"交相利"相结合。市场化是现代化的前提，市场经济作为一种互利经济，"为了避免交易的不公平，双方应该平等、自由、自主地协商，自愿地交换，以达到公平互利，实现权利与义务的统一"①。

经济主体只有通过他人利益的实现才能实现自己的利益，而不能通过损害他人的利益来实现自己的利益。这也是墨子主张的"交相利"得以实现的基础和条件，也正是市场经济的这种互利性特征使得墨子兼爱思想有了可行性。所以，对于市场经济各职业主体、公共管理以及教育、医疗等职业生活重点领域的人际交往原则，要以兼爱为本旨，实现兼爱制度化，强化和规范相关行业的人际交往行为，促进塑造个人良好形象，促进相关职业生活领域的人际关系和谐。

最后，互助互爱促进公共生活领域人际关系会更加美好。社会公德是全体

① 柴艳萍. 论商品交换中的权利与义务［J］. 首都师范大学学报（社会科学版），2007：（5）：57.

公民在社会交往中应共同遵守的最简单、最低层次的道德规范，一个缺乏社会公德的社会不会有健康的人际交往氛围，一个不能遵守社会公德的个人也很难实现人际关系的良性发展。然而，提升社会公德不能仅仅停留在宣传、教育的层面。我国著名学者肖士英在《道德冷漠感和制度性关怀》一文中说："所谓道德冷漠感，指人们道德感麻木和冷漠的现象。它本质上是人们一种特定的畸变状态的道德心理和道德行为，在日常生活中，具体表现为人们怀疑、漠视道德行为等对道德的冷漠感情，以及拒斥、推卸道德义务等消极性道德态度和道德行为。""必吾先从事乎爱利人之亲，然后人报我以爱利吾亲也"。（《墨子·兼爱·下》）墨子认为，爱人应该"远施周遍"，不应该有亲疏厚薄之分。面对道德冷漠，我们应当将墨子兼爱思想更好地贯彻，发扬互助精神。为了避免道德说教，我们也应当逐步使一些基本的公共生活领域人际交往道德原则上升到法律的高度，奖惩并举，鼓励先进，弘扬正气，以此来敦促人们遵守公共道德，实现公共生活领域人际关系的良性发展。

总之，墨子的一生都将兼爱思想作为其追求的至高无上的理想道德境界，他的这一思想所表现出来的革命性和批判性是同时代的许多道德家所无法比拟的。墨子兼爱思想对于适应当代我国社会的健康发展，对于今天中国特色社会主义市场经济下调和人与人之间关系，对调和社会矛盾，缓解冲突，稳定社会秩序，构建和谐友爱的家庭，促进社会健康发展，都具有积极的借鉴和启示意义。

二、兼爱思想对构建良性理想国际伦理关系的启示

当今世界，和平、发展与合作是时代的主题。随着经济全球化的纵深发展，世界各国发展的主题均在向以经济建设为中心转移，但是局部战争、恐怖主义却依然存在，真正的和平从未到来，局部的战争从未间断，潜在的战乱威胁依然存在，国家之间的强弱贫富，确实依然清晰可见。墨子兼爱思想要求国与国之间要以平等互利、和平共处的方式进行交往，这对于当代国与国之间的交流、合作和促进世界的和平与发展亦有重要启示。

一方面，"兼相爱，交相利"，当代国与国之间应建立互利共赢的平等关系。当今世界两极格局已经终结，和平与发展已成为时代的主题。在这种大前提下，

任何一国如果只"爱自""利自"而不"爱他""利他"，损人利己、不择手段，最终会损害到自身的利益。世界各国只有"兼爱"——利己利他、互利合作才能实现共同繁荣。因此，当今世界仍然需要墨子兼爱思想倡导的"视人之国，若视其国""兼相爱，交相利"的精神，只有这样国家与国家之间才能在平等、互利的基础上进行交流和合作，促进世界的和平与发展。

另一方面，国与国之间冲突与矛盾的解决应体现兼爱非攻。墨子提出兼爱思想的直接原因是统治者为了满足无止境的贪欲，而把人民推向灾难深重的绝境。其最极端的手段是以侵略战争的形式进行大规模的掠夺，以牺牲人民或他国为代价，达到兼并他国特别是小国弱国的罪恶目的。墨子站在平民的立场上，为了维护人民与弱小国家的生存利益而奔走呼号，提出兼爱的思想，尤其是非攻的主张。非攻也是兼爱的应有之义，兼爱要求去除国与国之间的偏见，做到"兼相爱，交相利"，和平相处。墨子说，国与国之间应该兼爱，"以兼相爱，交相利之法易之"（《墨子·兼爱·中》）。对弱小的国家非但不对其侵略，而且要帮助其发展："小国城邦之不全也，必使修之；布粟乏绝则委之；币帛不足则供之。"（《兼爱·非攻·下》）要重备防患，坚决同霸权主义做斗争，维护国家主权与统一。墨子"备战安国"之道虽然已经历两千多年之久，但我们仍然可以从中获取教益。

对于今天的中国人民来说，要坚持独立自主的和平外交政策，同时也要更加继续发扬墨子兼爱思想，爱好和平，这是维护国家主权完整与统一，反对霸权主义，维护世界和平的必然要求。

总之，随着经济全球化的深入推进，和平、发展与合作成为当今世界的主题。那种攻伐别国的行为是最大的"不义"，使得自己的百姓蒙受战乱死伤之苦，更使得别国百姓饱受战争之苦。当代日本哲学家池田大作认为，"墨子的爱，比孔子的爱更为现代人所需要"①。当代英国著名历史学家、哲学家汤因比也认为，"把普遍的爱作为义务的墨子学说，对现代世界来说，更是恰当的主张，因为现代世界在技术上已经统一起来，但在感情方面还没有统一起来。只有普遍的爱，才是人类拯救自己的唯一希望"②。

---

① 秦彦士. 墨学的当代价值 [M]. 北京：中国书店出版社，1997：58.
② 秦彦士. 墨学的当代价值 [M]. 北京：中国书店出版社，1997：58.

　　墨子兼爱思想对于建立互利共赢的平等国家关系，解决国际矛盾和冲突具有重要启示意义。因此，当代人仍有必要从墨子"兼爱"的伦理观出发，勇于践行兼爱思想倡导的"视人之国，若视其国""强不执弱，众不劫寡，富不侮贫，贵不傲贱，诈不欺愚"的精神，"兼相爱，交相利"，以和平发展、共同进步为目的，互利互爱、互帮互助为宗旨，只有这样，国家与国家之间才能更好地进行交流和合作，促进当今人类社会更为稳定与团结发展，促进世界的和平与发展，为构建人类命运共同体做出新的更大的贡献。

第四章

西方语境下的博爱（philanthropy）

今天当我们论及西方语境下的博爱，主要是指具有广泛和普遍意义上的"博爱"，它所对应的英文是 philanthropy。西方博爱思想有两个来源：一是源于西方基督教文明的圣爱（宗教来源），一是源于法国大革命的"兄弟之爱"（政治来源）。

源于基督教文明所对应的英文词语是"圣爱"agape，源于法国大革命所对应的法语词语是"兄弟之爱"frater-nité。这两个词语在起源上虽有根本区别，但是随着历史的发展，他们之间不断地交融汇合。时至今日，这两个词语的含义，我们都可以用汉语的"博爱"和英文（philanthropy）来表示。

Philanthropy 是随着明末清初来华传教士宣扬基督伦理而在中国得以传播与阐释的。这个词语传到中国，要比法语（frater-nité）传到中国早很多。但是，英文 philanthropy 的含义要比法语 frater-nité 更为丰富。具有平等和博爱精神的 philanthropy，在中国的翻译可以说一波三折。

一是中西文化交流中来华传教士成为 philanthropy 首先的命名者，但他们出于传教的考虑，选择了中国人熟知的"仁爱""仁"等。为了尽可能与西语吻合，他们不惜改造中国传统术语内涵。虽然其中出现了"博爱"的译法，但不是主流，且随着第一次中西交流的中止而夭折。但 19 世纪来华传教士的译法一定程度上造成了晚清学界对 philanthropy 认识混乱不堪的局面。

二是日译"博爱"入华对 philanthropy 学名的定型产生重要影响。philanthropy 学名的近代定型过程其实是日译"博爱"与中国"仁爱"等较量的过程。由于日译"博爱"突出的平等精神，在众学名中脱颖而出。即使"仁爱"内涵重被改造，但其在中国传统中根深蒂固的形象，也使其不易被认同。

因此日译名"博爱"在晚清广受欢迎，最终影响了 philanthropy 在清末的厘定。

三是定型的"博爱"不是日译名的简单移植，而具有一定中学色彩。由于近代学人的知识背景和思想观念不同，导致清末民初以"博爱"对译 philanthropy 虽然定型，但具体含义在不同学者眼中略有差异。值得注意的是，康有为、蔡元培等人都以韩愈"博爱为仁"为基点来接受西方 philanthropy 之学。这样中国近代"博爱"具有一定中学色彩。它新旧杂糅，意域广阔，尚不完全等同于日译名，独具中国特色。

第一节　西方语境下博爱思想的来源

西方语境里表示爱的词语很多，主要有：love（这是西方英语世界表示爱的最常见最通用的词，加上限定词可以表示很多相关概念）；eros（希腊语：爱欲，性爱）；agape（基督之爱，神爱，圣爱）；philanthropy（博爱）；等等。我们今天所说的博爱，就是指 philanthropy。西方的博爱（philanthropy）有两个主要来源：一个是宗教根源；一个是政治根源。著者在吸收和借鉴前贤以及今人研究成果的基础上，对西方语境下博爱思想的来源进行了简要的论述。

一、宗教根源

基督教的创立，首先是由于罗马帝国的发展。1—2 世纪是罗马帝国的极盛时期，罗马奴隶主阶级用武力创造了一个横跨欧亚非大陆的帝国，其地域之辽阔，人口之众多，这是以前的希腊社会所不能比的。同时，统一的帝国为经济的发展提供了良好市场条件，手工业与商业有了相应的发展，经济上的发展与交流把很多地方联系得更紧密。尤其是首都罗马成了空前繁荣的城市，它让以前的雅典与斯巴达的城邦逊色了许多。

但是，在这个表面看起来统一、繁荣的罗马帝国内部却隐藏了许多问题。统治者内部的权力斗争和民族矛盾非常剧烈，统治者之间阴谋暗算，当朝的帝王有突然被推翻的可能。仅《启示录》记载的 68—69 年，政治上的不安定因素非常突出，篡权夺帝位的就有四五人。底层的民族起义也此起彼伏，犹太民族的起义在 1 世纪中几乎没有停止过。在这种民族矛盾、政治斗争的背景下，奴隶与奴隶主之间的阶级矛盾也与民族矛盾结合起来，日益剧烈。公元前 630 年，罗马帝国屠杀了 13000 名犹太人，攻占了耶路撒冷。公元 6 年，又正式吞并了犹太国。公元 66 年，巴勒斯坦犹太人为争取独立举行大起义，两年后在罗马大军的镇压下终于失败。在这期间，奴隶和处于中间地位的自由民、农民、被释放的奴隶等都处于水深火热之中，就连奴隶主的日子也不好过。处于下层社会中的人们在现实生活中找不到出路，只好在精神上寻求寄托。因此，当时纷乱复杂的社会状况给予了宗教产生、发展的温床，特别是给予了一种包纳各种民族、各个阶级阶层人民的宗教。

罗素曾把古希腊的历史分为三个时期：自由城邦时期，马其顿统治时期和罗马帝国时期，并认为第一个时期的特点是自由与混乱，第二个时期的特点是屈服与混乱，第三个时期的特点是屈服与秩序。这里的自由、混乱与秩序的特点，更多的是就当时社会的政治秩序而言。因为希腊人屈服于马其顿人之后，并没有获得和平与秩序，而是内战不断，然而希腊人和罗马人屈服于奥古斯都之后，罗马竟然获得了一时的政治上的稳定与秩序，而这正是希腊人和马其顿人曾经追求的。如果就社会伦理道德而言，这种概括并不那么准确。因为在罗马帝国统一的政治形势下，它的道德并不是井然有序，而是极其混乱的，乃至接近崩溃的边缘。希腊人以前信奉和遵守的许多道德纲目，在这个时期已经被人们遗忘。从首都到其他城市，到处都是享乐、浮华、奢侈、残忍的景象。

过去明智、勇敢、正义、节制等德性规范都失去了它们赖以成长和发扬光大的土壤。奴颜婢膝和拍马术、背信弃义和强暴代替了勇敢与正义，成为获得财富、权力和名望的手段。这个城市的居民可分成两部分：榨取外省的统治家族和作为食客寄生于这些吸血者的群众。城市被比喻为鼠疫期间的一片旷野，除了尸首和正在吞食它们的乌鸦，别的什么也没有。正是在这样一个政治上大一统的罗马帝国中，道德秩序却极度混乱和无序。一方面是上层社会的人们的浮华与奢侈，人们过着空虚、荒唐、血腥的公共生活；另一方面是社会最底层人的悲惨，他们身处残酷的压迫和巨大的苦难之中而无力反抗。这种社会环境与道德状况给基督教的产生与发展创造了适宜的土壤。

并不是所有人都甘愿在这种社会状况中堕落与消沉，总有那么一批人愿意替这个时代做严肃的沉思。他们就是被称为时代情感的一面镜子的哲学家。这种严格意义上的哲学研究者，不是沉溺于现实生活中的那些人，而是想努力摆脱那种生活却还是不能使自己脱离自己时代的人。不管他们出身于什么阶级，他们总能比同时代的其他人较早地意识到这个社会的不足，他们会用思考沉思帮人们寻找价值与意义。正是这些人的有价值的沉思给基督教后来的学说点亮了一盏灯。

犹太教是与古希腊哲学完全对立的，它没有采纳希腊哲学的思想材料。而基督教成为一种世界宗教的一个重要原因就是它顺应时势，与古希腊罗马的哲学进行了一定的结合。对基督教思想产生过重要影响的哲学派别有新毕达哥拉斯主义、新柏拉图主义、新斯多葛学派。它们从四大方面对基督教思想做出了贡献。第一，智者关于公民的讨论和毕达哥拉斯、苏格拉底、柏拉图对于好人的讨论成为基督教定位人的信仰的重要参数。第二，善的理念为基督教的上帝论提供了道德的形而上学蓝本。第三，毕达哥拉斯和新毕达哥拉斯派以及柏拉图的灵魂不灭与轮回思想，为基督教爱的理论和末世学奠定了理论基础。第四，斯多葛学派的世界主义为上帝面前人人平等拓清了道路。

斯多葛学派对基督教也有多方面的影响：其一，禁欲主义观点。斯多葛学派在理性与感性问题上，具有明显的禁欲主义特征，他们否认把感性快乐作为善或道德的标准。他们这一观点有一定合理性，但是他们也否认快乐是善的必要条件，并提出"美德在于知识"的口号，把诸如知识、理性看作是德性的充分必要条件。他们对肉体的快乐与善或道德对立起来，认为快乐只会腐蚀人们的灵魂。斯多葛派的爱比克泰德认为，对于有理性的人来说，肉体毫无价值。奥勒留说，要保持灵魂的高贵，就必须使它纯洁而不为情欲所污。其二，斯多葛派的泛爱主义观，为以后基督教的"忍耐""饶恕""赦免""不用武力"等思想提供了思想资源。泛爱主义思想可以从两方面来理解：一方面是从空间的意义上把整个世界都纳入爱的范围之中。用奥勒留的话讲，即人们不应该说"我是一个雅典人"或"我是罗马人"，那样的眼光太狭隘了，而应当说"我是一个宇宙公民"或"世界公民"，这才称得上眼光远大、胸怀辽阔。因为天下为一家，所以人类的每一成员都须为全人类、为全人类的每一分子着想，要互亲互爱。"人人彼此都是为了对方而存在"。另一方面从社会结构的意义上，它要求爱一切等级、一切阵营的人，甚至包括奴隶和敌人。他们认为，人都是神的儿子，部分有神性，即使奴隶和敌人也不例外，所以这些人虽然地位和身份不同，但仍然可以列入爱的范围。塞涅卡说"奴隶也是人。他们的天性和其他人相同，奴隶的灵魂中，同样具有自豪、荣誉、勇敢和高尚的品质"。所以，他们与自由民具有同等的人格，理应受到尊重和保护。而对敌人的爱是因为敌人也是神的儿子，与我们也应该是同一类，具有共同的人性。当敌人冒犯你的时候，你应该想到，他是由于外因如金钱、快乐、名声所迫才不得不这样做的，所以不应该恨他，而应该帮他解决这些困难，这样也就消除了他与你之间的矛盾。总之，古希腊哲学中的一些思想为基督教思想的产生做好了准备，基督教正是吸收了希腊哲学中的这些思想，才有了进一步的传播，并易于得到人们的认可。

基督教是从犹太教的一个分支中发展而来的，犹太教的一些思想对基督教思想的形成有很大的影响。基督教的原典《圣经·旧约》中就有许多犹太教的教义。比如，上帝创世说，摩西十戒，不可拜其他神，不可拜偶像，不可称神明耶和华，安息日不可工作，孝敬父母，不可杀人，不可奸淫，不可偷盗，不可作假证，不贪婪他人的妻子、财物。正如《罗马人书》中讲："爱人的就完全了律法，像那不可杀人，不可奸淫，不可偷盗，不可贪婪，或有别的诫命，都包在爱人如己这一句话之内了。"基督教的核心伦理原则是对犹太教的摩西十戒加以抽象概括而成的一个高层次的道德原则。这样看来，基督教思想的形成不仅受希腊哲学的影响，还有犹太教的思想渊源。因此，人们通常会认为基督教及其伦理思想是犹太教与希腊哲学混合改造的结果。正是在这层意义上，恩格斯称犹太教哲学家裴洛是基督教的父亲，而希腊哲学中斯多葛派哲学家塞涅卡是基督教的叔父。

基督教并不是从产生就对爱的认识达到了超越的高度，这种爱的认识也是一个逐步深入的过程。这与基督教在当时社会中的地位以及发展演变过程有密切的联系。在早期基督教时期，由于基督教处于被压迫、被排挤、被迫害、被歧视的状况中，所以从伦理角度看，其思想仍有明显的"复仇"痕迹。这在《旧约启示录》中可以感受到，虽然憎恨和复仇在《肋未纪》被禁止，但爱敌人的观念被公义与惩罚的观念所牵制。正如"同等报复律"，所言"以眼还眼，以牙还牙"。就连圣咏也展示了一种复仇的心态，而为敌人的悔改与皈依的祈祷也是寥寥无几。

这一点被看作是旧约伦理的局限所在。我们认为，这种圣爱的局限性和狭隘的集体意识是以色列极强集体意识的负面影响的结果。圣爱不能延及外邦人，也就不会达至国家的宿敌。圣爱在旧约中的局限性是因为"旧约"中的上帝基本上是犹太民族的上帝，而"新约"的上帝是全体人民的上帝。这就涉及新约与旧约的不同。旧约中上帝的保佑和惩罚与以色列民族的关系更为密切，因为他们认为以色列人民才是上帝的选民。上帝爱护他们，为他们制定法律，要求他们对他绝对忠实与崇敬。如果他们遵循上帝旨意，就会获得福祉，上帝会引导他们摆脱外族奴役和压迫，如果他们做出对上帝不敬的事情，便会受到惩罚，遭到外族屠杀、掠夺以及灭国和流亡。而新约中的民族概念淡泊了，它的拯救不是局限于某个民族，而是面向全体人，面向整个人类。每一个人，不论他属于什么民族、不论他居住在什么地方，只要他信仰上帝和广施善行，就会得到上帝的保佑。

二、政治根源

"博爱"是 18 世纪法国革命的三大口号（自由、平等、博爱）之一，是法文 frater-nité（英文 fraternity，德文 brüder-lichkeit）的中文译名。fraternité 源自拉丁文 fraternitas，词根为 frater，意为"兄弟"，故其本义为兄弟关系、兄弟情谊或如兄弟一般的友爱、亲睦。作为日常用语，fraternité 可泛指各类人们之间的如兄弟般的关系，例如欧洲中世纪天主教修士彼此以"兄弟"相称，他们的关系就被称为 fraternité。所以 fraternité 就被用作以兄弟情谊相标榜的宗教团体和其他社会团体的名称（如"兄弟会""小兄弟会""共济会"之类）。只是在 18 世纪的法国革命中，fraternité 才超乎日常语言的范畴，与 liberté（自由）和 egalité（平等）一起成为具有特定政治含义的三大革命口号。

Fraternité 作为法国革命的口号之一被介绍和翻译为中文词，是在 19 世纪末 20 世纪初的清朝末年，其时国内书刊上论及法国革命的文字有的译作"同胞"，例如上海作新社译著《万国史纲》说："在法国人民信仰者，曰自由、曰平等、曰同胞"（《万国史纲》，上海作新社，1902 年版，p218）。有的译作"兄弟"，如一位名为"侯声"的作者在一篇政论文章中说："法兰西之革命也，其主义之三大纲曰：平等、自由、兄弟"（《博爱主义》，载《南报》第 3 期）。有的译作"友爱"，如郑自强在《革命之剑》一文中说"西儒尝谓独立、自由、平等、友爱四者为革命之剑"（《革命之剑》，载《开智录》1900 年改良第 1 期）。有的译作"博爱"，例如康有为在《法国大革命记》中说："且夫彼革命之政论甚高，揭博爱以为名"（《法国大革命记》，《康有为政论集》，中华书局1981年版，p590）。又如，孙中山在《同盟会宣言》中反复谈到"自由、平等、博爱的思想""自由、平等、博爱之精神"（《同盟会宣言》，载《中国国民党文献选编》，中共中央党校科研办公室发行，1986年）。"博爱"一词，后来为国人通用，流行至今，成为法国革命口号Fra-ternité的定译。

就翻译而言，"友爱"或"博爱"这个译名较之"兄弟"或"同胞"更为确切。Frater-nité不是"兄弟""同胞"（此乃其词根frater之义），而是指兄弟间的（或如兄弟般的）关系、情谊、友爱。它所表示的这种友爱情谊的关系范围可大可小，小可仅指两人间亲如手足的情谊，大可囊括全世界全人类的爱，用中国成语说就是"四海之内皆兄弟也"。法国革命中高唱的Fraternité，也是在"人人是兄弟"这个极广泛的意义上讲，指的是法国人民和世界各国各民族人民之间的一种普遍的、博大的、如兄弟般亲密友爱的情谊。现在通译为"博爱"，是可以理解的，也是可行的。

人们常常只从伦理价值的角度理解和阐释法国革命的"博爱"口号，将其类比于中国儒家讲的"仁者爱人""博施济众"，墨家讲的"兼相爱、交相利"，乃至佛家讲的"普度众生"，基督教讲的"爱人如己"那样的人道主义的道德观念，而忽略了或忘记了此所谓"博爱"，并非仅仅是一条道德箴言或律令（尽管它也具有一种崇高的道德的意义），而是像自由和平等一样，乃是一个具有特定的深刻的社会政治内容和含义的革命口号。

翻阅一下法国革命的历史就会发现，博爱与自由、平等虽同为法国革命的口号，但其提出则晚于后二者。自由、平等作为反对波旁封建王朝专制统治和等级压迫的最强音，从革命伊始就以极鲜明的文字重笔写在1789年的第一个人权宣言和1791年的宪法上。博爱作为一个极重要的政治理念、政治诉求被提出，则要迟至1792—1793年，其时法国革命深入发展，已由当初建立的君主立宪政体转为共和制，即雅各宾派当政时期。

1792—1793年，"博爱"（Fraternité）之见于共和政权的重要文献者有：1792年11月19日，国民公会（法国革命共和制时期最高立法机关）向法兰西共和国军队在击退奥地利侵略后所及之处的各地人民发布的第一号宣传令，"国民公会以法兰西民族的名义宣布，它保证给予所有希望恢复其自由的人民以博爱和援助"。1792 年 12 月 15 日，国民公会发布第 2 号宣传令，要求法兰西共和国军向所到之处的人民宣布，将给他们"带来和平、援助、博爱、自由和平等"。此宣传令还附有致各地人民书，说"你们是兄弟和朋友""在权利上都是平等的""法兰西共和国的代表将与你们相商，以便确保你们的福祉和我们之间的博爱"。1793 年 1 月 23 日国民公会告法国人民书说："国民公会和法国人民现在唯一的心愿、唯一的情怀就是自由和公民的博爱。"（上引均见 Stewart，J. H 编《法国革命文件概览》，纽约麦克米伦公司，1963 年版，p381、382、384、392）

不过这一时期论及博爱的一份最重要的历史文献是雅各宾派领袖罗伯斯庇尔于 1793 年 4 月 26 日在国民公会讨论新宪法草案时发表的一篇演说。在罗伯斯庇尔的演说里，博爱是一个极重要的革命概念。如他所说，博爱是"各族人民反对专制君主的永久联盟的基础"（《罗伯斯庇尔选集》第 2 卷，巴黎社会出版社 1973 年版，p135），也就是说，博爱是法国人民进行的这场反封建革命的一个根本性的原则。不过，博爱与自由、平等不同，自由和平等是法国人民通过革命要争取的神圣的"权利""天赋"的人权，博爱则是一种"义务"或"使命"，是革命所赋予的一种神圣的"义务"或"使命"，其含义就是"把一切人和一切民族联合（unit，或译团结）起来"，当然在这种义务中也包含着一种权利，即一切人和一切民族"互相帮助的权利"（同上，p135）。

因此，博爱作为法国革命的一大政治原则和政治口号，其完整的含义可表述为：一切人和一切民族的联合与互助。罗伯斯庇尔在演说中还特就博爱之为兄弟关系、兄弟情谊的本义加以阐释说："一切国家的人都是兄弟，各个民族应当像同一国家的所有公民一样，尽其所能，彼此互助。"（同上，p136）反之，凡是背弃博爱的原则而进行民族压迫、民族侵略的行为，就是与全人类、与所有的民族为敌。罗伯斯庇尔说："任何压迫一个民族的人就表明他是一切民族的敌人"，"为了阻止自由的发展和消灭人权而对一个民族进行战争的那些人应当作为杀人犯和叛匪而不是寻常的敌人为全人类所追捕共击之"（同上）。罗伯斯庇尔的这几段话最终写进了他向国民公会提交的新宪法草案的《人权和公民权宣言》（同上，p140）。1793 年 6 月 24 日通过的《法兰西共和国宪法》关于"法兰西共和国与外国之关系"一项下面，正是根据上述这种博爱的精神写下了如下两个条款："法兰西人民是一切自由民族的朋友和天然伙伴""法兰西人民决不干涉其他国家的政府，但也不允许自己为其他国家所干涉。"（Stewart 编《法国革命文件概览》，纽约麦克米伦公司 1963 年版，p467）

罗伯斯庇尔的这些话以及前面所引法兰西政权谈及博爱的那些文告，清楚地告诉我们，在法国革命中博爱这个口号首先和主要是就法国人民和世界各国各民族人民的关系提出来的，是呼唤和激励法国人民和全世界人民以兄弟友爱般的情谊联合起来，团结互助，共同斗争的一个崇高的政治革命原则。这就是作为法国革命口号的博爱的原本含义。诚然，博爱确实具有一种普遍道德的意义和价值，那就是将人们个人之间兄弟友爱的道德情谊提高、扩大或升华为一种涵盖了一切国家、一切民族人民之间关系的具有普遍意义和普遍价值的原则。用马克思的话说，是"使私人关系间应该遵循的那种简单的道德和正义的准则成为各民族之间的关系中的至高无上的准则"（《国际工人协会成立宣言》，《马克思恩格斯选集》第二卷，人民出版社，1966 年版，p244）。马克思是在讲"各国工人间应当存在的兄弟团结"时说这番话的。"兄弟团结"的德文原文为"Band der Brüderlichkeit"，更确切的翻译应为"兄弟友爱的联系"，也可译为"博爱的联系"，因为 Brüderlichkeit 即法文之 fra-ternité，即博爱）。博爱之所以是一个既具政治号召力又携道德感召力的伟大的革命原则和革命口号，就在于此。

第二节　西方语境下博爱思想的内涵

在西方，"博爱"思想与基督教圣爱思想有着十分密切的联系，基督教圣爱思想和法国大革命的三大口号之一是西方"博爱"思想的主要来源。"博爱"，即广泛地去爱一切人与生命。在吸收和借鉴前贤以及今人研究成果的基础上，我们对于西方语境下博爱思想所特有的内涵，可以从四个维度去认识，即西方人所最为青睐的：自由之爱、科学之爱、基督之爱和情欲之爱。这些内涵都是西方"博爱"思想所特有的基因，也是西方语境下"博爱"思想所具有的特性。

一、自由之爱

西方人酷爱自由，我们可以在匈牙利著名诗人裴多菲的那首诗中了解西方人对自由的珍爱：生命诚可贵，爱情价更高。若为自由故，两者皆可抛。所以，在西方人的心中，自由高于一切。这可以说是西方博爱思想最重要的内容，也是西方人最高的价值观念。西方从柏拉图开始一直到近代的德国古典哲学这一段历史时期，不同的哲学家从不同的视阈来探讨何谓自由以及怎样实现自由等问题。

在人类历史上，自由就像斯芬克斯之谜一样，透射着一股神秘的力量，古往今来一直是人类孜孜以求的崇高理想。古希腊哲学家柏拉图从人性的角度探索社会自由建构的基础，根据人具有的不同品德组建等级分明的理想社会，即社会自由意味着社会分化与认同。近代哲学基本上在社会契约论基础上追寻社会自由。

孟德斯鸠把自由界分为民事自由、政治自由和哲学自由。他主张个人自由，认为自由本身不能转让，并据此反对古代和中世纪思想家的战俘奴隶论或天生奴隶论；他主张财产自由，认为民法使人类获得财产，政治法使人类获得公民自由；他论述了信仰自由，认为如果有人侵犯神明，只要没有什么公开的行为，就不算犯罪；他主张思想自由和言论自由，认为言论并不构成"罪体"，法律的责任只是惩罚外部的行为；他还主张出版自由，认为只有在不同的政体之下才会对讽刺文字持不同的做法。但他没有赋予自由以新的价值和意义，却以现实关怀为尺度，具体限定了政治自由的范围，使政治自由从价值追问走向了现实诉求，政治自由第一次奠定在制度安排和法治的基础之上。

卢梭认为现实社会是不自由的。这源于人类进入社会和国家的同时也丧失了平等，要平等就必须使人与人之间的依赖尽可能减少，人们通过社会契约建立国家的原意就是放弃自己全部的天然自由以获取全部的社会自由和道德自由，使人与人之间的依赖关系转化为对一个共同体的依赖。然而，人们没有做到这一点，人们沦落为奴隶，原因是强权者把暴力转化为权力，把服从转化为义务，也就是用合法性的幌子遮蔽了不平等和不自由，而实际上这种主权是不符合公意的。在现实中，要实现人的真正自由，就必须以特定的方式教育人，实现人的模式的转变。从形式上看，卢梭强调的自由带有整体主义的色彩，但是卢梭从方法论上却是个人主义的，自由是建立在每个人深思熟虑和自由选择的基础之上的，尽管卢梭所倡导的自由在现实中可能无法实现，但是他的用意在于给人们提供一种自由的规范性价值，即人们应当去努力接近或达到的标准。从某种程度上说，卢梭所谈的自由带有消极自由和积极自由的双重内蕴，无论是消极自由还是积极自由，都应当是适合自己发展的自由，人们不能自虐自残，皮肤毛发，受之父母，珍爱生命是每个人都应当享受的自由，任何人都不能利用自由为旗号做出伤害自己和他人的行为。

托克维尔崇尚自由、热爱自由，全力以赴保护自由。他认为在民主国家，理想的境地是自由与平等的相辅相成、和谐统一。他看到，一方面，法国大革命以后自由已不再是少数贵族所享有的特权，自由进入人们的观念、习惯和法律；但另一方面，民众的盲目行为也会破坏自由，构成对自由的巨大威胁。他希望建立一个强有力的代议制政府以制止"多数人的暴政"；同时他认识到国家权力是一种危险的东西，应该以法律将暴政的危险减小到最低限度。他的自由观更多的是借鉴美国的民主制度，他认为美国的民主制度是最好的制度，它体现了社会自由，并以此分析法国大革命以来民主建构中的缺陷，倡导通过广泛的公民结社和公民参与，使平等与自由结合起来，以平等的自由对抗平等的暴政（多数人的暴政）。①

与法国的社会自由观不同，英国古典自由主义关注的重心从政治自由转向社会经济领域的自由，自由主义是以强调个人自由为核心的政治思潮。19 世纪，资产阶级推翻封建专制制度建立资本主义宪法，规定政治制度的政治任务已经基本完成，而且将这一政治框架内的社会经济领域的改革提上日程。因此，自由主义关注的焦点也逐渐转向社会经济领域的自由问题上。这时期的自由主义者主要以功利主义为理论基础，一方面，对限制自由贸易和自由经营的政府政策进行批评，对威胁个人自由的传统习俗、公众舆论及所谓"多数的暴政"表示忧虑；另一方面，对自由的好处进行论证，把自由看作个人幸福和社会进步的首要因素。

---

① 祖国华，许崇刚. 西方社会"社会自由观"的审视与生成 [J] . 社会科学战线，2013
(8) ：17.

　　柏克主要探讨了自由与传统、自由与秩序等之间的问题。他崇尚的并非抽象的自由权利，而是一种"高贵的自由"。自由实现最重要的条件是个人必须具备一种审慎的德行，可见，柏克的自由思想是建筑在传统自由思想之上的，而且他更重视自由和社会秩序的内在关系。

　　穆勒政治思想的核心是维护和实现个人自由，对个人自由的系统论证对推动自由主义的发展和传播起了重要作用。穆勒所谓的个人自由也称为公民自由和社会自由。也就是说，他已从个人和社会的关系中讲述自由，而不像自然法学派那样，把自由看作不依赖于社会或独立于社会之外的天赋权利。他认为，人总是要生活在社会之中的，因此人需要服从某种权力以维持社会的存在和福利。但是每个人的自由又是社会发展的条件和动力，所以合理划分个人与社会之间的权力界限即群己权界，是至关重要的；人还应该有按照自己的意见去行动、去生活的自由，所以保障个人自由是非常必要的。他重点论证了思想言论自由的必要性、人性自由的意义以及反对政府干涉的理由等问题。

　　格林以"对传统的尊崇"和"对自由的保守"而著称于世。他强调个人的自由和国家的自由是一致的。有人说他的自由主义国家观类似于黑格尔的保守主义自由观，因为他从理想主义视角出发阐释了国家怎样保护个人自由、个人的自由和国家自由的一致性问题等。

　　在此意义上，西方新自由主义者霍布豪斯将其视为是一个保守主义的自由观。争论的焦点是国家和个人两者之间的关系，如果说国家代表着一种"公共意志"，那么这两者之间的关系就转变为个人意志和公共意志的关系，两者之间的关系是一致的，并认为这是一个真实的意志，或者称为一个自由的意志。在此基础上，他力图把个人自由同社会共同善结合起来，以实现自由和民主的有机融合。

　　现代的新自由主义的产生源于西方社会经济发展的需求，当完全的市场竞争造成诸如社会财富的浪费、两极分化等问题时，这就要求政府改变以往无作为的状况，要求政府采取适当的措施以控制整个社会的协调发展，即国家的宏观调控问题，力图调节人们收入的差距，得到结果平等。

　　哈耶克根据"天赋人权说"，透视当代人类自由问题，形成独创性的自由理论。他从个人主义出发，强调维护人的权利和自由，此自由包括政治、思想、经济等方面的自由，而且他认为经济自由是其他一切自由的基础。要想实现经济自由就得依靠市场经济，形成一个良好的市场经济秩序，他称此秩序为能保证人自由的"自然秩序"，是一种最符合人性的经济制度。

伯林的自由主义是以其价值多元论和文化多元论为核心。他区分了两种自由的观念，即消极自由和积极自由。"消极自由"是一种无作为的自由，即免于他人干涉和强制的自由，"积极自由"则是一种有作为的自由，不论哪种自由都要求人们在恰当的时期、场所等条件下有所为有所不为。"消极自由"的概念，仅仅涉及人与人之间的关系；然而，"积极自由"的概念则包含了相当多的内容，积极的自由强调个人意志的自由伸张，尤其是要打破以传统为核心的社会"枷锁"的束缚，旨在使人类的心免于无知。他认为个人的自由以认识全部的必然和他人的自由为条件，否则它也就不能而且也不配享受自由。伯林反对建立在价值一元论基础上的"积极自由"。

罗尔斯汲取了伯林自由主义传统思想，阐释了"自由"这一概念在社会生活中突出重要的地位。首先，罗尔斯从消极的意义上界定了"自由"概念，即它是免以强制而能自由地做什么，当然，这种自由有一个不受强制前提下的自我做主行动，因此，自由就是一种权利。这种权利源于罗尔斯的无知之幕的假设，在此背景下，人首先是一个自主选择的自由主体，此自由主体是建筑在"社会机会均等"的前提之下，在此自由下，人还能通过多种途径获得经济上的自由，经济自由是建筑在"差等"基础上的自由。从契约论而言，自由既是人的一种平等的天赋权，也是人的一种义务。从罗尔斯的整个价值追求而言，他的自由也是一种平等，这种平等体现在两个方面：一是政治权利的平等，二是追求实际财产占有上的平等。

二、科学之爱

谁也不能否认，科学是一种文化过程，具有浓厚的文化色彩。因此，作为一种文化现象，科学同其他文化现象一样，也表现出强烈的民族性，事实也清楚地说明了这一点。这意味着，文化基因是决定科学诞生和发展的最终决定因素。

不言而喻，西方科学几乎是唯一存留到今天的科学形态，取得了深刻影响人类社会生活的卓越成就，并展现了发展的远景。那么，为什么西方科学几乎是唯一存留到今天，并成为世界上所有民族和国家都努力学习的科学形态呢？而且为什么从总体上看非西方国家在科学（当然指西方科学）方面都远远落后于西方国家呢？这无疑是由于西方科学携带了西方文化的全套基因，这种文化基因的特殊性不仅使西方科学能发挥出特殊的社会功能，变成一种改变世界面貌的强大物质力量，而且这种文化基因本身也是促进其科学持续发展的内在动力或根本动力。

这说明，非西方国家之所以在科学方面全面落后于西方国家，都是由于文化基因的不吻合、不协调所致。换句话说，我们要想对症下药地采取措施，把科学真正搞上去，首先就必须彻底弄清楚促进其持续发展的内在动力或根本动力——文化基因究竟是什么，其他诸如经济、政治、教育、体制等方面的外在因素对科学发展的影响都是次要的、非本质的，因为实际上这些原因严格地讲并不是原因，它们本身也是文化基因的结果。文化基因决定了社会的一切方面。

（一）为了求知和摆脱愚昧而不是为实用目的，热衷于探索自然界的奥秘

翻开西方哲学史或科学史人们会发现，古希腊的哲学家几乎全是自然哲学，泰勒斯、毕达哥拉斯、恩培多克勒、德谟克利特、亚里士多德等就是其代表。古希腊人之所以热衷于探索自然界的奥秘，把认识自然界看作是人类最有意义、最有价值的学术活动，是由他们的价值取向决定的。

正如亚里士多德所说："他们探索哲理只是为摆脱愚蠢，显然，他们是为了求知而从事学术，并无任何实用目的。"① 在他看来，"求知是人类的本性"。②因而人们为了摆脱对自然现象，尤其是对像地震、洪灾、生病、火山爆发、日月星辰、纷繁复杂的物质形态这些常见的和灾难性的自然现象的无知，就必须研究自然界，对各种自然现象进行试探性解释。很显然，这些研究成果就是古希腊繁荣的自然哲学理论。正是由于古希腊人特别重视研究自然界，因而自然哲学或科学就成了整个希腊文化的主向度。

从西方文化的发展历史看，"西方文化起源于古希腊的文化。希腊文化起源

---

① 雅默. 量子力学的哲学［M］. 秦克诚，译. 北京：商务印书馆，1989：296-297.
② A Einsrein, B Podolsky, N Rosen. Phys. Rev［A］//J A Wheeler, W H Zurek. Quantum Theory and Measurement［C］. 1935, 47：777.

于米利都学派的自然哲学。这种哲学同时也是科学。所以说，希腊文化起源于科学"。① 古希腊人的这种仅仅为了"求知"，为了"脱出愚蠢"而从事自由学术研究，并不赋予其任何实用目的的价值取向为整个西方文化所继承。科学史上，法拉第花了11年时间研究磁生电的方法，并最终得到电磁感应原理，他绝没有想到他的这一原理会成为后来改变整个世界面貌的电气技术的基础；麦克斯韦也绝不是为了今天的无线电通信技术才把法拉第的电磁学理论抽象化、数学化，并预言电磁波存在的；普朗克也绝不是为了今天的量子计算机、激光技术和超导技术才提出量子假说的；孟德尔、魏斯曼、摩尔根更不是为了今天的转基因技术才去研究生物的遗传现象的。事实上，西方科学的几乎所有重大成果的获得都与实用目的无关。当然，其中许多成果后来都变成了技术，有了实用价值，但那只是科学的"副产品"。

对此，科学史家丹皮尔有过一段发人深省的话："不幸，科学主要是为了发展经济的观念，传播到许多别的国家，科学研究的自由又遭到了危险。科学主要是追求纯粹知识的自由研究活动。如果实际利益随之而来，那是副产品，纵然它们是由于政府资助而获得的发现。如果自由的、纯粹的科学遭到忽略，应用科学迟早也会枯萎而死的。"② 从这里不难看出，我们大多数人把实践看作是推动科学前进的主要动力，把科学的目的看作是完全为了提高生产力和发展经济，实在是对西方科学的一个大误解。

（二）热衷于探索寻找自然现象背后的原因

"西方科学的本质在于它是对自然现象背后原因的猜测或揭示。"③ 而这种注重寻找自然现象背后原因的传统正是古希腊理智的一个鲜明特征。留基伯首先"提出了因果原则——没有什么事情无缘无故而发生，一切事情的发生都有原因和必然性"。④ 在德谟克利特看来，他宁肯找到一个因果的说明，也不愿获得一个波斯王位。亚里士多德更把认识自然现象背后的原因看作是哲学探索的

① 郭贵春，贺天平. 量子测量的历史演变及其分析 ［J］. 山西大学学报，2002（5）.

② E Santos. The Search for Hidden Variables in Quantum Mechanics ［A］//F Selleri. Quantum Mechanics VersusLocal Realism ［C］. New York：Plenum Press，1988：389.

③ E G Beltrmaetti，G Cassinelli. The Logic of Quantum Mechanics ［M］. Addison-wesley publishing company，173.

④ S P Gudder. Math. Phys ［J］. 1970（11）：431.

基本任务。他明确指出："认识是我们研究的目标；人们在掌握一样东西的为什么（即根本原因）之前，是不会认为自己认识了它的。"① "智慧就是有关某些原理与原因的知识。"② 所以，"我们必须求取原因的知识，因为我们只能在认明一事物的基本原因后，才能说知道了这事物。"③ 古希腊人的这种注重探寻自然现象背后原因以统一地解释某类现象的传统，经过文艺复兴后又进一步得到了发扬光大，并不断地推动科学的进步。

西方科学用光的微粒说和波动说解释光的直线传播、光的反射、折射、色散、干涉、衍射等现象；用引力假说解释苹果和抛物体为什么总落到地上，而不飞到天上去的现象；用电场和磁场假说解释电荷和磁体不相互接触也能相互作用的现象；用原子行星模型假说解释 α 粒子的大角散射现象；用能量子假说解释黑体辐射的紫外灾难现象；用相对论假说解释迈克尔逊-莫雷实验的零结果现象；诸如此类，不一而足。值得强调的是，用原因解释现象，不满足或甚至鄙视经验知识，既是西方科学的本质，也是西方科学的核心。西方科学之所以能变为强大的物质力量，即能变为电气技术、无线电通信技术、原子能技术、超导技术、转基因技术、宇航技术等，其根源就在于此。当然，这也是西方科学与其他科学形态的本质差异之所在。

（三）喜欢、擅长运用理性思维观察、分析和解决问题

我们已经知道，对自然现象背后原因的猜测或揭示才是西方科学的本质，那么接着的问题就是，如何才能卓有成效地揭示出隐藏在自然现象背后的原因呢？回答是通过理性思维。那么究竟什么是理性思维呢？理性思维的实质就在于"合逻辑地推理"。

最早提出运用人类的理性思维认识世界的人是赫拉克利特。他认为"逻各斯"（Logos）主宰支配着整个世界，逻各斯是永恒的，但人们不能凭感官认识或把握它。不过，逻各斯并非不可知，人们只要用心思索就可把握它。在赫拉克利特看来，逻各斯就是客观世界的规律。巴门尼德进一步发展了这种通过人

---

① 　J S Bell. Physics［J］. 1965（1）：195.

② 　苏汝铿. 量子力学［M］. 上海：复旦大学出版社，1997：627.

③ 　E Santos. The Search for Hidden Variables in Quantum Mechanics［A］//F Selleri. Quantum Mechanics Versus Local Realism［C］. New York：Plenum Press，1988：365.

的理性思维认识把握客观世界的思想，并把它推向极端。他认为，"凡不能设想的就都是不可能的，即令感官告诉我们它的确产生了"。① 这就意味着，人们在认识世界时，应宁可相信自己的思维，也决不能相信自己的眼睛、耳朵，因为"感官不能发现真理，只有思维才能发现真理。感官知觉是非实在的，是非存在；只有思维才是实在的，是真存在"。②

柏拉图以理性主义为基础建立了他的本体论学说，从而为科学认识确立了对象。亚里士多德对理性思维方法所做出的最杰出贡献就在于他制定了理性思维所必须遵循的规则——形式逻辑。在他看来，作为理性思维规则的形式逻辑是人类获得对客观世界的真知，即知事物之所以然的一个必不可少的"工具"。文艺复兴后，古希腊的理性思维传统在西方文化中，尤其在科学研究或科学认识中不仅得到了全面继承，而且被进一步发扬光大。从笛卡儿的"我思故我在"，莱布尼茨的单子论，康德的"先天综合判断"，直到20世纪的分析哲学、批判理性主义都充分说明了这一点。

从这里我们终于弄清楚了，牛顿之所以提出万有引力假说，是因为万有引力是对苹果总是掉到地上，不飞到天上去的一个合逻辑的解释；菲涅耳之所以提出光是横波的观点，是因为光是横波是对光的偏振现象的一个合逻辑的解释；普朗克之所以提出能量子假说，是因为能量子是对黑体辐射的紫外灾难现象的一个合逻辑的解释；爱因斯坦之所以提出光量子假说，是因为光量子是对光电效应现象的一个合逻辑的解释；等等。其实，西方科学的所有理论几乎都是理性思维的产物，都是对自然现象的合逻辑的解释。这就是我们绝大多数中国人怎么也搞不明白的康德的"人的理性为自然界立法"的真谛。

（四）追求思维的严谨性、明晰性和精确性，注重对概念的严格定义

既然理性思维的实质就是合逻辑地推理，那么如何才能尽可能地做到合逻辑地推理，以保证思维的严谨、明晰和精确呢？回答是首先必须对概念进行严格定义。因为内涵明确的概念是逻辑推理的前提，否则，如果概念含混不清，就谈不上逻辑推理。既然科学概念对人们进行严密地逻辑推理和精确地理解科

---

① E Santos. The Search for Hidden Variables in Quantum Mechanics ［A］//F Selleri. Quantum Mechanics Versus Local Realism ［C］. New York：Plenum Press，1988：374.

② 成素梅. 论科学实在 ［M］. 北京：新华出版社，1998：136.

学知识如此重要，那么对科学概念的严格定义当然就是必需的。

西方人注重对概念进行严格定义的传统肇始于苏格拉底，这与苏格拉底的"善辩"或通过问答方法求真知也许有直接关系。因为要想揭露对方的错误，必须从逻辑上进行分析和推理，而在问答中保持概念的明晰、前后一致是进行逻辑推理的首要条件。亚里士多德说得很清楚："有两样东西完全可以归功于苏格拉底，这就是归纳论证和一般定义。这两样东西都是科学的出发点。"①

苏格拉底最早的弟子欧几里得（不是数学家欧几里得）创立了麦加拉学派，该学派以好辩和重视对概念的严格定义著称。欧几里得的学生欧布里德留下了许多著名辩题，其中有"说谎者""谷堆""秃头"等。这些辩题所涉及的实际都是对概念如何严格定义的问题。尤其值得指出的是，亚里士多德对概念的定义做了深入研究，在逻辑学史上提出了第一个范畴分类表，列举了十大范畴。他指出："我们所有的概念都表示某种一般的事物，即一类特定事物的某种必然而经常具有的属性。"②

在这里我们也许又明白了，西方人之所以一定要对诸如力、动量、动能、加速度、刚体、化学元素、单质、氧化反应、还原反应、酸、盐、蛋白质、细胞、角、射线、质数等概念进行严格定义，决不用"只可意会，不可言传"的方法理解它们，是因为这是理性思维——合逻辑地推理的前提，同时也是西方文化的一个传统。

（五）相信世界是简单的、有序的、统一的，因而可以凭理性思维找到其中的规律

西方人关于世界是简单的、有序的思想滥觞于毕达哥拉斯学派的哲学。毕达哥拉斯学派主张"数"是万物的本原，世界上的一切都受"数"的支配，因为数是简单的、有序的，所以整个世界也是简单的、有序的。毕达哥拉斯学派的这一观点不仅影响了其后的柏拉图、亚里士多德等人的思想，而且也直接影响了文艺复兴后近代科学的诞生和整个发展过程。例如，像哥白尼、开普勒等人都是忠实的，甚至是狂热的毕达哥拉斯主义者。

---

① 北大哲学系外国哲学史教研室. 西方哲学原著选读 [M]. 北京：商务印书馆，1981：58.

② 策勒尔. 古希腊哲学史纲 [M]. 翁绍军，译. 济南：山东人民出版社，1992：185.

如果说毕达哥拉斯学派的思想在哲学方面使西方人树立了世界是简单的、有序的、统一的信念，那么基督教则在宗教信仰方面使西方人更加巩固了这一信念。既然世界是由上帝创造的，那么上帝肯定会按一定法则、一定目的来创造世界，而不会随心所欲地胡乱堆砌一个世界。因此，我们的宇宙必定是合规则的、合逻辑的，可以用数学语言进行描述。这就是西方人总喜欢用数学语言来描述自然知识的重要原因。

（六）具有强烈的怀疑和批判精神，喜欢标新立异，自创理论

众所周知，科学的发展需要创新，而创新需要怀疑和批判。没有怀疑和批判，就意味着科学生命的终结。西方科学之所以能持续向前发展，不断出现旧理论的淘汰和新理论的诞生，一个根本原因就是西方文化中渗透着强烈的怀疑和批判精神，人们喜欢标新立异，自创理论。①

西方文化中的怀疑和批判精神起源于公元前 3 世纪皮浪的怀疑主义。怀疑主义作为一种哲学流派在古希腊罗马时期持续了 500 多年时间，对古希腊罗马时期人们的思想产生了不可忽视的影响。皮浪认为，"没有一件事情可以固定下来当作教训，因此我们对任何一个命题都可以说出相反的命题来"。② 在他看来，"怀疑论体系的主要基本原则是每一个命题都有一个相等的命题与它对立这个原则，因为我们相信只要停止独断，我们就会得到这个结论"。③ 皮浪及其之后的怀疑主义思想不仅代表了希腊罗马时期的一种哲学思潮，同时也反映了这一时期学术界的实际情况。

当时的学术界确实几乎不存在任何权威，每一位哲学家除了相信自己外，不相信其他任何人，包括自己的老师。亚里士多德的"吾爱吾师，吾更爱真理"的名言不仅是他自己离开老师、独立门户的充分理由，而且也许是后来所有学生在学术上与老师分道扬镳的理由。从科学史看，怀疑和批判精神是推动科学进步的决定因素。试想，如果哥白尼对"地心说"深信不疑，他会创立"日心说"吗？如果达尔文对物种不变论深信不疑，他会创立生物进化论吗？如果爱

---

① 钱兆华. 西方科学的文化基因初探 [J]. 自然辩证法研究, 2003 (8): 55.

② 北大哲学系外国哲学史教研室. 西方哲学原著选读 [M]. 北京: 商务印书馆, 1981: 177.

③ 北大哲学系外国哲学史教研室. 西方哲学原著选读 [M]. 北京: 商务印书馆, 1981: 178.

因斯坦对绝对时空观深信不疑，他会创立相对论吗？所以说，科学上的怀疑、批判精神与创造精神是一对孪生兄弟：没有怀疑和批判就没有创造；没有创造，也不需要怀疑和批判。

（七）十分重视运用逻辑和实验方法对知识进行检验和论证

从逻辑上讲，如果科学是对自然现象背后原因的猜测，那么对这些猜测进行检验就是非常重要的。因为倘若没有确定的方法对猜测进行令人信服的检验，那么谁都可以胡说一通。然而，用什么确定的方法对猜测进行检验呢？

很显然，逻辑分析和经验对照是检验猜测是否正确的仅有的两种方法。只要稍懂自然科学的人都清楚，如果不借助逻辑和实验方法对科学进行检验和论证，科学实际上也就不存在了。翻开科学史人们不难发现，西方人一贯十分重视对知识的检验和论证。在他们看来，没有经过检验和论证的知识是不可靠的。

因此，他们把"猜想"和"定理"，"假说"和"理论"分得很清。哥德巴赫猜想之所以仍然叫"猜想"，是因为它还没有被逻辑最终证明，毕达哥拉斯定理、费马大定理、四色定理之所以叫定理，是因为它们已经被逻辑严格证明。而万有引力假说、量子假说、热的分子运动假说、光的波动假说之所以现在都叫理论，是因为它们已经被实验所确证。科学史上运用逻辑方法所揭示出的伽利略悖论、无穷小悖论、罗素悖论、麦克斯韦妖佯谬、薛定谔猫佯谬、光度佯谬、引力佯谬等就曾极大地推动了科学的发展。人类的有些知识，尤其是新知识是无法仅仅用逻辑方法来检验的，如何保证这些知识的确实为"真"呢？很显然，实验方法由于能获得定向的、纯粹的、系统的、精确的经验，因此能帮助人们严格地检验它们。实验方法的创立及其广泛运用无疑应归功于伽利略。

现在看来，运用逻辑和实验方法对所获得的知识进行严格检验和论证确实是西方人获得关于自然界"真知"的两大创举，这两大创举正是西方科学及其技术在几百年来远远走在世界前列的重要原因之一。

（八）具有一贯的"主客二分"传统

科学研究的对象是自然界，科学之所以成为可能，是因为它所研究的对象，即客体是客观存在的，是不以主体的主观意志为转移的，而西方人一贯强调"主客二分"的传统恰恰为科学准备了本体论基础。"主客二分"的思想最早产生于柏拉图哲学。柏拉图把客体的本体世界和主体对立地确立起来，并在此基础上建立了他的知识论。罗素在谈到柏拉图的知识论时，引述了他在《理想国》中的一段解释："正如巴门尼德所说，知识必须有一个对象，而对象必须是某种存在事物，否则便没有知识。"① 很显然，在这里柏拉图把人类的知识看成是对客观对象的一种认识。亚里士多德批判地继承了柏拉图的这一思想，并进一步提出了他自己的认识论。他说："因为感觉绝不只是感觉自身，而必有某些外于感觉者先感觉而存在；主动的总是先于被动的，这两个相关名词也可适用于感觉问题。"② 这说明亚里士多德把主体和客体看作是相互独立的存在。

这种"主客二分"传统贯穿于整个西方哲学史，它不仅导致了马克思主义哲学的基本观点——客体是不依赖于主体而独立存在的客观实在，事物的本质和规律不以人的主观意志为转移，还导致了科学实在论和不可知论，因为所有这些观点的基础必须是主体和客体，"我"与客观世界是独立存在的，甚至是对立的。从这里我们不难理解，为什么西方人要通过观察和实验的方法去认识自然，而不像中国人那样试图用冥思苦想的方法去"格"出事物的"理"或"道"来；为什么西方人没有中国人头脑中的那种天人合一，天人感应思想。

（九）重视个人自由和人与人之间的平等

经过声势浩大的文艺复兴运动的洗礼后，西方文化中又增添了所谓的自由、人权、民主、平等的思想，在这种思想基础上建构的社会政治体制谁也不能否认。近代以来，自由、人权、民主、平等思想逐渐成为西方人的一种根深蒂固的观念，成了西方文化的一块不可动摇的基石。无论是英国资产阶级革命、法国启蒙运动、法国大革命，还是美国独立革命，南北战争都直接与这些思想密切相关。

不言而喻，西方文化中的这种尊重人的自由权利，强调人与人之间的相互平等的思想极大地促进了学术研究的自由化、多样化和不同学术观点之间的平等争鸣。这种自由化、多元化和平等争鸣的风气对科学的"进化"（发展）无疑起到了"优胜劣汰，适者生存"的作用。实际上，不同学术观点之间的争鸣非常类似于商品的竞争或生物的生存竞争。大家可想而知，如果市场上某种商品只有一个品牌在销售，没有或不允许其他品牌与之竞争，那么该种商品的质

---

① 罗素. 西方的智慧 [M]. 崔权醴，译. 北京：文化艺术出版社，1997：113.
② 亚里士多德. 形而上学 [M]. 吴寿彭，译. 北京：商务印书馆，1959：77.

量肯定不会提高，价格也不会降低，更不会被淘汰。这当然是以人民的生活质量得不到提高为代价的。同样的道理，如果某一学科只允许或规定一种理论存在，那么这种理论也肯定不会得到发展，其代价当然就是该学科的停滞不前。然而大家不要忘记，不同学术观点之间的自由、平等的争鸣，或者说思想自由、言论自由和出版自由必须以人的自由、权利、平等为前提，而且必须获得法律制度上的保证，而这本身就是文化的一个重要方面。

（十）基督教适宜西方科学的生长

基督教与科学之间的关系应当说是非常复杂的，它们之间既有相互矛盾、相互对立的一面，又有相互协调、相互促进的一面，但从总体上看，基督教与科学之间的矛盾和对立是次要的，而相互协调和相互促进则是主要的。基督教对科学的促进作用主要表现在三个方面：第一，基督教鼓励信徒研究自然。既然宇宙是上帝创造的，因此研究自然就是研究上帝的创造物，而研究上帝的创造物是基督徒认识上帝的最主要途径之一，因为只有搞清楚自然界的奥秘，才能真正认识到上帝的伟大，才能从内心赞美上帝。这无疑给基督徒研究自然界提供了充分理由，并激励他们去这样做。这就是说，"人们必须研究上帝的创造物以便更好地理解上帝本身"。① 第二，基督教增强了基督徒探索自然界奥秘的信心。基督教不仅坚信宇宙是上帝创造的，还坚信全能的、理性的上帝是按一定法则、方式或原则来创造宇宙的，因此宇宙是一个有序的、有规律的、完美的整体。正如丹皮尔所说："他们关于神与世界是人可了解的假设，也使得西欧聪明才智之士产生了一种即使是不自觉的也是十分可贵的信心，即相信自然界是有规律的和一致的；没有这种信心，就不会有人去进行科学研究了。"事实上，西方人之所以热衷于把表面上看上去杂乱无章的自然现象整理成有条理的知识，热衷于用数学语言，用某某规律（定律）去描述这些自然知识，跟他们的这种信念是直接相关的。第三，教会学校为近代科学的诞生培养了奠基人。我们已经知道，基督教为了让信徒们更好地理解上帝，更直接地体会到上帝的伟大和无所不能，一直鼓励信徒研究自然。因此，在欧洲最早的大学里除讲授神学、拉丁语、艺术、逻辑等课程外，自然哲学（包括物理学、天文学、生物学、几何学等）也是其重要的必修课。而这些最早的大学清一色是教会所办。

---

① 杜布斯. 文艺复兴时期的人与自然 [M] . 杭州：浙江人民出版社，1988：175.

教会大学在培养了大量的神职人员的同时，也培养了大量的"自然科学工作者"，罗吉尔·培根、哥白尼、伽利略、达·芬奇、开普勒、布鲁诺就是其代表。现在看来，我们可以毫不夸张地说，没有早期教会所办的大学，就不可能培养出一大批近代科学的奠基人，因而就不可能有近代科学的诞生。

三、基督之爱

西方人博爱中所包含的基督之爱，也就是我们所说的"agape"。以前有人把 agape 译为"博爱"，这是不确切的。因为"博爱"在西方有更确切的单词"philanthropy"。西方社会是普遍信仰宗教的社会，在其特有的文化背景下，现在学术界更贴切地译法是把 agape 译为"圣爱"或"神爱"。相对来说，这个译法更为科学，区分度也更大。

四、情欲之爱

西方人博爱中的情欲之爱（希腊语 eros）有多种译法，主要有"性爱""情爱""爱欲"和"欲爱"等几种译法。过去学术界通常把 eros（希腊语 eros）译为"爱欲"，但这个译法放在这里不太贴切。因为 eros（希腊语 eros）是相对于基督教的圣爱（agape）而言，所以这里采用了更贴切的译法把 eros（希腊语 e-ros）译为"欲爱"，以与基督教的圣爱（agape）相对应。

总之，西方语境下的博爱思想，内容极为广泛，它的本义和中国的博爱有相同的地方，人他们的理想层面而言：都包含着对人类普遍而广博的爱，而且这种爱是平等的爱，是对万事万物的关心爱护。这层含义是中西博爱思想所秉持的共性，但它们也各有其特殊性。虽然西方语境下的博爱思想也讲广博和平等，但这并不意味着西方人的博爱没有主次轻重缓急之分。相反，西方人的博爱带有西方文化的特征。概言之，西方人最珍爱的就是自由之爱、科学之爱、圣爱和欲爱等几种主要的价值观。西方语境下博爱思想所展现的特殊性，体现出西方特有的文化价值观。

第三节 现代西方社会博爱观的理性认识

在当代西方社会，博爱被资产阶级一厢情愿地推崇为一种放之四海而皆准"普世价值"。自由、平等和博爱曾是近代西方资产阶级革命所追求的理想和目标。在21世纪的今日西方社会，资产阶级所倡导的博爱仍然是主导西方资本主义伦理的基本政治原则，同时它也是人们日常生活中奉行的基本道德准则。

然而，在全球化的当今世界，博爱这一西方社会所奉行的价值伦理原则，已经逐渐渗透到当今中国社会，并对人们的世界观和道德理念产生影响。有一些人认为，随着当今世界"和平和发展"的大环境的出现，博爱也应成为中国社会所奉行的价值准则，应该给予一定的肯定；他们不仅把博爱抽象化，夸大博爱的普适性和绝对性，而且把博爱看作是凌驾于社会主义核心价值之上的更高层次的价值准则。另一些人反对把博爱普世化，主张对西方的博爱价值观兼收并蓄。还有一些人坚决反对将西方的博爱价值观点输入到中国社会。

鉴于此种状况，我们认为，无论是对博爱的全盘接受、部分肯定，抑或全盘否定，都必须对西方的博爱思想及其价值观念给予必要的梳理、探讨和分析，只有这样，人们才能对博爱观进行正确的选择和鉴别。当前，一个现实的问题是，现代西方社会的博爱是不是一种"普世价值"？在吸收和借鉴前贤以及今人研究成果的基础上，我们认为，不能简单地停留在"博爱"这一思想理念的简单肯定和否定表面层次上，而应该首先了解博爱这一概念在近代西方社会的发展及其演变；然后在此基础上，考察一下它在西方社会历史中的功能及其实现形式；最后，我们将运用马克思历史唯物主义理论来对现代西方社会的博爱做一科学和理性的认识。

一、博爱的基本规定及其演变

博爱是西方社会基督教文化的精神原则之一，早在《圣经》中博爱思想就得到了阐述。基督教的博爱是基于对神的爱和对神的律令的敬畏而爱所有的人，包括爱自己的仇人。它集中蕴含在"摩西十戒"之中。"摩西十戒"可以归结为两种爱：一是爱主万有之上，二是爱人如爱己。这两种爱是互相统一的，为了爱人而爱主，为了爱主而爱人。这种超越个人、超越阶级的仇恨的爱，就是基督教戒律的核心，就是博爱的源头。

现代意义的博爱精神和原则是在法国资产阶级大革命时期提出和确立的。尽管在启蒙思想家的著作里包含了自由、平等、博爱的思想，但还没有构成一个完整的、三位一体的政治口号。1790 年 10 月 5 日，罗伯斯庇尔在立宪议会里关于国民自卫军组织的演说时第一次提出了自由、平等、博爱，他建议国民自卫军胸前要佩戴有自由、平等、博爱印记的字样，但是他的建议没有被采纳。1791 年所颁布的宪法也没有写上这个口号。1792 年 9 月 21 日，法兰西宣布成为共和国之时，国民公会才把博爱与共和国联系起来，才把博爱与自由、平等联系起来。罗兰认为共和国和博爱是同一个东西，他倡议在宣布共和国成立的同时宣布博爱。1848 年的法兰西共和国宪法规定"法兰西第二共和国以自由、平等、博爱为信条"，第一次正式在宪法条文中将"自由、平等、博爱"作为一个完整的政治口号加以确认。博爱作为法国资产阶级革命的价值原则随着资产阶级革命的发展和成功逐步成为西方资本主义社会的基本价值原则。

现代西方社会的博爱脱胎于基督教的圣爱，但又与之有所不同，它在原有含义的基础上增添了现时代的一些新内容。基督教的圣爱是基于神的意志去爱一切神的子民，因为按照基督教的教义，每个人无论职位高低，尊卑贵贱，众人在神的面前是一律平等的。爱人就是爱己。爱人的目的是自己得到拯救。基督教圣爱实质是社会下层的民众对平等的渴望。现代资本主义的博爱，隐去了基督教圣爱身上的神圣光环，继承了它的平等、互相尊重和友爱的精神。它是一种基于现代西方社会基本的平等自由的权益，超越党派纷争、超越阶级阶层的差别与冲突对人的无差别的爱。可以说，现代西方社会的博爱已经逐渐变成了一种价值观念，在根本性质上是一种社会情感或美好的希望。它有如下基本特征：首先，它是一种超越社会等级和差别的爱，是对人的一种赞赏和热爱的情感。博爱超越阶级和阶层、超越民族和各种派别之间的鸿沟和对立，摆脱了血缘、地域等狭隘关系的束缚，是不加区分的、一视同仁的爱。其次，它的基础，也是其核心内容，就是对资本主义社会个人的自由、平等、人权和民主的尊重和对人抽象的价值与尊严的珍爱。博爱不等同于自由、平等、人权和民主，但是又不脱离这些原则。资本主义的自由、平等、人权、民主与博爱是不能分割的统一的价值整体，博爱以资本主义个人的自由、平等、民主和人权为前提和实现的途径。资本主义个人的自由、平等、人权与民主以博爱作为约束条件。再次，博爱是一种帮助他人，尤其是帮助弱者的一种义务和美德，它要求人们互助互爱。最后，博爱强调人与人之间、不同的阶级与阶级之间的合作与共享原则。

二、西方社会历史中博爱的功能及其实现形式

要明确现代西方社会的博爱的真实的内容，不能仅仅从抽象的一般内涵上界定它，还必须通过考察它在现代西方社会所表现出来的各种具体形式及其发生的实际作用，才能了解博爱的实质和真相。由于现代西方社会垄断了文化话语，博爱在现代西方社会及整个现代社会发展中的作用被夸大了，具体表现如下。

其一，现代博爱被推崇为现代西方社会的伦理精神、道德总纲和神圣的情感。有一种观点认为，在现代基督教文化体系的伦理规范中，各种道德规范最终都可以归结为基督教的基本戒律；而基督教戒律的核心就是西方博爱思想的主要来源，因而博爱就是现代西方社会的道德总纲和伦理精神（尽管他们中的有识之士已发出"上帝死了"和"人死了"的怒吼）。这里，博爱被作为道德总纲，被认为是制衡实用主义、市侩主义和功利主义的社会平衡机制，从而弥补现代市场经济的弊端，给现代市场经济这列狂奔的火车安装上刹车系统，保护它平稳运行。

其二，现代博爱被夸大为一种社会责任和正义原则。在这一点上，某些西方学者起到了推波助澜的作用。如当代美国政治学家罗尔斯在他提出的著名的正义原则中就认为，正义原则的核心和实质是分配正义。正义原则有两条：第一条，平等自由原则；第二条，不平等安排原则，包括差别原则和机会公平平等原则。罗尔斯认为正义原则蕴含了博爱精神。他说："差别原则的另一优点是，它为博爱原则提供了解释。"罗尔斯讲："许多人觉得，博爱在政治事务中没有任何适当位置的。但是，如果把博爱看作体现了差别原则的要求，那么它就不是一种行不通的观念。我们最有把握认为是正义的体制和政策似乎符合博爱的要求……根据这种解释，博爱原则是一种切实可行的标准。一旦我们接受

了这个标准，我们就能够把自由、平等、博爱的传统观念用下述方式和从民主角度对正义的两个原则所做的解释联系起来：自由符合第一个原则，平等符合第一个原则中的平等观念和公平的机会均等概念，而博爱则符合差别原则。"

从罗尔斯的观点看，博爱在西方现代社会不仅实际上是可行的，而且理论上也是有其基础的。博爱精神与他的正义原则的要求是一致的。现代西方社会的博爱原则不仅仅是怜悯和照顾社会弱者，在每个人有利基础上满足收益最少者最大利益或使收益最小者利益最大化，而且更重要的内涵是对个人或阶级的平等的自由权力的尊重和维护。正义原则体现了现代西方社会博爱精神的内在要求，因而正义原则也就是博爱原则。罗尔斯还确定了博爱作为一种正义的标准在政治事务中的地位，他把博爱当作社会基本结构设计和改革的重要原则。他说："我们就为博爱观在从民主角度对两个原则所做的解释中找到了一个位置，同时我们认为，它也对社会基本结构提出了一种明确的要求。"① 博爱精神是正义原则的哲学基础，而正义原则是现代社会治理的价值基础，这样，博爱精神在罗尔斯那里就构成了现代社会制度设计和治理的价值基础。当然，罗尔斯基于自由的正义与博爱的论述，其实是他的一厢情愿的理论愿望。他的观点一经提出，就遭到诸多的批评和反对。

其三，现代博爱还被认为是现代西方社会福利保障制度的价值基础。也就是说，博爱原则与具体的制度实施在 20 世纪的西方社会开始关联起来。如"二战"以后，西方发达国家的社会福利制度有了较大发展，它们纷纷宣布建立了高福利国家，发展中国家纷纷群起而效之。社会福利保障制度的发展成为一种现代潮流，席卷全世界。西方发达国家的政府和学者宣称，博爱是福利国家理论和政策的价值基础，全民福利制度体现了国家至善或正义原则，弘扬了人道主义精神，落实了人民主权，落实了真正的博爱。从 20 世纪 30 年代开始，"罗斯福新政"就提出人民应当拥有"四大自由"和"八项权利"。西方的政府和学者认为，正是这些关于人民自由权力的规定奠定了社会福利保障制度的坚实基础，是社会福利保障制度的宣言，也是现代西方社会博爱的宣言。西方社会的这种观念影响深远，不少人跟着认为，各种福利政策模式类型划分的角度虽不同，"归根结底都是为了探求国家予以公民的'社会公平'程度和借以达到普

---

① 罗尔斯.正义论［M］.谢延光，译，上海：上海译文出版社，1991：116-117.

遍福利的途径"。①

最后，博爱在现代西方社会已经被夸大和抬高为一种"普世价值"。现代西方社会长期以"自由、平等和博爱"自诩，自认为站在道德的制高点上，将"自由、平等和博爱"包装为永恒不变的"普世价值"，并向全世界推销其价值观念和文化霸权。一些落后国家和地区的人或因为不明真相，或因为其他原因，也跟随西方舆论的指挥棒鼓吹博爱等所谓的"普世价值"。还有人讲："纵观自由、平等、博爱的思想产生、发展的历史就可以清楚地看出，它实际上属于全世界进步人类，至今仍有着进步的意义。"②

综上所述，可以看出，现代西方社会的博爱不仅具有其自身的理论规定，而且已经逐步转化为社会制度和政策层面的规则或规范。博爱原则及其相应的社会实现方式在一定程度上缓和了资本主义社会尖锐的劳资矛盾和社会矛盾。但是博爱作为现代西方社会重要的原则和价值观念之一，只是影响现代西方社会变化的次要因素之一。将现代西方社会的博爱吹捧为"普世价值"，显然把博爱看成了现代西方社会发展的核心价值基础和根本发展动力。这种观点过于夸大了博爱的作用，也是对西方博爱思想的粉饰美化。

三、对资产阶级博爱的理性认识

尽管博爱在西方现代资本主义的发展过程中取得了积极成效，但是它能否解决西方现代资本主义的痼疾以及能否适用于资本主义之后的社会形态是一个巨大的问号。无论从博爱价值实现的内在逻辑还是从博爱作用发挥的实际历史来看，现代西方社会博爱都依然具有很大的局限性。其局限性根源就在于博爱精神与社会现实的冲突。

首先，博爱的作用不可能超越整个基督教的影响。要确定博爱在现代西方社会发展中究竟发挥了多大作用，有必要将博爱与整个基督教的作用联系起来分析。博爱，归根到底是基督教的核心价值观念和宗教情感，它的作用是基督教对现代西方社会影响的表现之一，不可能大于整个基督教的作用，不可能大

① 吴娆. 试析美国社会福利政策模式［J］. 江淮论坛，2003（3）.
② 刘书林."自由、平等、博爱"的旗帜属于全世界进步人类［J］. 中国青年政治学院学报，1989（3）.

于上帝的权威。那么，基督教在西方社会的影响究竟有多大呢？自从尼采把上帝掀翻在尘埃中以后，基督教在西方日益世俗化、实用化和虚无化。信仰虔诚的人数不断减少，即使真正信仰基督的人也不是主要按照基督的教诲行动，更多的只是寄托一种虚幻的期望而已。马克思指出："宗教里的苦难既是现实的苦难的表现，又是对这种现实的苦难的抗议。宗教是被压迫生灵的叹息，是无情世界的心境，正像它是无精神活力的制度的精神一样。宗教是人民的鸦片。"①博爱的作用与整个基督教的作用一样，多半只是对苦难的抗议和叹息，在私有制和资本法则的面前，博爱显得是多么虚弱和微不足道。

其次，博爱也无法改变资本家与工人之间的不平等的剥削关系，自然也难以消除无产阶级的贫困化这一社会现实。由于博爱并不触及资本主义的生产关系，因此，作为生产关系实质的权益分配关系也不可能有根本变化，它依然是资本家剥削工人阶级创造的剩余价值的关系。当然，随着现代科技的发展和经济结构的变化，现代资本主义的具体剥削方式发生了变化，如股份制形式的出现，特别是全球性跨国公司的出现，等等。但这并不意味着剥削程度的减轻，而仅仅是变换了形式而已。例如，"1997年至今，控制西班牙零售业90%的西班牙百货集团税前收入已经翻了两番，2001年其属下一家物资分公司就依靠其全球化生产方式为总公司创造了12亿的收入。这家分公司在墨西哥设有11家中、小服装厂为西班牙百货集团和西班牙的销售商供应产品。在这些工厂里有6500名女工，三年之中工厂支付给女工的工资每年减少30%，令人吃惊的是她们中间许多人没有签订合同，有些签的竟然是三个月的合同，在此期间她们毫无权利和保障可言。工作紧张时期女工们必须加班加点，每天工作十二三小时甚至16小时，而且通常拿不到相应比例的工资，相关的医疗状况则更加恶劣，许多女工长期忍受胃痛、呼吸不畅和由于工作时间不准去卫生间而引发的肾病痛苦。"②

今天，表面看起来，资本家对工人多了一点温情，让渡给了职工极少数公司的股份，但是透过表面现象，我们悲哀地看到，资本家剥削的程度不但没有减轻，反而更加严重了。统计材料表明："有时，色彩艳丽的表象会使人产生美

①　马克思恩格斯选集：第1卷［M］．北京：人民出版社，1995：2.
②　王璇．妇女在全球经济合作中面临剥削加重［J］．国外理论动态，2004（5）．

好的幻觉，但是，表象并不等于实质，这是历史的忠告。当我们撩开蒙在劳资
关系上的七彩霓裳，就会看见资本那改变不了的本性。一个世纪前，当资本家
手里拿着皮鞭，凶神恶煞地对工人敲骨吸髓的时候，资本主义的剩余价值率大
约是100%，而今天，在老板向工人祝贺节日、送生日礼物、塞小红包的温馨氛
围中，主要资本主义国家的剩余价值率却达到了300%~400%，美国电子工业部
门已经达到500%。美国一个普通公司老板和一个工人收入之差，1960年老板是
工人的41倍，1988年已经上升到93倍。"① 由于博爱既不能抑制资本的残酷剥
削，也不能改变西方社会的阶级对抗关系，所以它无力改变现代西方社会相互
敌对的阶级情感。阶级情感是现实权益关系的反映，没有根本利益一致的权益，
就不可能形成相互友爱的阶级情感。毛泽东指出："世上绝没有无缘无故的爱，
也没有无缘无故的恨。至于所谓'人类之爱'，自从人类分化成为阶级以后，就
没有过这种统一的爱，过去的一切统治阶级喜欢提倡这个东西，许多所谓圣人
贤人也喜欢提倡这个东西，但是无论谁都没有真正实行过，因为它在阶级社会
里是不可能实行的。真正的人类之爱是会有的，那是在全世界消灭了阶级之后。
阶级使社会分化为许多对立体，阶级消灭后，那时就有了整个的人类之爱，但
是现在还没有。我们不能爱敌人，不能爱社会的丑恶现象，我们的目的是消灭
这些东西。"②

　　事实上，现代西方社会工人的不满和阶级情感的对抗从来就没有减少过。
作家斯塔兹·特科尔多年前周游全美国，遍访工人，他的结论是："虽然可以发
现少数的工人对他们的日常工作表示满意，但多数人无法掩饰他们的不满意。
蓝领和白领的哀叹都同样苦闷……蓝领也好，白领也好，他们说的都是同一句
话：'我是机器人。'"③ 戴维·施韦卡特认为，"资本主义的劳动导致工人的异
化。用我们已经详细阐述的价值观指控，就是说，资本主义的工业组织和雇员
的自主性以及心理健康是极端对立的。"④ 劳资双方的阶级情感极端对立，在这

① 石云霞. "马克思主义基本原理"课教学导引 [M]. 北京：高等教育出版社，2007：
　　203-204.
② 毛泽东选集：第3卷 [M]. 北京：人民出版社，1991：871.
③ 戴维·施韦卡特. 反对资本主义 [M]. 李智，陈志刚，等译，北京：中国人民大学出
　　版社，2002：223.
④ 戴维·施韦卡特. 反对资本主义 [M]. 李智，陈志刚，等译，北京：中国人民大学出
　　版社，2002：222.

种基础上，怎么可能相互博爱？

再次，由于博爱不触及资本主义的生产关系，因此，博爱事实上成为现代西方社会的一种虚幻的意识形态的装饰品。资本的本性必然导致掠夺性竞争和垄断；通过掠夺剩余价值实现对工人阶级的剥削，剥削构成对抗和斗争的阶级关系，阶级斗争激起阶级的暴力斗争，阶级对抗和暴力斗争培育和强化阶级仇视的情感，这就是资本主义社会发展的内在逻辑链条，这就是资本主义阶级情感发展的必然因果逻辑关系。博爱是一种意识形态，是一种道德观念，是资本主义的一种精神，因此它本质上是一种社会情感。在推动社会的各种因素中，博爱是末而不是本，它有自身的影响力和相应的位置，但与资本主义的生产关系相比，其分量和影响力是微不足道的。在这一逻辑链条面前，博爱是多么软弱无力和绝望，它无力斩断这根链条的任何一个环节，更不用说彻底粉碎这根链条了。

今天，博爱之所以能够存在，不是因为现代西方社会的政治经济关系中到处充满了博爱，恰恰是因为博爱的匮乏。在资本主义社会中，冷酷的金钱关系永远占据着主导地位。马克思100多年前对此曾有过形象的描述："它使人和人之间除了赤裸裸的利害关系，除了冷酷无情的'现金交易'，就再也没有任何别的联系了。它把宗教的虔诚、骑士的热忱、小市民的伤感这些情感的神圣发作，淹没在利己主义打算的冰水之中。它把人的尊严变成了交换价值，用一种没有良心的贸易自由代替了无数特许的和自力挣得的自由。总而言之，它用公开的、无耻的、直接的、露骨的剥削代替了由宗教幻想和政治幻想掩盖着的剥削。"①就连亲情也不能逃脱资本关系的毒害，马克思指出，"资产阶级撕下了罩在家庭关系上的温情脉脉的面纱，把这种关系变成了纯粹的金钱关系"。② 正如绝望的教徒把灵魂交给上帝一样，由于博爱的匮乏，由于对现代西方社会的政治经济关系的绝望，人们才被迫把希望转向虚幻的博爱。

至此，人们也许会问，现代西方社会博爱匮乏，为什么还有那么多人高唱"博爱"的口号？这就不得不多费一点笔墨探讨一下其中的原因。换句话说，除了贫困者的无奈和绝望之外，资产阶级及其媒体，如电视、报纸和网络等大众

---

① 马克思恩格斯选集：第1卷［M］．北京：人民出版社，1995：275.
② 马克思恩格斯选集：第1卷［M］．北京：人民出版社，1995：275.

媒体的影响也不可低估。也就是说，西方大众媒体在博爱问题上也存在着有意为之的倾向，其目的一方面掩饰资本的冷酷无情，另一方面诱导大众逐渐适应西方社会的虚假的"博爱现实"。可以说，从博爱产生的那天起就一直与虚伪相伴。傅立叶曾经尖锐地揭露过博爱的虚伪性。他认为，普遍的利己主义和对黄金的膜拜才是资产阶级观念的准则，资产阶级匍匐在黄金的光辉之下，资本主义制度造成了个人利益和集体利益之间无法调和的矛盾，它是"每个人对全体和全体对每个人的战争"的制度，哪能说得上"博爱"。傅立叶干脆把"博爱万岁！"讽刺为"竞争万岁！"法国1848年"六月革命"中，资产阶级一边高呼"博爱"，一边用大炮向起义的工人实行残酷的"博爱"，这典型地表明了资本主义博爱的两面性和虚伪性。

马克思在《六月革命》一文中写道："这就是博爱，就是一方剥削他方的那些互相对立的阶级之间的博爱，这就是二月间所昭示的，用大号字母写在巴黎的三角墙上、写在每所监狱上面、写在每所营房上面的博爱。用真实的、不加粉饰的、平铺直叙的话来说，这种博爱就是内战，就是可怕的国内战争——劳动与资本间的战争。在6月25日晚间，当资产阶级的巴黎张灯结彩，而无产阶级的巴黎在燃烧、呻吟、流血的时候，这个博爱便在巴黎所有的窗户前面烧毁了。"①

最后，博爱注定不能成为一种"普世价值"。稍微考察一下博爱的实际内容和历史，就不难发现博爱绝不是什么完美的永恒价值原则。按照马克思主义的历史唯物主义观，考察任何事物，必须兼顾其形式和内容。脱离形式的内容和脱离内容的形式，都是难以成立的。同样，在博爱问题上，博爱要想成为一种永恒的"普世价值"，它也离不开自身的内容和形式。博爱的形式就是其主张的普遍的爱的形式，一种跨越不同民族、阶级、种族，甚至跨越国界的普世之爱。然而，一旦具体到博爱的实质内容，博爱立刻就遭遇到了其理论和现实困境。

现代西方社会的博爱是建立在资本主义私有制生产关系之上，并辅之以相应的政治社会制度的一种伦理道德价值原则。然而，无论是西方资本主义的生产关系，还是西方的基于党派利益之上的政治选举制度，或是为了缓和社会矛盾而实施的西方福利体制，它们都难以摆脱其固有的阶级属性。也就是说，西

---

① 马克思恩格斯全集：第5卷［M］．北京：人民出版社，1958：154.

方的经济制度、政治体制和社会福利制度，都是为了资产阶级的利益而服务的。如果这样，那么，建立在它们之上的博爱价值准则，自然也难逃其固有的阶级属性，即它是服务于某一个阶级，是为西方社会中的某一部分群体而服务的社会意识形态。姑且不论博爱是为哪一个阶级，即是为无产阶级，还是资产阶级，抑或是现代西方所流行的中产阶级服务，单就博爱是为某一个阶级或群体而服务的价值体系而言，就足以否定博爱的"普世价值"的特性。也就是说，博爱一旦被撕下其"普世性"的神圣外衣，它也就不再具有"普世价值"的永恒性和普遍性。

毛泽东说："实际上，世界只有具体的自由，具体的民主，没有抽象的自由，抽象的民主。在阶级斗争的社会里，有了剥削阶级剥削劳动人民的自由权利，就没有劳动人民不受剥削的自由，有了资产阶级的民主，就没有无产阶级和劳动人民的民主。"① 历史和现实表明，以具体的资本主义自由和民主为基础所构成的博爱并不是什么完美的价值原则和道德情感。世界上根本就不存在什么跨越阶级、民族、种族和国家的博爱。正如民主和自由是具体的、历史的一样，博爱也是具体的、历史的。资本主义的博爱只存在于资本主义的范围内，它随着资本主义的变化而变化，随着资本主义的灭亡而灭亡，不可能永恒存在下去。

那些将博爱视为"普世价值"的观念的人，其假设的前提就是资本主义是永恒的人类社会的最终社会形态。但是这一前提是完全违背辩证法和科学常识的，也是与马克思的唯物史观背道而驰的。有关博爱的普适性，马克思和恩格斯早在 100 多年前就给予了充分的批判。他们在批判费尔巴哈提出的抽象的"自由、平等、博爱"的说教时指出，费尔巴哈的"博爱"是他哲学中最为庸俗的东西。恩格斯曾用带有讥讽的口吻批判说："可是爱啊！——真的，在费尔巴哈那里，爱随时随地都是一个创造奇迹的神，可以帮助克服实际生活中的一切困难——而且这是在一个分裂为利益直接对立的阶级的社会里。这样一来，他的哲学中的最后一点革命性也消失了，留下的只是一个老调子：彼此相爱吧！不分性别、不分等级地互相拥抱吧！——大家都陶醉在和解中了！简单扼要地说，费尔巴哈的道德论是和他的一切前驱者一样的。它是为一切时代、一切民

---

① 中共中央文献研究室．毛泽东著作选读：下 [M]．北京：人民出版社，1986：761.

族、一切情况而设计出来的；正因为如此，它在任何时候和任何地方都是不适用的，而在现实世界面前，是和康德的绝对命令一样软弱无力的……而本应把一切人都联合起来的爱，则表现在战争、争吵、诉讼、家庭纠纷、离婚以及一些人对另一些人的尽可能地剥削中。"① 恩格斯一针见血地揭露了资本主义社会博爱的虚伪本质，指明了博爱的虚弱性和局限性。马克思和恩格斯的经典论述，不仅适用于资本主义社会的过去，也适用于资本主义社会的今天，为我们认清博爱确立了方向和基本原则。

综上所述，博爱在现代西方社会已经存在数百年了。博爱在近代资产阶级革命中曾经发挥过它的作用，也在现代西方资本主义社会充当着调节资本主义社会关系的部分功能，并始终扮演着西方资本主义的一种意识形态的角色。随着中国改革开放和社会主义现代化事业的发展，面对西方社会思潮，包括博爱价值观的渗入及其影响，我们都必须对博爱这一价值观保持必要的理性和清醒的认识。

---

① 马克思恩格斯选集：第 4 卷［M］．北京：人民出版社，1995：240.

下 篇

02

对资产阶级博爱思想的批判与扬弃

第五章

对资产阶级博爱思想的批判与扬弃

18 世纪末的法国资产阶级革命，不仅摧毁了法国的君主专制制度，而且撼动了整个欧洲大陆的封建秩序。法国资产阶级在革命中提出的博爱口号，同自由、平等等思想一起传播到欧洲各地，成为反对封建专制的有力思想武器，在之后的世界格局演变中被标榜成资本主义世界的价值原则。在吸收和借鉴前贤以及今人相关论述和研究成果的基础上，我们进一步可以认识到资产阶级博爱思想的虚伪性，认识到当代马克思主义学者已经运用新的世界观对西方资产阶级博爱思想进行了扬弃，同时理解了西方博爱思想演变的历史逻辑和理论逻辑。

第一节　从理论源头批判资产阶级博爱思想的唯心主义实质

"每一个时代的哲学作为分工的一个特定的领域，都具有由它的先驱传给它而它便由此出发的特定的思想材料作为前提。"[①] 资产阶级博爱思想继承了基督教的圣爱伦理，同时吸收了欧洲文艺复兴和启蒙运动先驱的一些进步思想，从而将其包装成"永恒的真理"。马克思和恩格斯通过对宗教和理性主义的批判，从理论源头上揭示了西方资产阶级博爱思想的唯心主义实质。

---

① 马克思恩格斯文集：第 10 卷 [M]. 北京：人民出版社，2009：599.

一、宗教伦理的博爱是虚幻的博爱

现代基督教认为，上帝对人的爱是一切爱的根源。如果没有上帝至高无上的权威，就没有人与人之间的爱，爱上帝与爱人都是对上帝之爱的回应，所有人都是上帝创造出来的，都是上帝的子民。所以人不但要爱上帝，而且要爱上帝的一切子民，包括邻人甚至仇敌。这种超越个人、超越阶级的无条件、无差别的博爱是现代基督教的核心教义，也是资产阶级博爱思想的最早起源。

马克思和恩格斯在深入考察宗教产生的根源的基础上指出："宗教是在最原始的时代从人们关于他们自身的自然和周围的外部自然的错误的、最原始的观念中产生的。"① 那时的人们因为无法科学认识支配他们的异己的强大自然力量和社会力量，于是就将这些力量以人格化和神化的形式进行膜拜，由此便产生了神和宗教。"一切宗教都不过是支配着人们日常生活的外部力量在人们头脑中的幻想的反映，在这种反映中，人间的力量采取了超人间的力量的形式"。② 马克思进一步指出，包括爱在内的人对世界的任何一种人的关系，都是"通过自己同对象的关系而对对象的占有，对人的现实的占有"③。"人的感觉、感觉的人性，都是由于它的对象的存在，由于人化的自然界才产生出来的"。④ 这说明人类之爱不可能从虚幻的天国和上帝那里产生，只能源于现实的社会关系和社会生活。

二、西方资产阶级博爱思想扭曲科学社会主义的内涵

西方资产阶级鼓吹的博爱思想，影响了一批以社会主义者自居的"著作家"，他们的共同点是看到了资本主义社会日益尖锐的社会矛盾，对工人阶级寄予或真或假的同情，都带有浓厚的博爱色彩，甚至以博爱来解读社会主义和共产主义，马克思和恩格斯对这些错误思想进行了批判。

恩格斯认为，群众运动在起初的时候之所以混乱的一个重要因素，是"由

---

① 马克思恩格斯文集：第4卷［M］. 北京：人民出版社，2009：309.
② 马克思恩格斯文集：第9卷［M］. 北京：人民出版社，2009：333.
③ 马克思恩格斯文集：第1卷［M］. 北京：人民出版社，2009：189.
④ 马克思恩格斯文集：第1卷［M］. 北京：人民出版社，2009：191.

于先知们起初在运动中还起着的那种作用"。① 为此，马克思和恩格斯将矛头直指 19 世纪各个社会主义流派的代表人物。他们批判封建社会主义的代表卡莱尔"荒谬绝伦地把红色共和国、博爱、路易·勃朗等和自由贸易、废除谷物税等混在一起"，② 完全不懂历史发展进程，搞不清什么是社会主义。小资产阶级社会主义的代表西斯蒙第宣称为所有人谋福利，主张建立一个"平均私有"的理想社会，"而不理解分配关系只不过是从另一个角度来看的生产关系"。③ 马克思嘲讽西斯蒙第是一个"过去时代的赞颂者"，并将这种带有小生产情结和浪漫主义色彩的学说称为"博爱主义共产主义"。他们批判"真正的"社会主义代表克利盖在一期《人民论坛报》上就写了 35 种表现的爱，把共产主义"描绘成某种充满爱而和利己主义相反的东西，并且把有世界历史意义的革命运动归结为几个字：爱和恨，共产主义和利己主义"，完全偏离了共产主义的方向。资产阶级社会主义的代表蒲鲁东"既迷恋于大资产阶级的豪华，又同情人民的苦难"，"竭力颂扬小资产阶级以及那种小气的爱和宗法式家庭的幻想"，企图取消阶级斗争和社会革命，通过和平改良的办法建立共产主义，而这种改良道路只会将无产阶级推下悬崖。他们批判空想社会主义的代表魏特林把共产主义等同于早期基督教，指出"圣经的整个精神是同共产主义、同一切合理的创举截然对立的"，"基督教的社会原则带有狡猾和假仁假义的烙印，而无产阶级却是革命的"。只有抛弃感伤的、宗教性的说教式的宣传，代之以科学的、革命的宣传，才能为无产阶级解放提供科学的世界观和方法论。

三、理性主义的博爱其实不合理

发端于 14 世纪的文艺复兴运动，主张以"人性"反对"神性"，以"人权"反对"神权"，以现世的幸福否定来世的幸福，从而打破了中世纪压抑和束缚人性的宗教禁锢，重新恢复了"人性的光辉"，从基督教虚幻的博爱伦理中初步剥离出新兴资产阶级的博爱思想。兴起于 17 世纪的启蒙运动继承和发展了文艺复兴的核心精神，把反对宗教神学的斗争进一步推进到反对封建专制制度、

---

① 马克思恩格斯文集：第 4 卷［M］．北京：人民出版社，2009：488.
② 马克思恩格斯全集：第 10 卷［M］．北京：人民出版社，1998：319.
③ 马克思恩格斯全集：第 35 卷［M］．北京：人民出版社，2013：57.

要求建立资产阶级"理性王国"的政治领域。它所宣扬的"自由、平等、博爱"思想，为即将到来的资产阶级革命做了准备，并成为资产阶级革命时期的主要口号。马克思和恩格斯肯定了启蒙思想家"开始用人的眼光来观察国家……从理性和经验出发，而不是从神学出发来阐明国家的自然规律",① 但同时认为，理性主义以抽象意志颠倒了逻辑与历史的关系，建立在理性主义基础上的资产阶级博爱思想必然会遭遇现实的困境。

恩格斯指出了资产阶级启蒙思想家所受的时代限制，他们"把理性当作一切现存事物的唯一的裁判者"，但"这个永恒的理性实际上不过是恰好那时正在发展成为资产者的中等市民的理想化的知性而已",② 他们所鼓吹的自由、平等、博爱的理性王国也不过是"资产阶级的理想化的王国"。法兰西共和国成立之后，非但没有实现普遍的幸福，贫富对立反而变得更加尖锐，"财产自由"成为小资产者和小农"失去财产的自由"，劳动群众的贫穷和困苦成为工业资本主义迅速发展的条件，许诺的永久和平变成无休止的掠夺战争，革命的箴言"博爱"化为竞争中的蓄意刁难和忌妒，从而宣告了理性国家和理性社会的破产。"同启蒙学者的华美诺言比起来，由'理性的胜利'建立起来的社会制度和政治制度竟是一幅令人极度失望的讽刺画。"③ 恩格斯从中得出结论："按照这些启蒙学者的原则建立起来的资产阶级世界也是不合理性的和非正义的，所以也应该像封建制度和一切更早的社会制度一样被抛到垃圾堆里去。"④ 可见，理性主义所设想的博爱其实并不合理，也没有在资本主义社会变为现实。

马克思则通过在《莱茵报》期间遇到的"物质利益难题"，看到了"即使行政当局怀有最善良的意图、最热忱的博爱精神和最高超的智力",⑤ 也无法解决"存在于现实和管理原则"之间的冲突，由此马克思开始重新审视代表普遍理性的法和国家与现实物质利益的关系。马克思和恩格斯在对黑格尔法哲学和费尔巴哈唯心史观的批判中指出，黑格尔把国家看作伦理精神的统一，幻想用理性、道德去改良社会，颠倒了国家和社会的真实关系；费尔巴哈的唯心主义

---

① 马克思恩格斯全集：第 1 卷 [M]．北京：人民出版社，1995：227.
② 马克思恩格斯文集：第 3 卷 [M]．北京：人民出版社，2009：526.
③ 马克思恩格斯文集：第 3 卷 [M]．北京：人民出版社，2009：527.
④ 马克思恩格斯文集：第 3 卷 [M]．北京：人民出版社，2009：526.
⑤ 马克思恩格斯全集：第 1 卷 [M]．北京：人民出版社，1995：376.

历史观使他幻想用"爱的宗教"去代替信仰上帝的宗教，用对人的爱去代替对上帝的爱，"除了爱与友情，而且是理想化了的爱与友情以外，他不知道'人与人之间'还有什么其他的'人的关系'"。① 他们进一步指出，在利益直接对立的阶级社会和现实世界的资本法则面前，认为"爱随时随地都是一个创造奇迹的神，可以帮助克服实际生活中的一切困难"，② 是毫不适用和软弱无力的。

与理性主义在纯粹的精神世界里建构博爱思想相反，马克思开始从物质生活实践出发来解释各种观念形态。他指出："物质生活的生产方式制约着整个社会生活、政治生活和精神生活的过程。不是人们的意识决定人们的存在，相反，是人们的社会存在决定人们的意识。"③ 包括博爱在内的一切思想意识，都是"处在一定条件下进行活动"的现实的人的意识，都是由他们所处的社会关系所决定的。由此，马克思开始把批判的视野投向政治经济学，从而为扬弃资产阶级博爱思想开辟了正确道路。

第二节　从社会现实批判西方资产阶级 博爱思想的阶级本质

西方资产阶级博爱思想在资产阶级革命期间发挥了动员群众、反对封建专制的巨大历史作用，反映了社会进步的要求，但在资产阶级统治确立后，却变成了资产阶级对内维护阶级统治、对外进行殖民扩张的思想工具。恩格斯以阶级分析的方法，揭露了资产阶级博爱思想作为阶级统治工具的本质。

一、博爱是西方资产阶级维护经济剥削的理论诉求

马克思和恩格斯认为，资产阶级为了掩盖社会矛盾，"必须在理论上进行伪装，甚至辩解；当然，办法只能是诡辩，歪曲，以至纯粹用空话来支吾搪

---

① 马克思恩格斯文集：第 1 卷 ［M］．北京：人民出版社，2009：530.
② 马克思恩格斯文集：第 4 卷 ［M］．北京：人民出版社，2009：294.
③ 马克思恩格斯文集：第 2 卷 ［M］．北京：人民出版社，2009：591.

塞"。① 他们首先将批判的矛头指向资本主义生产关系的卫道士——政治经济学，指出"在真正的历史上，征服、奴役、劫掠、杀戮，总之，暴力起着巨大的作用。但是在温和的政治经济学中，从来就是田园诗占统治地位"，② 这就戳穿了政治经济学"博爱"的谎言。他们批判人道学派伪善地给无产者的苦难开出安心工作、少生孩子的药方，同时又规劝资产者节制生产热情，却根本不去触动资本主义制度的根基。博爱论者刻意回避社会矛盾，否认对抗的必然性，幻想把一切人都变成有产者，"愿意保存那些表现资产阶级关系的范畴，而不要那种构成这些范畴并且同这些范畴分不开的对抗"，③ 使博爱变成为资产阶级经济制度辩护的术语。马克思还批判了凯里的庸俗经济学说，指出其实质"只是想用各种博爱的词句来人为地加快美国工业资产阶级的英国式的发展"，④ 揭露了资产阶级只是用博爱的口号为资本主义发展开辟道路。

在资本主义生产中，资本家以"推敲哲理、谈论文化和侈谈博爱"⑤ 来掩盖对工人剩余价值的剥削，甚至宣称延长劳动时间代表工人智力和道德的完善，是工人提高自身地位的手段。而在工人阶级日益觉醒、联合起来同资本家进行斗争时，资本家们又开始呼吁和平与和谐，并实施了一些小的生产改良措施，似乎真的变得博爱了。恩格斯指出，资产阶级"不会白白地施舍，他们把自己的施舍看作一笔买卖"。"所有这些对正义和仁爱的让步，事实上只是一种手段，这种手段可以使资本加速积聚在少数人手中，并且压垮那些没有这种额外收入就活不下去的小竞争者"。⑥ 这就揭示了资本家所谓博爱的善举，只是为了在竞争中加速资本积累。马克思通过剩余价值规律的发现揭露了资产阶级剥削雇佣工人的秘密，在雇佣工人"只要还有一块肉、一根筋、一滴血可供榨取，吸血鬼就决不罢休"⑦ 的资本主义社会，劳动和资本之间的斗争根本无法调和，资产阶级所谓的博爱不过是掩盖对无产阶级剥削的骗人鬼话。

---

① 马克思恩格斯全集：第 22 卷［M］．北京：人民出版社，1965：384．

② 马克思恩格斯文集：第 5 卷［M］．北京：人民出版社，2009：821．

③ 马克思恩格斯文集：第 1 卷［M］．北京：人民出版社，2009：616．

④ 马克思恩格斯全集：第 44 卷［M］．北京：人民出版社，1982：202．

⑤ 马克思恩格斯文集：第 6 卷［M］．北京：人民出版社，2009：581．

⑥ 马克思恩格斯文集：第 1 卷［M］．北京：人民出版社，2009：368．

⑦ 马克思恩格斯文集：第 5 卷［M］．北京：人民出版社，2009：349．

随着资本主义大工业的发展，资本主义国家为了开展自由贸易、攫取全球利润，"高唱世界主义的、博爱主义的和商业上的和平赞歌"①，"宣布商业是各民族、各个人之间的友谊和团结的纽带"，② 博爱又成了掩盖资本主义商业贪婪性的虚伪面纱。恩格斯指出，虽然这些国家尽可能地互相表示友爱和亲善，但是实质上还是同从前一样贪财和自私，"滥用道德以实现不道德的意图的伪善方式就是自由贸易体系引以为豪的东西"。③ 马克思更是一针见血地指出："把世界范围的剥削美其名曰普遍的友爱，这种观念只有资产阶级才想得出来。"④ 后来，资本主义经济领域开始出现股份银行等各种股份公司，马克思认为，这不过是加快了资本的积聚和借贷资本的世界性活动，其结果只是"使整个世界陷入金融欺诈和相互借贷——资本主义形式的'国际'博爱的罗网之中"，⑤ 从而指出在博爱的面纱之后隐藏着资本全球扩张的真相。

二、博爱是资产阶级实施政治统治的思想工具

法国"二月革命"期间，巴黎的建筑物上到处写满了"博爱"的字样，而这只是新兴的资产阶级为了将无产阶级拉入反封建的阵营、帮助他们夺取政权所用的伎俩。让资产阶级感到无比惊恐的是，无产阶级群众所要求的平等和博爱与资产阶级宣扬的那种平等和博爱的意义恰恰相反，甚至完全颠倒了过来。恩格斯指出："平民对革命口号的这种理解变成了实现自己的对立面，即实现资产阶级在法律面前的平等、在剥削中的博爱的最强有力的杠杆时，平民的平等和博爱就必然只不过是一种梦想。"⑥ 可见，资产阶级所谓的平等和博爱，只是对当时的封建统治阶级提出的要求，而不是资产阶级与无产阶级的平等、资产阶级对无产阶级的博爱。但是，为了维护统治地位，资产阶级绝不会把自己博爱的真实意义告诉无产阶级，"资产者的假仁假义的虚伪的意识形态用歪曲的形式把自己的特殊利益冒充为普遍的利益"。⑦ 他们大肆宣扬资本主义国家是全民

---

① 马克思恩格斯全集：第 49 卷 [M]．北京：人民出版社，2016：26.
② 马克思恩格斯文集：第 1 卷 [M]．北京：人民出版社，2009：58.
③ 马克思恩格斯文集：第 1 卷 [M]．北京：人民出版社，2009：62.
④ 马克思恩格斯文集：第 1 卷 [M]．北京：人民出版社，2009：757.
⑤ 马克思恩格斯文集：第 10 卷 [M]．北京：人民出版社，2009：434.
⑥ 马克思恩格斯全集：第 37 卷 [M]，北京：人民出版社，1972：146.
⑦ 马克思恩格斯全集：第 3 卷 [M]．北京：人民出版社，1960：195.

利益的代表，要在世上创建"爱的王国"，博爱成了资产阶级麻痹和奴役无产阶级群众的思想武器。

恩格斯指出，"文明时代越是向前进展，它就越是不得不给它所必然产生的种种坏事披上爱的外衣，不得不粉饰它们，或者否认它们———一句话，即实行流俗的伪善"。① 资本家用博爱粉饰对工人阶级的剥削，是为了让工人对他们感恩戴德，并为他们提供源源不断的廉价劳动力。然而，一旦工人运动威胁到资产阶级的统治，"厂主们的慈父般的爱护和关怀一下子就消失了"。② 资产阶级就会撕下博爱的虚伪面纱而露出狰狞的真实面孔，毫不含糊地把"自由、平等、博爱"代之以"步兵、骑兵、炮兵"，对无产阶级进行残酷镇压和迫害。在德国"三月革命"中，无产阶级帮助资产阶级夺取了政权，而当无产阶级要求分享胜利果实的时候，先前标榜"社会主义和博爱"的资产者却用"驴子需要的是吃草、负重和挨鞭，而农民需要的是吃糠咽菜"，"如果他们竟敢违抗，那就不必再讲什么慈悲。让他们尝尝枪林弹雨的滋味吧"③ 的腔调，对革命群众进行了残酷镇压。在法国"六月革命"中，推翻了七月王朝的巴黎人民因抗议解散"国家工厂"举行游行示威，却被资产阶级临时政府的军队和别动队血腥镇压。马克思激愤地写道："当资产阶级的巴黎张灯结彩，而无产阶级的巴黎在燃烧、在流血、在呻吟的时候，这个博爱便在巴黎所有窗户前面烧毁了。"④ 他更加清晰地认识到，博爱只有在资产阶级利益和无产阶级利益结合在一起的时候才能存在，而在封建专制这个共同的敌人被消灭之后，博爱就会被"劳动与资本间的战争"所代替。

马克思和恩格斯指出："统治阶级的思想在每一时代都是占统治地位的思想。"⑤ 博爱作为统治阶级的一种意识形态，本来就是为资产阶级利益服务的。在夺取政权后，资产阶级继续宣扬博爱只是为了欺骗被压迫和被奴役的人民，让他们沉浸在虚假的博爱氛围里丧失斗争意志，因此资产阶级博爱思想的虚伪性和反动性也就昭然若揭了。

---

① 马克思恩格斯文集：第4卷 [M]．北京：人民出版社，2009：197.
② 马克思恩格斯全集：第2卷 [M]．北京：人民出版社，1957：474.
③ 马克思恩格斯文集：第2卷 [M]．北京：人民出版社，2009：244.
④ 马克思恩格斯文集：第2卷 [M]．北京：人民出版社，2009：102.
⑤ 马克思恩格斯文集：第1卷 [M]．北京：人民出版社，2009：550.

三、博爱是资产阶级掩盖殖民掠夺的虚伪面纱

资本的原始积累是伴随着资本主义列强对落后国家和民族的殖民扩张实现的，但资产阶级竭力用"自由、平等、博爱、人道、文明"之类的美好辞藻来掩盖这一事实。马克思和恩格斯通过对欧洲和亚非拉美地区被压迫民族历史遭遇的考察，戳穿了资产阶级把殖民政策说成"田园牧歌式的解放运动"的无耻谰言，揭露了资本主义对殖民地和被压迫民族野蛮统治和残酷掠夺的真相。

马克思和恩格斯看到，在弱肉强食的资本法则面前，以英国为首的资本主义国家在世界各地疯狂瓜分殖民地，竞相掠夺资源，实施野蛮统治，给落后国家的人民带来了沉重灾难与痛苦。在爱尔兰，成千上万的人仅仅因为有参加反对英国统治、争取民族独立的芬尼亚运动的嫌疑而被英国资产阶级政府逮捕，在狱中遭到了野蛮的虐待。马克思讽刺地说："在两年中，已有二十多个工人芬尼亚社社员死亡或发狂，这就是这些在善良的大地主们支持下的善良的资产者的博爱仁慈的恩赐。"① 在他看来，"爱尔兰的民族解放对他们来说并不是一个抽象的正义或博爱的问题，而是他们自己的社会解放的首要条件"。② 在伊奥尼亚群岛，英国殖民者"以真正奥地利式的残酷性镇压了当时群岛上所发生的起义。20 万居民中有 8000 人被处绞刑，被判受鞭笞、监禁和放逐；妇女和儿童被鞭打得皮开肉绽"，③ 但厚颜无耻的资产阶级却把这一野蛮行径说成"用国民自由原则来教育他们"，殖民者赏赐给伊奥尼亚人的"经济福利"是他们无力负担的沉重赋税。

如果说资产阶级在欧洲还勉强装出一副体面的样子，但"当我们把目光从资产阶级文明的故乡转向殖民地的时候，资产阶级文明的极端伪善和它的野蛮本性就赤裸裸地呈现在我们面前"。④ 在非洲，罪恶的奴隶贸易一直延续了 400 年，使非洲大陆损失了 1 亿至 1.5 亿人口，马克思把奴隶贸易斥为"贩卖人类血肉"的肮脏勾当，列为原始积累的主要因素之一。在美洲，金银产地的发现不仅没有给土著居民带来财富和幸福，反而导致了"土著居民的被剿灭、被奴

---

① 马克思恩格斯全集：第 16 卷 [M]．北京：人民出版社，1964：459.
② 马克思恩格斯文集：第 10 卷 [M]．北京：人民出版社，2009：329.
③ 马克思恩格斯全集：第 12 卷 [M]．北京：人民出版社，1962：707.
④ 马克思格斯文集：第 2 卷 [M]．北京：人民出版社，2009：690.

役和被埋葬于矿井"的悲惨结局。① 在印度，英国政府以东印度公司的名义通过两个世纪的战争征服了印度，然后又"假仁假义地高喊和平"。马克思讽刺地指出："他们必须先把印度拿到手里，然后才能使印度承受他们那大肆张扬的博爱之心的恩典。"② 事实上，因殖民统治失去旧世界的印度并没有得到一个新世界，与印度过去所遭受的一切灾难比较起来，英国侵略者带来的灾难在程度上要深重得多。在中国，"英国的仁慈强迫中国进行正式的鸦片贸易，用大炮轰开了万里长城，以武力打开了天朝同尘世往来的大门"，③ 这些"文明的贩子"不但从中国掠走了大量的白银，将中国推向半殖民地的深渊，还犯下了"强奸妇女，枪挑儿童，焚烧整个的村庄"的滔天罪行，④ 哪里能找得到半点博爱的影子？

马克思和恩格斯清楚地认识到，博爱不过是资产阶级掩盖殖民统治和殖民掠夺的遮羞布。"正义、人道、自由、平等、博爱、独立"等这些字眼"固然很好听，但在历史和政治问题上却什么也证明不了"。⑤ 被压迫民族要想改变被资本主义剥削和奴役的命运，就要抛弃"一切善良愿望和美好幻想"，拿起斗争的武器进行坚决反抗。

第三节　从革命实践批判西方资产阶级博爱思想的具体危害

资产阶级"赋予自己的思想以普遍性的形式，把它们描绘成唯一合乎理性的、有普遍意义的思想"的做法，不仅在一定程度上造成了无产阶级思想上的混乱，甚至蛊惑了一批工人阶级政党的领导人，对无产阶级解放事业构成了严峻挑战。马克思和恩格斯一再强调，在阶级对立的资本主义社会空谈博爱，无论在思想上还是实践上都是极其有害的。

---

① 马克思恩格斯文集：第5卷 [M]．北京：人民出版社，2009：860.
② 马克思恩格斯全集：第12卷 [M]．北京：人民出版社，1998：165-166.
③ 马克思恩格斯全集：第12卷 [M]．北京：人民出版社，1962：73.
④ 马克思恩格斯全集：第12卷 [M]．北京：人民出版社，1962：309.
⑤ 马克思恩格斯全集：第6卷 [M]．北京：人民出版社，1961：325.

一、博爱思想扭曲科学社会主义的内涵

资产阶级鼓吹的博爱思想，影响了一批以社会主义者自居的"著作家"，他们的共同点是看到了资本主义社会日益尖锐的社会矛盾，对工人阶级寄予或真或假的同情，都带有浓厚的博爱色彩，甚至以博爱来解读社会主义和共产主义，马克思和恩格斯对这些错误思想进行了批判。

恩格斯认为，群众运动在起初的时候之所以混乱的一个重要因素，是"由于先知们起初在运动中还起着的那种作用"。① 为此，马克思和恩格斯将矛头直指 19 世纪各个社会主义流派的代表人物。他们批判封建社会主义的代表卡莱尔"荒谬绝伦地把红色共和国、博爱路易·勃朗等和自由贸易、废除谷物税等混在一起"，② 完全不懂历史发展进程，搞不清什么是社会主义。小资产阶级社会主义的代表西斯蒙第宣称为所有人谋福利，主张建立一个"平均私有"的理想社会，"而不理解分配关系只不过是从另一个角度来看的生产关系"。③ 马克思嘲讽西斯蒙第是一个"过去时代的赞颂者"，并将这种带有小生产情结和浪漫主义色彩的学说称为"博爱主义共产主义"。

他们批判"真正的"社会主义代表克利盖在一期《人民论坛报》上就写了 35 种表现的爱，把共产主义"描绘成某种充满爱而和利己主义相反的东西，并且把有世界历史意义的革命运动归结为几个字：爱和恨，共产主义和利己主义"，④ 完全偏离了共产主义的方向。资产阶级社会主义的代表蒲鲁东"既迷恋于大资产阶级的豪华，又同情人民的苦难"⑤，"竭力颂扬小资产阶级以及那种小气的爱的和宗法式家庭的幻想"，⑥ 企图取消阶级斗争和社会革命通过和平改良的办法建立共产主义，而这种改良道路只会将无产阶级推下悬崖他们批判空想社会主义的代表魏特林把共产主义等同于早期基督教，指出"圣经的整个精神是同共产主义、同一切合理的创举截然对立的"⑦ "基督教的社会原则带有狡

---

① 马克思恩格斯文集：第 4 卷 [M]. 北京：人民出版社，2009：488.
② 马克思恩格斯全集：第 10 卷 [M]. 北京：人民出版社，1998：319.
③ 马克思恩格斯全集：第 35 卷 [M]. 北京：人民出版社，2013：57.
④ 马克思恩格斯全集：第 4 卷 [M]. 北京：人民出版社，1958：8.
⑤ 马克思恩格斯文集：第 10 卷 [M]. 北京：人民出版社，2009：53.
⑥ 马克思恩格斯文集：第 10 卷 [M]，北京：人民出版社，2009：52.
⑦ 马克思恩格斯全集：第 1 卷 [M]. 北京：人民出版社，1956：583.

猾和假仁假义的烙印，而无产阶级却是革命的"。① 只有抛弃感伤的、宗教性的说教式的宣传，代之以科学的、革命的宣传，才能为无产阶级解放提供科学的世界观和方法论。

二、西方资产阶级博爱思想削弱人民群众革命的意志

马克思和恩格斯高度警惕博爱思想对革命意志的不良影响，他们指出，"真正的"社会主义尽管"'夜里没有一小时'不是为人类所遭受的苦难而流着辛酸之泪"，② 但它代表的不属于任何阶级的人"根本不存在于现实世界，而只存在于云雾弥漫的哲学幻想的太空"③，"所以它就丧失了一切革命热情，它就不是宣扬革命热情，而是宣扬对于人们的普遍的爱了"。④

从本质上讲，"这种社会主义是这些政府用来镇压德国工人起义的毒辣的皮鞭和枪弹的甜蜜的补充"。⑤ 革命群众不能沉迷于博爱的幻想，而是应当"反对一切能够更加冲淡和削弱对于共产主义同现存秩序的充分对立性的认识的词句"，因为"这些词句会使这种对立模糊起来，甚至会使资产者为了保全自己而根据博爱的空想去取媚共产主义者"。⑥ 恩格斯指出，"把社会主义看作平等的王国，这是以'自由、平等、博爱'这一旧口号为根据的片面的法国人的看法……它现在也应当被克服，因为它只能引起思想混乱"。⑦ 他认为，只有抛弃这种博爱的幻影，以辩证唯物主义和历史唯物主义的方法"去研究真实的、活生生的事物，研究历史的发展和结局"，⑧ 才能为工人阶级和人类解放找到正确的道路。

马克思和恩格斯看到，在资本主义社会，无产阶级和资产阶级之间的矛盾是不可调和的，社会主义的空论家们鼓吹博爱，只会"把无产阶级的狮子催眠

---

① 马克思恩格斯全集：第4卷 [M] . 北京：人民出版社，1958：218.
② 马克思恩格斯全集：第3卷 [M] . 北京：人民出版社，1960：643.
③ 马克思恩格斯文集：第2卷 [M] . 北京：人民出版社，2009：58.
④ 马克思恩格斯全集：第3卷 [M] . 北京：人民出版社，1960：537.
⑤ 马克思恩格斯文集：第2卷 [M] . 北京：人民出版社，2009：59.
⑥ 马克思恩格斯全集：第3卷 [M] . 北京：人民出版社，1960：554.
⑦ 马克思恩格斯文集：第3卷 [M] . 北京：人民出版社，2009：415.
⑧ 马克思恩格斯文集：第10卷 [M] . 北京：人民出版社，2009：26.

入睡"。① 他们严厉地批评了那些认为资本主义制度的垮台遥遥无期，因此"人们可以尽情地和解、妥协和大谈其博爱"的错误观点。② 马克思在总结法国工人阶级"二月革命"的惨痛教训时指出，资产阶级宣扬的"人人都骨肉相连、情同手足"的博爱，只是"与这种在想象中消灭阶级关系相适应的词句"，③ 巴黎的无产阶级和气地抛开阶级矛盾，温柔地调和对立的阶级利益，想入非非地超越阶级斗争，沉醉在宽大仁慈的博爱气氛中，等来的却是资产阶级对"六月革命"的残酷镇压。因此，"那些犯了时代错误，不断重复博爱（fraternité）词句的可怜的空想家和伪善者"理应受到嘲笑，"因为这里的问题正是要抛掉这种词句以及由这个词句的模棱两可的含意所产生的幻想"。④

马克思和恩格斯认为，劳动和资本之间的战争不可避免。"资产阶级所关心的是伪善地打着和平甚至博爱的幌子来进行这场战争，那么，只有揭露事实的真相，只有撕破这个伪善的假面具，才能对工人有利"⑤。"在阶级斗争被当作一种令人不快的'粗野的'现象放到一边去的地方，留下来充当社会主义的基础的就只有'真正的博爱'和关于'正义'的空话了"。⑥ 直到 1892 年，恩格斯在《英国工人阶级状况》序言中还强调："现在也还有不少人，站在不偏不倚的高高在上的立场向工人鼓吹一种凌驾于一切阶级对立和阶级斗争之上的社会主义，这些人如果不是还需要多多学习的新手，就是工人的最凶恶的敌人，是披着羊皮的豺狼。"⑦ 这些都充分宣示了马克思和恩格斯对待资产阶级博爱思想的鲜明态度：放下幻想，准备战斗！

三、西方资产阶级博爱思想侵蚀工人阶级政党的纯洁

马克思和恩格斯高度重视工人阶级政党的团结，认为"只有当工人通过组织而联合起来并获得知识的指导时，人数才能起举足轻重的作用"。⑧ 但是，随

---

① 马克思恩格斯文集：第 2 卷［M］. 北京：人民出版社，2009：102.
② 马克思恩格斯文集：第 3 卷［M］. 北京：人民出版社，2009：482.
③ 马克思恩格斯文集：第 2 卷［M］. 北京：人民出版社，2009：90.
④ 马克思恩格斯全集：第 5 卷［M］. 北京：人民出版社，1958：156.
⑤ 马克思恩格斯文集：第 1 卷［M］. 北京：人民出版社，2009：449.
⑥ 马克思恩格斯文集：第 3 卷［M］. 北京：人民出版社，2009：483.
⑦ 马克思恩格斯文集：第 1 卷［M］. 北京：人民出版社，2009：371.
⑧ 马克思恩格斯文集：第 3 卷［M］. 北京：人民出版社，2009：13–14.

着工人运动的蓬勃发展，一些受到资产阶级博爱思想蛊惑的派别也混入新生的工人阶级政党，使党面临蜕化变质的危险。马克思和恩格斯与党内的错误思想展开了激烈的交锋。

在共产主义者同盟时期，马克思和恩格斯将同盟的旧口号"人人皆兄弟"改为"全世界无产者，联合起来"，其中就含有否定超越阶级的博爱思想的意蕴。在努力提高同盟成员思想觉悟的同时，马克思和恩格斯与同盟内鼓吹资产阶级博爱思想的"理论家"进行了坚决斗争，迫使在美国"以同盟的名义鼓吹一种以'爱'为基础、充满着爱、十分多情、陶醉于爱的共产主义"的克利盖从同盟舞台消失。① 在国际工人协会这个国际性的工人联合组织中，马克思和恩格斯对资产阶级博爱思想的流毒也十分警觉。早在 1865 年，恩格斯在给马克思的信中就已经预言："目前国际协会中的天真的博爱维持不了多久。如果这里在工人中有积极的政治运动，也就会有同样的分裂。"② 他们与"希望在国际中找到博爱和调和的理想"的蒲鲁东主义和拉萨尔主义进行了不懈的斗争。③

马克思和恩格斯对德国第一个工人阶级政党——德国社会民主工党的建设倾注了大量心血。1875 年，德国社会民主工党和全德工人联合会合并组建德国社会主义工人党，马克思和恩格斯从他们的纲领中看到了资产阶级博爱思想的底色和机会主义的危险。马克思不无忧虑地指出，德国党的领导中有一些人"想使社会主义有一个'更高的、理想的'转变，就是说，想用关于正义、自由、平等和博爱的女神的现代神话来代替它的唯物主义的基础"。④ 恩格斯也认识到："这种使人萎靡不振、动摇不定、糊里糊涂的思想方式的影响……在我们党的周围极为流行。"⑤

马克思和恩格斯批判了拉萨尔派把自己看作"一切富有真正仁爱精神的人"的全面的党、奢望在"有教养的博爱的资产者"领导下进行社会改良的右倾机会主义。马克思明确表示，不会抛弃无产阶级旗帜，更不会赞成小资产阶级"关于博爱的骗人鬼话"，预言"反对那些带着博爱主义倾向的大资产者和小资

---

① 马克思恩格斯文集：第 4 卷 [M]．北京：人民出版社，2009：234.
② 马克思恩格斯全集：第 31 卷 [M]．北京：人民出版社，1972：108.
③ 马克思恩格斯全集：第 33 卷 [M]．北京：人民出版社，1973：593.
④ 马克思恩格斯文集：第 10 卷 [M]．北京：人民出版社，2009：420.
⑤ 马克思恩格斯全集：第 36 卷 [M]．北京：人民出版社，1975：200.

产者、大学生和博士们的时刻很快就会到来"。① 恩格斯则直接批判了"以一切人的博爱作为自己的目的"的政治口号，指出"实际上没有一个政党是这样的，因为我们也不打算和资产者讲博爱，只要他们还想当资产者"，② 强调不能和那些主张"应当由博爱的大小资产者从上面来解放的人们一道走"。③ 恩格斯在致贝克尔的信中更加明确指出："假如这些先生们自己挑起分裂，企图抹杀党的无产阶级性质，而代之以粗陋的、唯美的、伤感的、枯燥的博爱主义，那我们就应该同意分裂。"④ 直到晚年，恩格斯还在痛击"和和平平的机会主义"和"旧的污秽的东西活泼、温顺、愉快而自由地'长入''社会主义社会'的论调"，⑤ 认为"这样的政策长此以往只能把党引入迷途"。⑥

马克思和恩格斯认为，资产阶级博爱思想对于革命的工人阶级政党是一剂包裹着糖衣的毒药，严重威胁了党的纯洁性和无产阶级革命事业的发展。工人阶级的解放只能由工人阶级自己去争取，任何主张以放弃工人运动的领导权来博得资产阶级激进派同情的机会主义，以及主张资产阶级出于博爱对社会进行"补补缀缀的改良"的改良主义，都是工人阶级政党绝对不能容忍的。

第四节 从历史规律扬弃资产阶级博爱思想的合理内核

虽然在资本主义历史条件下，资产阶级鼓吹的博爱思想是虚伪的，甚至是反动的，但放眼历史长河，资本主义社会不过是人类社会发展的一个暂时阶段，在资本主义之后的未来人类社会，博爱思想又该何去何从？就像马克思通过对黑格尔唯心主义的批判拯救出辩证法的"合理内核"一样，马克思和恩格斯也对资产阶级博爱思想进行了扬弃。

---

① 马克思恩格斯全集：第 34 卷［M］．北京：人民出版社，1972：365.
② 马克思恩格斯文集：第 10 卷［M］．北京：人民出版社，2009：442.
③ 马克思恩格斯全集：第 34 卷［M］．北京：人民出版社，1972：384.
④ 马克思恩格斯全集：第 36 卷［M］．北京：人民出版社，1975：325.
⑤ 马克思恩格斯文集：第 10 卷［M］．北京：人民出版社，2009：613.
⑥ 马克思恩格斯文集：第 4 卷［M］．北京：人民出版社，2009：414.

一、博爱是人类社会的一种共同美好追求

博爱思想不是资产阶级的专利，无产阶级也追求博爱，只是这种博爱不同于资产阶级所鼓吹的虚假的、自私的博爱，而是恩格斯指出的人民群众"在资产阶级的革命要求中加进了它原来没有的意义"的那种把"资产阶级意义完全颠倒过来"的博爱，① 即真实的、普遍的、"把一切人都联合起来的爱"。② 他在《宪章运动》中指出："在法国也像在英国一样，大资产阶级独霸天下，蹂躏着劳动的子孙。法国人民也像英国人民一样，正进行战斗，反对这个敌人并争取自由、平等和博爱。"③ 既然博爱必须通过劳动人民与资产阶级的战斗才能争取到，那么这种博爱就不可能是资产阶级鼓吹的那种博爱。恩格斯在《在伦敦举行的各族人民庆祝大会》一文中指出，"真正的无产阶级政党现在正在各地提倡各民族的兄弟友爱，用以对抗旧的赤裸裸的民族利己主义和自由贸易的伪善的自私自利的世界主义"。④ 在他看来，资产阶级的博爱只是"用最卑鄙的伪善"把他们的自私自利掩盖起来的遮羞布，与无产阶级所追求的兄弟般的友爱是完全不同的。"只有无产者才能够消灭各民族的隔离状态，只有觉醒的无产阶级才能够建立各民族的兄弟友爱"。⑤ 这也就把建设未来美好社会、实现真正博爱的使命赋予了无产阶级。马克思和恩格斯甚至还乐观地预期，有朝一日欧洲的反动分子为躲避革命逃奔到中国，将在城墙上看到这样的字样："中华共和国——自由，平等，博爱"，⑥ 表明了他们对中国革命孕育一个新世界的期望。可见，对于博爱思想应有的真实含义，马克思和恩格斯是肯定、赞同和热烈追求的，只不过把它从资产阶级自私自利的虚伪面纱下面解放了出来。

事实上，马克思和恩格斯一生所从事的"为绝大多数人谋利益"的革命事业，本身就是一种真正的博爱精神的体现。他们共同奠基的马克思主义理论，始终把实现无产阶级以及全人类的解放作为最高理想和价值追求，充分彰显了

---

① 马克思恩格斯全集：第 37 卷［M］. 北京：人民出版社，1972：146.
② 马克思恩格斯文集：第 4 卷［M］. 北京：人民出版社，2009：294.
③ 马克思恩格斯全集：第 42 卷［M］. 北京：人民出版社，1979：398.
④ 马克思恩格斯全集：第 2 卷［M］. 北京：人民出版社，1957：662.
⑤ 马克思恩格斯全集：第 2 卷［M］. 北京：人民出版社，1957：666.
⑥ 马克思恩格斯全集：第 10 卷［M］. 北京：人民出版社，1998：278.

对无产阶级乃至全人类的博爱情怀。① 马克思和恩格斯在著作中论及博爱时大多持批判观点，主要是基于两点考虑：一是他们对资产阶级博爱思想的虚伪深恶痛绝，不愿将他们所理解的博爱与资产阶级鼓吹的市侩庸俗的博爱混为一谈，就像马克思在谈及法国的所谓"马克思主义"时曾说"我不是马克思主义者"②一样；二是在阶级矛盾空前尖锐和工人运动蓬勃发展的时代背景下，颂扬博爱思想会引起革命群众认识上的混乱，诱发他们对资产阶级不切实际的幻想，导致他们丧失革命意志、对资产阶级俯首帖耳，从而对无产阶级革命造成不可挽回的影响。

二、资本主义社会产生不了真正的博爱

马克思和恩格斯对资产阶级博爱思想的批判是建立在历史唯物主义的基础上的。他们把"处在现实的、可以通过经验观察到的、在一定条件下进行的发展过程中的人"③ 作为前提，通过考察人的思想、观念、意识、道德、宗教等意识形态的生产同人们的物质活动、物质交往的关系，得出了"不是意识决定生活，而是生活决定意识"的结论。④ 他们指出："人们自觉地或不自觉地，归根到底总是从他们阶级地位所依据的实际关系中——从他们进行生产和交换的经济关系中，获得自己的伦理观念。"⑤ 包括博爱思想在内的"资产阶级的这些理论思想是以物质利益和由物质生产关系所决定的意志为基础的"⑥，"归根到底都是当时的社会经济状况的产物"。⑦ 这就说明了资产阶级博爱思想反映的是资产阶级的物质利益，是由资本主义生产关系所决定的。恩格斯指出，在阶级社会里，"道德始终是阶级的道德；它或者为统治阶级的统治和利益辩护，或者当被压迫阶级变得足够强大时，代表被压迫者对这个统治的反抗和他们的未来

① 洪振涛.马克思恩格斯对资产阶级博爱思想的扬弃［J］.马克思主义研究，2021（8）：110.
② 马克思恩格斯文集：第10卷［M］.北京：人民出版社，2009：487.
③ 马克思恩格斯文集：第1卷［M］.北京：人民出版社，2009：525.
④ 马克思恩格斯文集：第1卷［M］.北京：人民出版社，2009：525.
⑤ 马克思恩格斯文集：第9卷［M］.北京：人民出版社，2009：99.
⑥ 马克思恩格斯全集：第3卷［M］.北京：人民出版社，1960：213.
⑦ 马克思恩格斯文集：第9卷［M］.北京：人民出版社，2009：99.

利益"。① 联系资产阶级博爱思想的形成过程，也就不难看出，博爱思想起初是新兴的资产阶级向封建统治阶级的呼吁和反抗，因为封建制度阻碍了资本主义生产方式的进一步发展，要求统治阶级给予资产阶级自由和博爱，废除封建等级制度和贵族特权，并允许资产阶级分享政权。而在封建统治被推翻之后，博爱就被已经取得统治地位的资产阶级拿来为他们的统治和利益进行辩护了。

在资本主义社会里产生不了真正的博爱，归根结底是由资本主义生产方式所决定的。资产阶级依靠雇佣劳动和剥削工人的剩余价值才能生存，资本主义生产方式"使人和人之间除了赤裸裸的利害关系，除了冷酷无情的'现金交易'，就再也没有任何别的联系了"②。"在资产阶级看来，世界上没有一样东西不是为了金钱而存在的，连他们本身也不例外，因为他们活着就是为了赚钱，除了快快发财，他们不知道还有别的幸福，除了金钱的损失，也不知道还有别的痛苦。"③ 在这种情况下，奢望资本家给予工人阶级博爱只能是一种甜蜜的幻想。由于生产资料集中在资本家手中，工人只有出卖劳动力才能维持生存，劳动异化使得"工人生产的财富越多，他的生产的影响和规模越大，他就越贫穷。工人创造的商品越多，他就越变成廉价的商品"。④ 这样，资本主义社会"在一极是财富的积累，同时在另一极，即在把自己的产品作为资本来生产的阶级方面，是贫困、劳动折磨、受奴役、无知、粗野和道德堕落的积累"。⑤ 只要生产资料私有制和雇佣劳动还存在，只要剩余价值的规律还发生作用，资本主义生产关系的根本性质就不会发生变化，无产阶级所要求的那种博爱也就无法实现。马克思和恩格斯认为，把资产阶级虚伪的博爱变成真实的博爱，仅仅依靠理论批判是不够的。"共产主义者不向人们提出道德上的要求，例如你们应该彼此互爱呀，不要做利己主义者呀等"。⑥ 只有从根源上变革资本主义生产关系，消灭资本主义的生产资料私有制，由全社会劳动者共同占有生产资料，才能使博爱回到纯粹的人类感情。这种变革的方式，就是无产阶级革命。

---

① 马克思恩格斯文集：第9卷 [M]．北京：人民出版社，2009：100.
② 马克思恩格斯文集：第2卷 [M]．北京：人民出版社，2009：34.
③ 马克思恩格斯文集：第1卷 [M]．北京：人民出版社，2009：476.
④ 马克思恩格斯文集：第1卷 [M]．北京：人民出版社，2009：156.
⑤ 马克思恩格斯文集：第5卷 [M]．北京：人民出版社，2009：743-744.
⑥ 马克思恩格斯全集：第3卷 [M]．北京：人民出版社，1960：275.

三、博爱只有在共产主义条件下才能实现

马克思和恩格斯在探索人类社会发展规律的过程中发现，人的思想意识同人类社会的历史一样，都是一个由低级到高级的无穷发展的过程。"以前一切现实的东西都会成为不现实的，都会丧失自己的必然性、自己存在的权利、自己的合理性；一种新的、富有生命力的现实的东西就会代替正在衰亡的现实的东西"。①博爱思想也是如此，资产阶级把它从基督教的天国降到了尘世，开始关注市民社会的人了，即便那只是属于资产阶级的一部分人，但这在客观上是一个历史进步。在资产阶级反对封建统治阶级的斗争中，博爱思想发挥了革命性的作用，在当时具有现实的合理性。但在资产阶级统治确立以后，资本主义制度固有的矛盾使得社会日益分化为两大对立阶级，占绝大多数的劳动人民深受资本家的剥削和压迫，资产阶级鼓吹的博爱思想变成奴役劳动人民的工具，因而失去了存在的现实意义，必将为"代表着现状的变革、代表着未来的那种道德"——无产阶级道德的博爱思想所代替。②

从人类社会发展的历史来看，博爱在原始社会就已经存在。恩格斯高度认可摩尔根提出的"自由、平等、博爱，虽然从来没有明确表达出来，却是氏族的根本原则"的看法，③并将摩尔根对文明时代的评断作为《家庭、私有制和国家的起源》的结论。"管理上的民主，社会中的博爱，权利的平等，教育的普及，将揭开社会的下一个更高的阶段，经验、理智和科学正在不断向这个阶段努力。这将是古代氏族的自由、平等和博爱的复活，但却是在更高级形式上的复活。"④这与马克思指出的"无神论的博爱最初还只是哲学的、抽象的博爱，而共产主义的博爱则径直是现实的和直接追求实效的"高度一致。⑤马克思和恩格斯都认为，未来的共产主义社会将是一个博爱的社会，博爱思想最终将在更高的水平上向原始社会复归。博爱思想这一发展演变的理论逻辑，就是否定之否定：资产阶级自私自利的博爱思想是对原始社会自然经济条件下朴素的博

① 马克思恩格斯文集：第 4 卷［M］．北京：人民出版社，2009：269.
② 马克思恩格斯文集：第 9 卷［M］．北京：人民出版社，2009：98-99.
③ 马克思恩格斯文集：第 4 卷［M］．北京：人民出版社，2009：102.
④ 马克思恩格斯文集：第 4 卷［M］．北京：人民出版社，2009：198.
⑤ 马克思恩格斯全集：第 3 卷［M］．北京：人民出版社，2002：298.

爱思想的否定，而未来消灭了阶级和阶级对立的共产主义社会的博爱则是对资产阶级博爱思想的否定。

物质生活的生产方式制约着精神生活的过程，只有在生产力高度发展和人们共同占有生产资料、共同劳动、共享劳动成果的公有制社会，博爱思想才会有坚实的物质根基。马克思和恩格斯在《社会主义民主同盟和国际工人协会》一文中指出，正义只是指出了一条解放人的唯一可行的途径，即通过自由和平等使社会人道化，但"只有在日益合理的社会组织中才可能提供积极的解决办法。这是非常合乎期望的解决办法，是我们的共同理想……这是通过普遍团结所达到的每一个人的自由、道德、理性和福利——人类的博爱"。① 也就是说，只有当社会条件得到满足特别是社会组织高度合理化时，作为人类共同理想的博爱才能最终实现。"只有在不仅消灭了阶级对立，而且在实际生活中也忘却了这种对立的社会发展阶段上，超越阶级对立和超越对这种对立的回忆的、真正人的道德才成为可能"。② 马克思和恩格斯将未来共产主义社会描绘为一个自由人联合体，"在那里，每个人的自由发展是一切人的自由发展的条件"。③ 在共产主义条件下，生产资料的社会占有代替了资产阶级的私人占有，有计划的自觉的组织代替了社会生产内部的无政府状态，资本主义创造的巨大生产力将得到进一步解放和发展，异己的、支配和控制人的规律开始听从人的支配，人类完成了"从必然王国进入自由王国的飞跃"。④ 只有到那个时候，国家和阶级消亡了，个体生存的斗争停止了，才实现了"人和自然界之间、人和人之间的矛盾的真正解决"，"存在和本质、对象化和自我确证、自由和必然、个体和类之间的斗争的真正解决"，⑤ 人开始"向自身、向社会的即合乎人性的人的复归"，自私自利的资产阶级博爱思想也就从根本上被克服了，从而成为那种"真正人的道德"，即真实、普遍的人类之爱。

博爱思想发展演变的历史，充分证明了"精神生产随着物质生产的改造而

---

① 马克思恩格斯全集：第18卷［M］. 北京：人民出版社，1964：508.
② 马克思恩格斯文集：第9卷［M］. 北京：人民出版社，2009：100.
③ 马克思恩格斯文集：第2卷［M］. 北京：人民出版社，2009：53.
④ 马克思恩格斯文集：第9卷［M］. 北京：人民出版社，2009：300.
⑤ 马克思恩格斯全集：第3卷［M］. 北京：人民出版社，2002：297.

改造"。① 资产阶级的博爱既不是永恒真理，也不是"普世价值"，并终将为共产主义的博爱所代替。但共产主义的实现要经历一个复杂、曲折和漫长的过程，在向共产主义过渡的社会主义历史时期，我们既要旗帜鲜明地揭穿资产阶级关于博爱的胡言乱语，也要积极运用马克思主义的立场、观点和方法，建构与当前经济社会条件相适应的无产阶级爱的理论体系。这个体系可用习近平总书记多次提出的大爱思想来提纲挈领，以对祖国、民族、人民乃至全人类前途命运的博大深远之爱来反对资产阶级虚伪自私的博爱。在当前阶段，应坚持以人民为中心的发展思想，在高质量发展中促进共同富裕，不断满足人民群众对美好生活的需要，增强人民群众的获得感、幸福感和安全感，从而把博爱思想的合理内核从资产阶级虚伪的口号中解放出来，变成社会主义道德的生动实践和社会主义现代化建设的强大动力。

　　共产主义博爱不仅应是我们追求和奋斗的目标，也应是人类克服和战胜当前人类生存危急的思想武器。因为，当前人类正处于生死存亡的危急关头，正处于千年未有之大危局，这绝不是危言耸听。非常时期需要非常手段。所以弘扬和践行共产主义博爱对人类未来的意义不言而喻。当前人类只有在共产主义博爱旗帜的感召下，才能摒弃偏见，才能联合团结起来，才能更加有效地应对当前的危机。

---

　　①　马克思恩格斯文集：第 2 卷［M］．北京：人民出版社，2009：51.

第六章

马克思主义人文关怀的理论真谛

目前，国内外马克思主义学者正在形成一个关于马克思主义哲学的基本共识：人文关怀是马克思主义哲学的一个重要维度。而且可以说，马克思主义哲学的人文关怀就是建立在以"现实的个人"为基础的现实关怀与以"实现人的全面而自由的发展"为目标的终极关怀的有机统一。① 但是，国内外马克思主义学者对马克思主义哲学却存在着几乎惊人一致的误解，即爱的思想情感，只存在于西方资产阶级学说之中，只存在于基督教《圣经》之中，只存在于宗教学说和虔诚的教徒思想之中，否认马克思主义哲学人文关怀中爱这种思想情感的作用和地位。

爱是人类永恒的主题。问题是时代的召唤。如果马克思主义哲学的人文关怀中，没有爱的精神支撑，没有对无产阶级和人类真正的关爱、大爱、真爱，那么，马克思主义人文关怀中对人生的现实关怀和终极关怀，就如无源之水、无本之木。人就会处于孤立化的生存状态中，就体会不到马克思主义哲学人文关怀的理论真谛。因此，爱的思想情感不是资产阶级的专利，其本身就是马克思主义哲学人文关怀中的应有之义。处于现代化过程中的中国，需要进一步解放思想，高扬马克思主义哲学人文关怀中爱的旗帜，点燃马克思主义哲学人文关怀中共产主义爱的火炬，让共产主义博爱思想照亮人类前行的道路。

---

① 这些学者主要有：赵继红. 论马克思哲学的人文关怀向度［D］. 首都师范大学博士论文，2008-05-20；丰子义. 终极关怀与现实关切［J］. 天津社会科学，1997（1）；衣俊卿，胡长栓. 马克思主义文化理论［M］. 北京：北京师范大学出版社，2017；以及杨耕、袁贵仁、孙正聿、陈先达、高清海、欧阳康、陈立新、王南湜、任平、吴晓明、陈宴清、李淑梅等马克思主义学者。

第一节 马克思主义哲学人文关怀中"爱"的缺场

爱是人类永恒的主题，是人类感性和理性相统一的一种高尚的思想感情。爱是一种奉献精神，也是关怀、爱护人的思想感情。无论是东方的儒家思想——仁爱，还是西方的基督教思想——圣爱；无论是人类产生以来的原始社会还是东西方的封建社会；无论是地主阶级还是资产阶级；无论是人文主义抽象的爱还是宗教思想虚妄的爱，都曾大张旗鼓地宣扬爱。

然而，长期以来，爱成了资产阶级学说的专利，成了宗教思想的象征。国内外所有的马克思主义学者在马克思主义哲学人文关怀中都不约而同地止步不前，在人类永恒的主题爱的面前望而却步，造成了马克思主义哲学人文关怀中"爱"的缺场。

一、爱的缺场产生的影响

马克思主义哲学人文关怀中"爱"的缺场和蒙蔽，从其理论影响而言，主要是造成了马克思主义哲学理性主义的危机。在国内外马克思主义学者宣扬的马克思主义人文关怀的过程中，马克思主义刚把人们从工具理性中解救出来，却又深陷于科学理性危机的深潭之中不能自拔。这种做法导致的结果是：马克思主义学者自己放弃了马克思主义哲学人文关怀中——爱的提法，并把这种提法让位给资产阶级哲学家，使之成为他们的专利。这种理论上的自我束缚和自我否定，给马克思主义哲学的传播造成了灾难性的影响。从这样的基础出发去论述马克思主义哲学的人文关怀，必定会遮蔽其人文关怀的理论实质，必定无法真正实现对无产阶级和全人类的人文关怀——共产主义博爱思想——包括现实关怀与终极关怀。

马克思主义哲学人文关怀中"爱"的缺场和蒙蔽，从其现实影响而言，主要是造成现代人相互孤立状态的社会危机。现代社会的竞争和就业压力使人与人之间被一条生存和利益的沟壑隔开，个人主义、功利主义使人与人的关系淹没在利己主义的冷漠之中，在高度社会化的背后是一个精神上日益孤独的自我。现代社会的信息化、数字化、虚拟化代替了情感化的人际关系交流方式，更加剧了这种冷漠和疏离。① 马克思主义哲学人文关怀中爱的缺失致使我们国家的环境恶化、道德失范、贫富分化、贪污腐败等现象日益加剧，对马克思主义科学理性的理解导致的人与人之间的冷漠更是进一步加剧了社会危机。

二、博爱思想问题的出场

毫无疑问，从爱出发成为理解马克思主义哲学人文关怀的关键和理论真谛。正是从爱出发，马克思一生才充满激情，把全部精力和心血投入无产阶级和全人类解放的伟大事业中，才确立了以解放全人类为己任的实践哲学，才成为时代精神的最强音。在这种意义上，我们可以把马克思主义的人文关怀思想划定为对劳苦大众和全人类——爱的哲学。马克思用一生的奋斗揭示了马克思主义哲学的人文关怀起源于爱，终止于爱。可以这样说，博爱是马克思一生的不朽传奇，共产主义博爱是理解马克思主义哲学人文关怀的枢纽和关键。

理论和现实的诉求都呼唤着马克思主义人文关怀中博爱思想的出场。故步自封和自我束缚都会把人类引向灾难性的后果。在马克思主义深陷理论危机和社会危机的深潭不能自拔之际，在以马克思主义哲学为指导思想的中国，时代昭示我们要继续解放思想、与时俱进。因此，马克思主义哲学人文关怀中蕴含的博爱思想必将会成为开辟新时代马克思主义人文关怀的拯救之路，必将会成为新时代马克思主义人文关怀的精神火炬。共产主义博爱思想的出场必将成为新时代马克思主义哲学最激动人心的又一个壮丽日出。只要人类勇于打开马克思主义哲学人文关怀中博爱思想的大门，勇于揭示出马克思哲学博爱思想的应有之义，人类的前途和命运必然会豁然开朗。

第二节　爱是马克思主义哲学人文关怀的理论实质

一、爱的相关概念和内涵的阐释

在揭示爱的思想情感是马克思主义哲学人文关怀的理论真谛之前，让我们

---

① 赵继红. 论马克思哲学的人文关怀向度［D］. 首都师范大学博士论文，2008-05-20.

先简要梳理与人文关怀相关的几个概念。

首先，什么是"人文关怀"？什么是"现实关怀"？什么是"终极关怀"？因为这些概念关系到马克思主义博爱思想的演进路线。

据赵继红博士研究，人文关怀实质上是人文精神的一种体现，指的是一种态度，确切地讲就是对与人和人类社会相关的一切事物表示关注的一种精神，包含着对人生存状况的关注、对人的尊严与符合人性的生活条件的肯定和对人类解放与自由的追求。所谓现实关怀，简单地说，就是人们对现实生活实践的关怀，是指处于一定社会历史条件下的人对于自身价值活动方式合理性的现实关注。① 其一，现实关怀是对现实的、历史的、社会的人的物质生产方式的关注。其二，现实关怀是对现实的、历史的、社会的人的精神生活方式的关注。其三，现实关怀是对现实的、历史的、社会的人的社会交往活动方式的关注。总之，现实关怀就是人不断地实现着对现实的、历史的、社会的人的物质生产方式、精神生活方式和交往方式合理性追求的具体揭示过程。当代著名马克思主义学者丰子义认为，所谓终极关怀，就其实质、核心来看，终极关怀主要追求的是人生最深刻的意义和价值，寻求的是这种意义和价值的实现。它不同于一般的知识，更多地被看作是一种至上、至本的精神感悟与洞察。它主要提升人们的精神境界，并通过这种提升帮助人们寻找自己的精神寄托与精神归属。② 终极关怀的本质是对人类自身价值的终极性关怀，是对人的本质的追求、创造和实现。对于这三个概念，目前的马克思主义学者基本取得了共识。这个基础性的工作对于我们进一步理解马克思主义哲学人文关怀的理论真谛将会大有裨益。

其次，什么是西方人文主义精神中"爱"的思想情感？什么是西方基督教宣扬的"爱"的思想感情？什么是东方儒家文化中"爱"的思想感情？这些爱的思想有哪些局限？对这些问题的合理解答可以让我们更深刻地理解马克思主义哲学真爱思想的现实性，理解马克思主义哲学——共产主义博爱思想的深度和广度。

西方资产阶级关于爱的理论主要有弗洛姆人道主义代表。弗洛姆认为，爱

---

① 赵继红.论马克思哲学的人文关怀向度［D］.首都师范大学博士论文，2008-05-20.
② 丰子义.终极关怀与现实关切［J］.天津社会科学，1997（1）：21.

是对人类生存问题的回答；爱是具有创造性和成熟性格的人的一种能力；爱的本质是"给予"；爱包括博爱、母爱、性爱、自爱、神爱等形式，但所有爱的形式都包含关心、责任心、尊重和了解等基本要素。当代西方的社会结构和西方文化导致了西方社会爱的异化和爱情衰亡。弗洛姆关于爱的理论体现了他对弗洛伊德和马克思的"综合"，有其合理因素和进步意义，但仍然是着重从抽象的人道主义出发去探讨爱的问题。

　　西方基督教之爱，从一般意义上说，爱就是不从等级体系去理解自己与他人的关系，而是把自己与他人从由各种优越物决定的等级体系中解放出来；这在存在论则意味着，爱就是守于自由存在而让他者自由存在。因此，真爱他人如真爱自己一样，就在于维护、尊重、扶持一个人之为自立—自主—自尊的自由存在。这种真爱不同于亲情，它可以泛施于人人而无差等，像是"普世之爱"；亲情则仅限于亲人之间而浓淡有别，是为亲亲私情。基督教思想的最高境界是"神人合一"，基督教强调爱，并以"爱"为其主题，"圣爱"思想更是其核心，它主张"上帝面前人人平等"的伦理普遍主义传统。"圣爱"是指广泛地去爱一切的生命体，上帝对人的爱，这表现在上帝不仅创造了人类，赐予了人类生命，而且不忍看到人类因种种罪孽而受到惩罚和苦难。而人对上帝的爱，这主要体现在人对上帝之爱的回应，以及对上帝的忠心与虔诚，膜拜自己的神。人与人之间的爱，即把对上帝的爱转至上帝所创造的人类身上以作为对上帝之爱的回应。《圣经》中也频频出现"圣爱"的实践活动。"仁爱"作为儒学思想的核心，其出发点是亲情之爱，先是对自己亲人的爱，进而推及身边的亲戚朋友，再而推及整个社会的其他人，体现出了爱的一种阶级性，主要包括孝、悌、忠、恕、礼、知、勇、恭、宽、信、敏、惠等内容，"仁"字虽然内涵丰富，但其根本还是体现在"爱"上，仁者爱人，爱人是仁的最根本内涵，整部《论语》中也多次提出"仁"。

　　概言之，西方资产阶级所宣扬的爱是抽象的人道主义的爱，宗教思想所宣扬的爱是虚幻不实的爱，儒家学说所宣扬的爱是有等级差别的爱。换句话说，这些爱的思想不是虚伪的就是虚幻的，不是抽象的就是不公的。这个认识和结论已经得到国内马克思主义学者的一致理解和认同，在此不再赘述。

二、马克思主义博爱思想的内涵

那么，什么是马克思主义哲学人文关怀中的"爱"的思想情感？为什么说爱的思想是马克思主义哲学人文关怀中的理论真谛？马克思主义哲学中爱的思想与非马克思主义爱的思想有何本质区别？

前文我们已经交代，马克思主义哲学的人文关怀是现实关怀与终极关怀的辩证统一，而且通过梳理基本理解了马克思主义人文关怀、现实关怀和终极关怀的界定。但是马克思主义哲学思想并没有停留在人文关怀的层次，也没有停留在现实关怀与终极关怀的层次。马克思主义哲学思想内在地包含着对人类最深沉和最真切的思想——共产主义博爱精神。所谓马克思主义哲学的博爱思想，就是马克思主义对无产阶级和劳苦大众以及全人类的最深沉、最恒久、最广泛的人文关怀。马克思主义哲学的博爱思想既是对西方资产阶级宣扬的抽象的人道主义的博爱的继承与发展，更是对东方文化博爱思想的超越与升华。

马克思主义哲学爱的思想之所以比西方资产阶级抽象的人文主义的爱更深刻、更现实，是因为马克思对人类这种爱的思想感情蕴含于对无产阶级以及劳苦大众的阶级立场它深刻体现出其对弱势群体的同情与关爱。因此，它比起西方资产阶级的博爱思想更加丰富，更加深沉，更加广泛，也更加持久。为了实现人类的解放，为了实现无产阶级的解放，马克思主义哲学首先关注的是在资本统治之下的弱势群体——无产阶级及其劳苦大众的解放。所以马克思主义哲学爱的思想更具与无产阶级及其劳苦大众的"共情"，但马克思主义哲学爱的思想也并没有到此停止，她要让整个人类实现解放，实现所有人的"自由联合体"，实现人的全面而自由的发展，最终建立共产主义，实现人类由必然王国进入自由王国。所以，从马克思主义哲学爱的思想发展来看，它所站立的无产阶级及其劳苦大众立场以及对弱势群体的深刻同情更能体现人文关怀的理论真谛。从其时间和范围来看，马克思主义哲学博爱思想也比之前西方资产阶级所宣扬的抽象的人道主义的博爱更加广泛，更加持久，同时也更加真实。因此，可以这样说，马克思主义哲学的真理内在地包含着博爱思想。

那么，接着我们必须解答马克思主义哲学人文关怀中共产主义博爱思想的两个基本问题：马克思主义者要去爱谁？怎样实现这种爱？对这两个问题的回答是区分马克思主义哲学和非马克思主义哲学有关博爱思想的分水岭。

首先要弄明白，马克思主义者爱谁的问题？马克思青年时期在谈到选择职业理想时曾经写道："如果我们选择了最能为人类而工作的职业，那么，重担就不能把我们压倒，因为这是为大家做出的牺牲。"① 从这段话里已经透露出马克思的雄心，显示出马克思对人类深沉的关爱。但是为了实现人类的解放，在爱谁的问题上，无论是马克思主义哲学的无产阶级革命，还是马克思主义哲学的阶级斗争和无产阶级专政，马克思主义哲学的立场始终站在无产阶级及其劳苦大众的立场，这也最能体现马克思主义哲学对弱势群体的博爱。但是，马克思主义哲学的阶级斗争还蕴含着最终要实现全人类的解放，实现人的全面而自由的发展，建立没有剥削、没有压迫的共产主义社会的内涵。那么，马克思主义哲学又怎样才能实现对无产阶级和劳苦人民的关爱，如何实现对全人类的关爱？马克思通过《资本论》这部巨著深刻揭示了工人阶级遭受剥削的秘密，阐发了关于"自由人联合体"的思想，并且进一步论述了人类由"必然王国"向"自由王国"的过渡，在这部巨著中处处渗透和体现了马克思对工人阶级和劳动群众的真挚关爱，体现出马克思主义哲学所蕴含的应有之义——共产主义博爱思想。正是在这里，马克思找到了对工人阶级以及劳苦大众获得解放、获得真爱的现实条件和现实道路。

既然马克思主义哲学人文关怀的应有之义包含博爱思想，其理论真谛也是——共产主义博爱思想，那么为什么长期以来马克思主义学者在阐释马克思主义哲学人文关怀中没有深入到人文关怀的核心而导致爱的缺场和爱的蒙蔽。这是因为：

首先，长期以来人们对马克思主义哲学存在着"工具论"的解读，这使得马克思主义哲学沦为阶级斗争的工具。虽然这种理论承认马克思哲学追求的根本目标是解放全人类，但它又坚持认为：第一，这个目标是长远的；第二，这个目标是通过长期斗争的方式来实现的。② 因此，人们在解释其学说时，通常会自觉不自觉地遗忘乃至压抑马克思哲学中爱的思想，而把其阶级斗争的属性加

---

① 马克思，恩格斯 . 马克思恩格斯全集：第 1 卷 [M] . 北京：人民出版社，1995：459-460.

② 赵继红 . 论马克思哲学的人文关怀向度 [D] . 首都师范大学博士论文，2008-05-20.

以强化和扩大，甚至干脆把它理解为阶级斗争的工具或手段。事实上，即便是阶级斗争学说，马克思主义哲学也内在地包含着博爱思想，只是受时代的局限，这时候的马克思哲学爱的对象是无产阶级及其广大劳动人民。这鲜明地表明了马克思哲学的理论品格——同情和关爱弱势群体。① 但是在无产阶级及其广大劳动人民得到新中国成立后，马克思哲学爱的思想就会向全人类扩展，最终实现"自由人的联合体"，实现人的全面而自由的发展，建立没有剥削、没有压迫的人间天堂——共产主义社会。但是，阶级斗争却长期蒙蔽了马克思主义哲学爱的思想，使得在人类永恒的主题面前唯独缺乏马克思主义哲学——爱的出场。

其次，对马克思主义哲学的"科学论"解读又进一步使得马克思哲学演变成为一种带着强烈实证主义特征的"客观真理"体系，把社会历史发展描述为一种绝对的自然历史过程法则及决定论、一种典型的简单线性运动。从这种理解出发，马克思主义哲学被阐发为以"客观真理性"为基本特征的概念、范畴和规律的体系。这种科学主义的把握和理解，以前的苏联的马克思哲学教科书最为典型的代表。它在对马克思文本的解读上更为注重的是无产阶级革命与无产阶级专政的学说。在 20 世纪的西方，这种理解和把握在以德拉·沃尔佩、科莱蒂为代表的实证主义马克思主义，以阿尔杜塞为代表的结构主义马克思主义中得到了进一步的发展，二者均把人类社会的历史进程视为自然历史的进程，都力图以科学实证的方法来求其结构和规律，从而形成了一个科学主义马克思主义流派。② 这种对马克思主义的科学解读，把马克思哲学的科学性与人文性对立起来，并用前者去否定后者，必然会导致对马克思理论形象的扭曲，从而使得马克思主义哲学的博爱思想长期缺席。

最后，对马克思主义哲学"实践观的认识论"解读。乍看起来，"实践论"是最接近对马克思主义哲学的人文关怀中爱的思想向度的解读。其实不然，这里的关键在于如何理解马克思"实践"概念的含义。人们通常把生产劳动理解为实践的最基本的形式。当然，在生产劳动的基础上，人们也探讨了实践的其他形式，如科学实验、阶级斗争等。但人们的基本共识是，在马克思那里，实践的其他形式都是从生产劳动这一基本形式中引申出来的。其实，问题正出在

---

① 袁贵仁. 马克思主义人学理论研究［M］. 北京：北京师范大学出版社，2017：9.

② 赵继红. 论马克思哲学的人文关怀向度［D］. 首都师范大学博士论文，2018-05-20.

这个共识上。只有把实践论作为马克思主义哲学的本体论来理解，马克思主义哲学博爱思想的全部内容才会向我们敞开。由于人们停留在"认识论解释框架内的实践概念"上，马克思哲学中的博爱思想的维度就会自行闭合起来，就会使得马克思主义哲学博爱思想被长期遮蔽。

三种不同的解读模式是造成马克思主义哲学爱的缺场的主要原因，使人们对马克思主义哲学爱的思想长期得不到理解，反而把马克思主义哲学误解为一种单纯的、冷冰冰的科学理论或阶级斗争的工具。

第三节　时代召唤马克思主义哲学人文关怀中爱的出场

既然马克思主义哲学内在地包含着博爱思想，那么怎样才能让爱的思想在新时代的马克思主义哲学人文关怀中优雅地出场？这里为了区别于东方传统文化中的"仁爱"与西方资产阶级文化中的"博爱"，为了区别于宗教思想虚妄的爱和资产阶级人道主义抽象而虚伪的爱，为了从本质上更加深刻地把握马克思主义——爱的思想，暂且把马克思主义哲学人文关怀中爱的思想称之为"共产主义博爱思想"。

一、共产主义博爱思想的使命

在经历了国际共产主义运动的惊涛骇浪之后，在中国继续坚定不移地推进中国特色社会主义建设之际，在中国大踏步地进入新时代有中国特色的社会主义历史阶段之际，即便是西方资产阶级政要和学者还在编制资产阶级对人类博爱的神话。但其实马克思主义哲学爱的思想——共产主义博爱思想早已闪亮登场，只待东风。之所以这样说，是因为新时代马克思主义哲学中爱的号角已经吹响。①

当前，这主要表现在两个大的方面：一是表现在新时代的中国梦，二是表现在新时代的世界梦。中国梦向我们昭示：民族复兴、国家富强、人民幸福，

---

① 钱秋月．"爱"与政治——从西方马克思主义到后马克思主义"爱"的变奏［J］．学术交流，2017（2）．

是当代的马克思主义者最深沉的爱——对民族之爱、对国家之爱、对人民之爱；世界梦向我们昭示：建设人类命运共同体，是当代马克思主义者对人类最深沉、最广泛的爱——社会主义博爱。因此，作为一个有理想有情怀的中国公民和世界公民，都应义不容辞地担负起马克思主义哲学社会主义和共产主义博爱思想的使命，为实现中国梦和世界梦而不懈奋斗。

马克思主义哲学爱的出场——"共产主义博爱"思想必然会让马克思主义哲学在新的时代重新焕发出勃勃生机和活力。时代需要我们对马克思主义哲学在回应社会现实问题上重新阐释和解读。因此，在当代马克思主义哲学理论发展史上，共产主义博爱思想的登场必然会引起马克思主义思想界的狂飙飓风，必然会在西方资产阶级思想中引发惊风骇浪，必然会在人类思想史上掀起轩然大波；在当代马克思主义实践发展史上，必然会让新时代的中国梦和世界梦交相辉映，必然会彰显出马克思主义哲学中人性的光辉。

马克思主义哲学中——"共产主义博爱"的出场，既是对东方文化仁爱思想的继承与发展，也是对西方资产阶级博爱思想的超越与升华。此后，爱不再是资产阶级的专利，马克思主义者大可以自豪地宣称：马克思主义对无产阶级和人类的人文关怀——共产主义博爱思想既存在于马克思主义哲学理论之中，也存在于人类社会历史发展的实践之中。马克思主义哲学中的"爱"是超越东方文化中之仁爱和西方文化中之博爱的共产主义博爱，她必将成为时代的最强音！必将成为扭转人类危机的关键！

马克思主义哲学爱的出场——共产主义博爱思想必然要求我们在理论和实践上牢牢把握住马克思主义的话语权，让长期蒙蔽在马克思主义哲学人文关怀中的共产主义博爱思想落地生根。因此，进一步阐释马克思主义哲学博爱思想的起源、发展与意义，进一步完善和建构马克思主义哲学博爱思想的理论体系，进一步让马克思主义哲学博爱思想发扬光大，进一步让马克思主义哲学博爱思想照亮人类发展的未来之路，就成为我们每一个马克思主义者义不容辞的责任和义务。

二、对共产主义博爱的展望和憧憬

中西文化中关于"爱"的形态可以说名称各异，流派纷呈，内涵丰富。从历史文化的角度，大致说来：中国语境下的"爱"主要有"仁爱""兼爱""博爱"；西方语境下的"爱"主要有"圣爱""欲爱""博爱"。因此，两者关于"爱"的交集就是"博爱"。但是，即使中西"爱"的交集是"博爱"，但是中西"博爱"思想从内涵、特征到价值观念都不是完全相同的。这就需要我们区别对待，需要我们对二者都要吸收其精华，扬弃其糟粕。

当然，在诸种"爱"的形态中，博爱也是最深厚、最普遍、最平等的爱。虽然资产阶级的博爱带有虚伪性和欺骗性的特征，但是任何事物都不是绝对的。资产阶级的博爱也有其积极的一面：那就是资产阶级长期致力于宣扬期盼超越阶级、超越种族普遍的爱，长期怀揣对万事万物平等而广泛的爱。所以，资产阶级博爱虽然具有虚伪性和欺骗性，但是资产阶级的博爱同时也是共产主义博爱的前期积累和准备阶段。

尽管由于社会历史条件的限制，资产阶级博爱只是对资产阶级的爱，无法实现对全人类普遍而平等的爱，尤其是无法实现对劳动人民的爱，但它也反映了人类对美好生活的追求。毫无疑问，资产阶级博爱思想的归宿必将是共产主义博爱。因为，只有共产主义博爱才能体现人类社会发展的客观规律和主观要求，只有共产主义博爱才能体现全人类的理想追求和根本利益。当前，在人类处于有史以来最危急的时刻，在人类面临着生死存亡的危急关头，共产主义博爱必将成为扭转危机的关键。

马克思主义哲学中一直大力倡导弘扬和践行共产主义博爱，因为共产主义博爱思想既存在于马克思主义哲学的现实关怀之中，也存在于马克思主义哲学的终极关怀之中；既存在于对劳苦大众所坚守的人民立场之中，也存在于实现人的全面而自由的发展之中。当前，新时代马克思主义哲学中共产主义博爱的号角已经吹响，马克思主义者长期在资产阶级博爱思想面前羞羞答答的时代一去不复返了。

让我们为劳苦大众和整个人类的解放发出马克思主义的号召——共产主义博爱思想的惊天呐喊：全世界无产者，联合起来！最后，让我们携起手来，用心传播马克思主义哲学中长期被蒙蔽的共产主义博爱思想，在生活生产学习的实践中把马克思主义的博爱思想化为行动，用心用爱应对人类的各种危机。相信在不久的将来，我们对共产主义博爱的憧憬必定会变为现实；相信人类必定会实现人的全面而自由的发展，必定会实现和走进博爱思想的最高境界——共产主义博爱。

第七章

爱是人类自救的最后一剂良药

当前，人类社会的发展已经进入信息时代，正在向智能时代高速迈进。但是伴随着科技和生产力的高速发展，人类面临的危机和困境却越来越多，越来越严峻。可以毫不夸张地说，当前人类已处于有史以来最危急的时刻。对于各种生存危机的出现，人类要时刻保持清醒的认识，同时要采取行之有效的应对之策。只有这样，人类才能克服和战胜各种危机。在吸收和借鉴前贤以及今人研究成果和相关论述的基础上，我们首先需要深刻认识当前人类面临的危机和困境，进而要充分意识到应对和解决这些危机对人类而言的极端重要性、紧迫性和严峻性。

第一节　当前人类面临的危机和困境

人类历史发展的早期阶段，由于生产生活的实践需要，人类主要面对的是人与自然的关系。随着人类历史和科学技术的发展，人与各种人造物组成的人工自然（马克思称之为"人类学意义的自然界"）的关系联系越来越紧密，越来越重要。包含人际关系和人己关系在内的人类与自身的关系贯穿人类历史的始终。

人类历史上这三大关系错综复杂地纠缠在一起。当前，人类正面临这三大关系的严峻考验。这三大关系上的危机，就像人类感染了新冠病毒一样，它使得人类正面临着生死存亡的严峻考验。可以说，人类正处于千年未有之大危局，处于人类有史以来最危急的时刻，这绝不是危言耸听。当前的危机和形势应该引起全人类的高度警惕和自觉。

一、人与自然关系的危机

人类自工业革命以来，由于工业发展所带来的消极影响，极端气候频现，生存环境日渐恶化，导致出现了气候危机、环境污染危机、生物多样性危机、生态危机等。危机源于人类对更高效率的追求和更多资源的占有，由此所迈出的每一步，经由一系列时空的积累和传递，通过形形色色的传播链，影响叠加到当今世界。人类基本上已对此类危机达成了共识。

目前，人类应对这些危机的处理方式往往是追溯到上述传播链上危机的某一个环节（如两次工业革命），然后在一定程度上通过相应的技术手段修复和缓解危机（如气候危机），并倒逼人类现有的存在与繁衍方式在一定程度上的转向。此外，有人则希望给人类寻找新的栖息地，以避开危机。比如，一些科学家正在讨论对火星的"地球化"改造，在更大的尺度上，则是"外星环境地球化"。

此类危机主要表现在人与自然之间的功能耦合上。在人类历史的发展过程中，由农业到工业再到后工业，一次次的"浪潮"、突变和分岔，打破了原有的均衡。这会给此时此地的一部分人，带来可以获取已知利益的新的功能耦合，但会导致彼时彼处未知的功能失调。其后果将落在他人与后人身上，而获利者却有可能于一时和较小范围内置身事外。之后，系统会随着失衡功能的积淀越来越难以承受而加以修正，然而随后又会由此导致新的失衡。人类在一次次的分岔中曲折行进，但失衡的积累最终会影响到包括始作俑者在内的全体人类。

工业革命以来，功能耦合一连串的破裂与重构，或者说此类危机的演变，主观上是人类收敛与调整对效率的追求和对资源更多的占有，调整生态位；客观上则包括资源在内的环境，目前看来还有转圜的余地。当前，新冠病毒进一步警示人类，自身的知与行存在局限性，对自然和未知需要怀有敬畏之心。珍爱自然，关爱生态成为解决当前危机的良方。

二、人与人工自然关系的危机

人工自然是人类学意义的自然界。随着科学、技术与社会的发展，人与人工自然关系的危机逐步凸显。当下，主要指人工智能和虚拟现实在某些领域的应用等所蕴藏的危机。与上述危机已显现并有共识有所不同，对于有关现象是否称得上是危机尚存争议。人与人工自然关系的危机，其不确定性，涨落的范围、种类、幅度和频率都在增加。如果说人与自然关系的危机主要作用于人类生存繁衍的环境，间接影响到人类，那么人与人工自然关系的危机则不仅影响到自然界，而且会直接作用于人类本身。

在客观上，这一类危机的路径显示了一条规律：人类学意义的自然界沿无机—有机—生命—大脑，由基本物理运动（机械—热—电磁）—化学运动—生命运动—意识运动的顺序推进。在人工自然攀升之初，人居高临下地俯视人工自然，不得不俯就人工自然（人是机器）；而今，机器已在不断迈向人的高度（机器是人，进而超越人）。如果说人工智能引发的危机主要是在供给侧人被替代，那么虚拟现实带来的危机或许是在需求侧人的满足，甚至使人沉溺于其中，无法确切区分现实和虚幻，以及难辨真伪。虚拟现实的发展，应给现实世界带来福祉。

人与自然的关系、人与人工自然的关系，这两类危机密切相关。在相当程度上，从农业、工业到后工业，正是人工自然的推进导致人与自然关系的失衡而人工自然的新进展，则有可能缓解人与自然关系的危机。虚拟世界的运行可以在一定程度上减少人们对现实世界物质的需求（不过人工智能与虚拟现实所需的巨大算力会消耗可观的能源）。虚拟世界可以极大提升现实世界运行与功能耦合的精准度，并可以减少人们对现实世界资源的需求和消耗。如果把两种危机放在一起看，可以认为人与人工自然关系的危机，是人类历史上一连串分岔与调整中关键的一次。之后，自然界、人类和人工自然及三者的关系，将进入新的路径。[①]

三、人类自身的危机

人与自然关系的危机，以及人与人工自然关系的危机，可以追踪到第三种危机——人类自身的危机。人类自身的内部矛盾，可以区分为人与他人的矛盾和人与自身的矛盾。前者在当下主要表现为国家间的矛盾，后者则是人整体作

---

① 吕乃基. 把握与应对人类面临的三种危机［J］. 中国社会科学报，2022（6）：2.

为"类"的矛盾。

一是人与他人的矛盾。比如，遏制气候变暖各国应分担的份额，关系到存量博弈，即在危机的酿成中，对于各国的历史责任与当下及短期利益的考量。经济的不稳定，以及影响更深远的生态危机，都是当今各国不得不面对的威胁。此外，还有贫富差距和文明冲突等问题，都会影响到危机的化解。人与他人之间的矛盾也会激化人与人工自然关系的危机。只要一国甚至一家公司在不确定之途上迈出一步，他国或其他公司就不敢止步。相比于前述的存量博弈，人工智能等的发展则关系到增量博弈，是各方抢占制高点、关系到未来命运的竞争。主观上，此类危机源于主体的有限性。其一是认识能力有限，其二是主体本身嵌入于特定的语境（价值观、概念体系、认识水平）和场景之中。人不可能洞察一切，更不可能"知"晓"行"之后的全部影响。客观上，此类危机源于实际对象及其所嵌入场景之无限，以及积淀和传播效应的滞后性、突发性与不确定性。

二是人与自身的矛盾。对此类危机而言，人工自然不断推进的动力，源于人类对"无尽边界"之世界的好奇心和控制欲，这是人的本能。人类以自身自觉的行动，不自觉地展现了自然界演化的规律——人是自然界规律的展现者。但如弗洛伊德所认为的，人的本能总是略大于对本能的控制（人类多年的发展证明了这一点）。这或许也是人整体作为"类"的矛盾产生的缘由。

对于人与自然关系的危机，人类毕竟还拥有一定程度的控制权，可以由新的分岔弥补上一个分岔的负效应；而对于人与人工自然关系的危机，却是客观规律，其客观性包含人工自然的发展规律和人在主观上的停不下来。较之人与自然关系的危机，人与人工自然关系的危机更需要我们予以重视并对自己的命运进行筹划。人类在认识与改造外部世界的同时，也需要同步或更进一步地提高认识与改造自身。因此，人类正面临着生死存亡的各种严峻考验。当前，对于人类面临的三大危机，需要全人类共同面对，而且我们认为，只有全人类都认识到人类危机的重要性、紧迫性，并在此基础上认真地践行博爱思想，珍爱自然和关心人类自身的发展，才能解决和克服它们。

第二节 人类困境中的希望和阳光

人类要想克服和战胜这些危机，需要同时提升理论认识与改造自身。提升理论认识和改造自身，需要人类在这三大危机中弘扬和践行博爱思想，并从理论和实践上努力向着共产主义博爱思想迈进。因为，只有爱才是人类危机和困境中的希望和光芒，才是解决人类危机的唯一选择。中西文化关于爱的形态既有差异，也有相通之处。仁爱、兼爱和博爱这三种爱的观念是中国文化中爱的主要表现形态；圣爱、欲爱和博爱这三种爱的观念则是西方文化中爱的主要表现形态。在上述关于"爱"的几种形态中，只有中西文化中爱的最终交集——共产主义博爱才是人类应对危机的指导原则和有效理论武器，才是一切问题的答案。

一、爱是克服人类危机的唯一希望

当前，我们不能将人类生存危机产生的根源错误地归结于生产力和科技的进步。导致人类生存危机的真正原因，在于社会发展而导致的人的异化。而人的异化，其根源又在于人对物质过度的贪欲。明乎此，我们就会明白：历史上，中西文化为什么都在竭力提倡"爱"。因为只有"爱"，才在这个物欲横流的社会上倡导奉献，倡导理解，才能将人类的欲望调整到健康合理和谐的状态。

历史上，中西文化对爱的认识可以说旨趣不同，内涵各异。但是它们经过历史长河的淬炼，最终却都殊途同归，不约而同走进了人类最基本也是深沉的文化哲学观念之境——博爱思想。如果说爱是中西文化共同的起点，那么中间的历史发展过程却流派纷呈，形态各异，但它们的归宿将会惊人的一致——这就是它们最终都将迈向共同的境界——共产主义博爱。因此，博爱，不仅是对人类和谐相处的美好愿望，也是人类所追求的终极目标。世间万事万物皆源于爱。博爱不是资产阶级的专利，社会主义也有博爱，而且社会主义的博爱比资产阶级的博爱更真实、更广泛、更深刻。正是在这个意义上，我们可以说：博爱，是人类最基本的需要，是人类克服危机摆脱困境的需要，是人类历史上不证自明的真理；不仅如此，博爱，还是宇宙最高的法则，是宇宙间一切问题的答案。唯有共产主义博爱，才是超越中西文化的支点，才是人类解决危机的有效途径，才是照亮人类走向光明未来的熊熊火炬。

博爱思想是人类几千年来较为成熟的文化哲学和思想观念。对其理性认识要以马克思主义科学认识论为指导，抽茧剥丝，逐步深入到对其核心和本质的理性认识。毋庸讳言，中西文化都在弘扬和倡导博爱。由此可见博爱思想在人类社会发展史上的重要性。通过对中西博爱起源和内涵的科学和理性分析，我们会认识到资产阶级博爱的虚伪性；认识到社会主义博爱的核心要素就是人类之间建立在相互理解和相互尊重基础上的一种良性的社会性实践，其本质则是中西文化哲学对人类的现实关怀和终极关怀，是马克思主义哲学对人类的幸福和生命的双重关怀。只有爱才是应对人类危机黑夜中的希望和光芒。目前，人类面临的危机日益严峻，许多危机已经威胁到人类的生存，毫不夸张地说，人类已经走到了生死存亡的危急关头。面对这些危机，各国各民族以及社会各界都提出了一些应对方案。但是，无论是何种方案，其基本原则都不能离开博爱思想的指导。究其根源，是因为只有博爱思想才具有海纳百川的包容性，才具有人人为我、我为人人的奉献精神。只有博爱思想，才能使全人类摒弃偏见，才能使全人类联合起来，团结一致科学高效地应对当前危机。

简单来说，是因为只有博爱思想才能合理有效调节人类的欲望，才能真正体现出对自然、对人类、对未来的珍爱和关怀。因此，只有博爱思想，而且只有共产主义博爱思想才是人类最终克服危机、战胜病毒、摆脱困境的理论武器。也只有通过共产主义博爱思想的途径，人类才能迈向未来的幸福生活。

二、爱是拯救人类危机的一剂良方

任何事物都是由矛盾的对立面所组成，博爱思想也是如此。中西博爱思想内容异常丰富，如果我们剔除资产阶级博爱思想的消极因素，就进而会认识到其中也包含着人类进步的共同基因，那就是期盼着实现对人类超越阶级、种族普遍而平等的关爱，怀揣着对世间万事万物的爱惜。

博爱思想的本质是建立在良性实践基础上的社会关系。但是，由于历史的和现实的种种原因，博爱思想在中外历史上并没有得到真正的践行。目前，博爱思想的现状是：一方面是理论上的日益繁盛，一方面是实践上的枯萎萧条。但是理论的丰富掩盖不了实践上的苍白。当下，在人类正面临着生死存亡的危机面前，我们一方面要弘扬博爱思想，另一方面要在现实生活中切实践行博爱思想，尤其是要努力建构共产主义博爱思想（内化于心，外化于行）。

　　践行博爱思想要求我们：第一，要区分中西博爱思想的内涵和实质，认识到西方资产阶级博爱思想的虚伪性、欺骗性；第二，要向中国古代优秀传统文化学习，崇尚道德，爱惜生命，凡是对我们身心健康有利的事情都要积极践行，凡是对我们身心有害的事情都要远离；第三，要关爱他人，要像关爱自己一样关心他人；第四，要修养思想道德和爱惜世间的万事万物；第五，要爱惜自由和弘扬科学精神；第六，要在全人类的社会中实现物质财富和精神财富的共同富裕；第七，要努力提升全人类的素质，引导人们学会生活，学会学习，学会珍惜……总之，践行博爱思想，涉及我们生产生活学习的方方面面。

　　践行博爱的路径，非是一言两语就能阐释清晰的问题。大道至简，基于此，最后就用三句话来概括博爱思想的践行原则和重要意义：第一，世界大势，浩浩汤汤。资产阶级博爱思想必将为共产主义博爱思想所取代，共产主义博爱思想必将是人类自救的最后一剂良方；第二，社会主义博爱思想是共产主义博爱思想的初级阶段，不管是处在哪一阶段，都需要牢记：有益身心事多做，无益身心事莫为；第三，中西博爱思想的终极归宿都是共产主义博爱，历史终将雄辩地证明：爱是宇宙间的能量之源，是一切问题的答案。

结　语

　　近四百年来，西方资产阶级文化成为引领世界的主流。西方资产阶级所倡导的博爱也成为资产阶级谋取私利，进而实现其欺骗、压榨剥削和奴役劳动人民的工具。然而，随着社会历史的发展，我们越来越深刻地认识到，西方资产阶级博爱所主导的结果，竟是浪费地球资源、破坏自然生态、漠视社会正义、欺压弱势族群等。当前，人类面临的种种生存危机和问题，很多是根源于西方资产阶级文化。这理应引起全人类的高度警惕、反思和自觉。

　　当前人类除了面对西方文化带来的种种弊端和危机，还要面对人类自身发展带来的许多问题。尤其是以新冠疫情为首的瘟疫和病毒，传染和爆发的次数和程度越来越频繁，越来越严峻。在新冠疫情持续肆虐之际，再加上当前人类生存面临的各种危机，毫不夸张地说，当前人类正处于生死存亡的危急关头，处于人类有史以来最危急的时刻。可以说，人类正面临着生死存亡的千年未有之大危局，这绝不是危言耸听。那么，人类如何去应对这些危机，如何克服并战胜危机、摆脱困境？面对危机和人类的千年未有之大危局，人类该何去何从？

　　应对人类生死存亡的危机，需要全人类联合起来共同面对。当前的危机和形势应该引起全人类的高度警惕和自觉。全人类的科学家、政要、学者都要勇担责任和使命、主动积极地出谋划策、认真审慎地应对。当然，应对当前危机的措施和方案不可能一蹴而就。它不仅需要详细研究论证，认真决策筹划，而且需要我们采取更加科学有效的应对措施和方案。但是应对当前人类面临的危机应该有一个总的指导思想和原则。这个思想和原则，我们认为，它就是爱。

　　爱是什么？爱是奉献，是理解，是珍惜，是克制，是奇迹，是希望，也是人类存在的根据。因此，如果说，人类还有未来，爱将是一切问题的答案，也是唯一的答案。在人类生死存亡危机的考验面前，在人类有史以来最危急的时刻，只有爱才能将人类的欲望调整到合理、健康、和谐的状态，才能消除国家、民族和种族之间的偏见和隔阂，全人类才能联合和团结起来共同应对当前的危机。进一步而言，人类应对当前危机的总的思想和原则，是而且只能是马克思主义所倡导的共产主义博爱。共产主义博爱是真理之上的真理，是中西博爱思想的终极归宿。因此，共产主义博爱值得全人类努力去弘扬、践行和珍惜。

参考文献

一、经典著作类

[1] 马克思，恩格斯．马克思恩格斯全集［M］．北京：人民出版社，1979.

[2] 马克思，恩格斯．马克思恩格斯选集［M］．北京：人民出版社，1995.

[3] 马克思，恩格斯．马克思恩格斯文集［M］．北京：人民出版社，2009.

[4] 列宁．列宁全集［M］．北京：人民出版社，1990.

[5] 列宁．列宁选集［M］．北京：人民出版社，2012.

二、传统文献类

[1] 张载．张载集［M］．北京：中华书局，1978.

[2] 李镜池编．周易通义［M］．北京：中华书局，1981.

[3] 韩愈．韩昌黎文集校注［M］．上海：上海古籍出版社，1987.

[4] 朱熹．四书集注［M］．南京：凤凰出版社，2005.

[5] 董仲舒．春秋繁露校释［M］．石家庄：河北人民出版社，2005.

[6] 孟子．孟子译注［M］．北京：中华书局，2010.

[7] 墨子．墨子［M］．北京，中华书局，2011.

[8] 荀子．荀子集解［M］．北京：中华书局，2013.

[9] 老子．道德经［M］．北京：中华书局，2021.

[10] 谭嗣同．仁学［M］．杭州：浙江古籍出版社，2021.

三、研究性著作

[1] 龚群．人生论［M］．北京：中国人民大学出版社，1991.

［2］ 江万秀．儒家伦理与文化传统［M］．西安：陕西人民出版社，1993.

［3］ 南怀瑾．孟子旁通［M］．上海：复旦大学出版社，1996.

［4］ 胡发贵．儒家文化与爱国传统［M］．上海：上海社会科学院出版社，1998.

［5］ 颜炳罡．生命的底色［M］．济南：山东友谊出版社，2005.

［6］ 王恩来．人性的寻找——孔子思想研究［M］．北京：中华书局，2005.

［7］ 谢光宇．薪火相传承文明［M］．合肥：安徽大学出版社，2005.

［8］ 黄玉顺．爱与思——生活儒学的观念［M］．成都：四川大学出版社，2006.

［9］ 罗国杰．中国伦理思想史［M］．北京：中国人民大学出版社，2008.

［10］ 张岱年．中国伦理思想研究［M］．南京：江苏教育出版社，2009.

［11］ 宋一霖．儒家道义新解［M］．广州：中山大学出版社，2010.

［12］ 高亮之．爱的哲学［M］．杭州：浙江大学出版社，2011.

［13］ 韩星．儒家人文精神［M］．西安：陕西人民出版社，2012.

［14］ 郑主持．说道［M］．北京：群言出版社，2013.

［15］ 杨清虎．儒家仁爱思想研究［M］．北京：民主与建设出版社，2017.

［16］ 卓新平．基督教思想［M］．北京：中国社会科学出版社，2020.

四、国外著作类

［1］ （英）洛克．人类理解论［M］．北京：商务印书馆，1959.

［2］ （英）达尔文．人类的由来［M］．北京：商务印书馆，1983.

［3］ （英）培根．新工具［M］．北京：商务印书馆，1984.

［4］ （保）瓦西列夫．爱的哲学［M］．北京：工人出版社，1985.

［5］ （德）马克思·韦伯．新教伦理与资本主义精神［M］．北京：三联书店，1987.

［6］ （美）赫伯特·马尔库塞．爱欲与文明［M］．上海：上海译文出版社，1987.

［7］ （美）欧文·辛格．超越的爱［M］．北京：中国社会科学出版社，1992.

［8］ （德）海德格尔．人，诗意地安居［M］．上海：上海远东出版社，1995.

［9］（德）舍勒．爱的秩序［M］．北京：三联书店，1995.

［10］（法）福柯．福柯集［M］．上海：上海远东出版社，1998.

［11］（法）笛卡尔．第一哲学沉思集［M］．北京：商务印书馆，1998.

［12］（美）华尔士．爱的科学［M］．北京：团结出版社，1999.

［13］（德）康德．康德三大批判精粹［M］．北京：人民出版社，2001.

［14］（奥）弗洛伊德．精神分析引论［M］．西安：陕西人民出版社，2001.

［15］（法）伏尔泰．哲学通信［M］．上海：上海人民出版社，2002.

［16］（英）罗素．西方哲学史［M］．北京：商务印书馆，2003.

［17］（法）卢梭．社会契约论［M］．北京：商务印书馆，2003.

［18］（古希腊）柏拉图．柏拉图对话集［M］．北京：商务印书馆，2004.

［19］（美）大卫·洛耶．达尔文：爱的理论［M］．北京：社会科学文献出版社，2004.

［20］（古罗马）奥古斯丁．论信望爱［M］．北京：三联书店，2009.

［21］（美）艾里希·弗洛姆．爱的艺术［M］．上海：上海译文出版社，2011.

［22］（奥）弗洛伊德．爱情心理学［M］．北京：民主与建设出版社，2016.

［23］（德）彼得·劳斯特尔．爱的心理学［M］．上海：上海译文出版社，2016.

［24］（匈）加波尔·鲍罗斯．爱的概念［M］．上海：上海译文出版社，2018.

［25］（美）托马斯·刘易斯．爱的起源：从达尔文到现代脑科学［M］．重庆：重庆大学出版社，2020.

［26］（美）T. Lewis，F. Amini，R. Lannon. A General Theory of Love. Random House，Inc.，2000.

［27］（美）Irving Singer. Philosophy of love. The MIT Press，2009.

五、研究性论文

［1］张岱年．仁爱学说评析［J］．孔子研究，1986（2）.

［2］孙实明．孔子的仁学及其现代价值［J］．孔子研究，1991（1）.

［3］张德强．儒家的仁爱思想与人类仁爱社会理想［J］．兰州学刊，1996（6）.

［4］杨春梅．先秦儒家仁爱学说略论［J］．齐鲁学刊，2000（5）.

[5] 钱兆华. 西方科学的文化基因初探 [J]. 自然辩证法研究，2003（8）.

[6] 林火生. 孔子"仁爱"观与基督教"爱人"思想比较 [J]. 重庆邮电学院学报，2005（5）.

[7] 郭慧云，张祥干. "仁爱"与"兼爱"的比较 [J]. 法治与社会，2008（20）.

[8] 蔡德贵. 儒家仁爱思想的三个层次 [J]. 江苏社会科学，2009（3）.

[9] 张改娥. 博爱与仁爱 [J]. 河南师范大学学报，2010（3）.

[10] 向世陵. 仁爱与博爱 [J]. 哲学动态，2013（9）.

[11] 陈来. 仁学本体论 [J]. 文史哲，2014（2）.

[12] 李永虎. 近现代以前西方爱欲哲学的历史疏解 [J]. 海南师范大学学报，2014（6）

[13] 吴根友. 儒家"仁爱"思想论纲 [J]. 华中国学，2015（1）.

[14] 郑荣，刘炜评. "仁爱"与"神爱"：《论语》与《圣经》核心价值差异比较 [J]. 西北大学学报（哲学社会科学版），2015（3）.

[15] 杨清虎. "博爱"思想研究 30 年 [J]. 胜利油田党校学报，2015（11）.

[16] 吴西亮. 论博爱与仁爱 [J]. 马克思主义学刊，2017（12）.

[17] 洪振涛. 马克思恩格斯对资产阶级博爱思想的扬弃 [J]. 马克思主义研究，2021（8）.

[18] 吕乃基. 把握与应对人类面临的三种危机 [N]. 中国社会科学报，2022.03.08.

[19] 冯玉君. 儒家仁爱与基督教圣爱的比较研究 [D]. 北京语言大学，2007.

[20] 陈琳. 儒家"仁爱"与基督教"圣爱"思想的比较研究及其启示 [D]. 西北大学，2011.

[21] 王付刚. 墨子兼爱思想研究 [D]. 河北经贸大学，2013.

[22] 闫金文. 儒家"仁爱"与基督教"圣爱"比较研究 [D]. 青海师范大学，2014.

[23] 林祺昀. 基督教爱观分析 [D]. 中国青年政治学院，2017.

后 记

　　人生海海，长路漫漫。我始终相信：爱是伟大之中最伟大者，爱不仅能创造生命，还能创造奇迹。柏拉图说，爱在诸神中是最古老、最高贵、最强大的神，爱是生活中幸福的创造者和给予者。伟大的无产阶级革命导师马克思恩格斯不仅具有崇高的博爱人格，他们终其一生都在践行着博爱精神，而且他们也有少量的论述，间接却明确地表达了他们推崇博爱精神的观点。他们曾说，"只能用爱来交换爱，只能用信任来交换信任。"而且无法把脊背向着"苦难的人间"。

　　永远不会忘记：2015年3月那个明媚春天的上午，当我第一次踏进湖北民族大学校园的大门时，首先映入我眼帘的就是"博学　博爱　立人　达人"八个鎏金大字的民大校训。其时，我并没有想到，几年后我会对博爱思想产生兴趣，并以此为主题，主持并编撰了这本论著。在编撰过程中，我得到了许多帮助。在此，我深表感谢！首先要感谢那些曾在我求学之路上给我谆谆教诲的恩师，从小学班主任到博士研究生导师，他们是：薛爱华老师、李世贤老师、张玉升老师、王存著老师、曹红老师、王尚达老师和顾銮斋老师！感谢湖北民族大学马克思主义学院的徐铜柱院长、罗成富书记以及所有同仁对我的支持和无私帮助！感谢我的家人和亲朋好友的默默支持！感谢贺方刚博士、邱世兵博士和袁大勇博士给我的鼎力相助！感谢韦明、沈祯云、顾大勇、张晓凤、龚元建、徐志梅、陈为国等好友多年来的关怀和帮助！特别感谢我的爱人和我的两个女儿！她们对我的爱，让我深感人间美好，人间值得！

　　本书在编撰过程中，吸取了前人和今人许多著作和研究成果，在此，谨向以上参考书目和论文中的著者、编者致以深挚的谢忱！同时还要感谢参加编撰此书的湖北民族大学党的建设专业的在读硕士研究生谢露露和刘俊同学！我们有理由深信：在人类有史以来最危急的时刻，在人类生死存亡的危急关头，应对人类生存危机的最佳答案只有一个，那就是：爱和希望。而且，只有弘扬和践行共产主义博爱，全人类才能在爱的旗帜下团结和联合起来，才能科学有效地应对人类当前的危机。因为，爱是相互理解，是无私奉献，是心心相印，是一切问题的答案。我们来人间一趟，初心和使命就是让我们以及更多的人，过上幸福的生活。无疑，爱是幸福生活的源泉。让我们以博大的胸怀关爱我们所遇见的每一个人，以最真最善最美的心感恩相遇！哲学家尼采说过，当我们心中充满爱时，刹那即是永恒！

让我们以此为契机：从心出发，以爱传递爱，以爱启迪爱，以爱赢得爱！最后，就用我曾经创作的一首小诗《心》作为我们继续前行的火炬：

心

文/七星剑

心，是春分草尖上的露珠
　是秋天飘零的落叶
心，是冬夜里的雪中送炭
　是夏至映日的莲花

心，是风中母亲脱落的白发
　是父亲雨夜里的背影
心，是妻子深情凝望的双眸
　是女儿长长的黑睫毛

心，是镌刻在胸口的凌云痣
心，是悲悯苍生的一滴泪珠

来永红
2022 年 8 月 10 日于湖北民族大学马院